中国企业劳动关系状况报告
（2019）

朱宏任　主编

企业管理出版社

图书在版编目（CIP）数据

中国企业劳动关系状况报告.2019/朱宏任主编. -- 北京：企业管理出版社，2020.12

ISBN 978-7-5164-2298-4

Ⅰ.①中… Ⅱ.①朱… Ⅲ.①企业—劳动关系—研究报告—中国—2019 Ⅳ.①F279.23

中国版本图书馆CIP数据核字（2020）第260603号

书　　名：	中国企业劳动关系状况报告（2019）
作　　者：	朱宏任
责任编辑：	郑　亮　徐金凤
书　　号：	ISBN 978-7-5164-2298-4
出版发行：	企业管理出版社
地　　址：	北京市海淀区紫竹院南路17号　　邮编：100048
网　　址：	http://www.emph.cn
电　　话：	编辑部（010）68701638　发行部（010）68701816
电子信箱：	emph00l@163.com
印　　刷：	河北宝昌佳彩印刷有限公司
经　　销：	新华书店
规　　格：	170毫米×240毫米　　16开本　　18印张　　285千字
版　　次：	2020年12月第1版　2020年12月第1次印刷
定　　价：	88.00元

版权所有　翻印必究　·　印装有误　负责调换

编 委 会

顾　　问：王忠禹　张彦宁　李德成
主　　编：朱宏任
副主编：刘　鹏
撰　　稿：刘　鹏　张文涛　韩　斌　王亦捷
　　　　　赵国伟　赵　婷　马　超　周　欣

目 录

第一部分 企业劳动关系状况

第一章 中国企业劳动关系状况综述 / 3

一、2019年企业劳动关系基本特征 / 3

二、2019年企业劳动关系存在的问题 / 8

三、我国企业劳动关系舆情热点与分析 / 12

四、我国企业劳动关系发展趋势 / 31

第二章 劳动关系立法与政策 / 35

一、《民法典》出台对劳动关系领域的意义 / 36

二、新冠肺炎疫情防控期间的劳动用工相关政策 / 37

三、稳定与促进就业的相关政策 / 42

四、人力资源市场监管与服务的相关立法与政策 / 47

五、扶持和保护农民工权益的立法与政策 / 51

六、社会保险相关立法与政策 / 61

七、其他相关立法与政策 / 65

第三章 劳动力市场 / 77

一、2019年劳动力市场总体状况 / 77

二、我国劳动力市场存在的问题和挑战 / 85

三、我国劳动力市场的发展趋势 / 91

四、促进我国劳动力市场发展的意见和建议 / 94

第四章　就业促进与发展 / 97

一、2019年我国就业总体状况 / 97

二、我国当前就业方面存在的问题和挑战 / 114

三、我国近期的就业趋势 / 123

四、促进就业的意见和建议 / 132

第五章　企业劳动用工管理 / 135

一、劳动用工政策法规不断完善，执行效果明显 / 135

二、劳动用工管理和实践取得新进展 / 138

三、企业劳动用工方面存在问题和面临的挑战 / 142

四、完善劳动用工制度的基本思路和对策建议 / 146

第六章　企业工资分配 / 150

一、2019年我国企业工资收入与分配的现状 / 150

二、2019年我国企业工资收入与分配存在的主要问题 / 158

三、我国企业工资收入与分配的发展趋势 / 161

四、我国企业工资收入与分配的对策建议 / 161

第七章　社会保障与福利 / 163

一、2019年我国企业社会保障与福利的现状 / 163

二、2019年我国企业社会保障与福利存在的主要问题及风险 / 167

三、我国企业社会保障与福利的发展趋势 / 171

四、我国企业社会保障与福利的对策建议 / 172

第八章　劳动争议处理 / 174

一、我国劳动争议处理现状及特点 / 174

二、我国劳动争议的总体趋势 / 180

三、2019年我国劳动争议存在的主要问题及风险 / 181

四、我国劳动争议预防调解工作的对策建议 / 185

第九章　协调劳动关系三方机制 / 187

一、2019年我国协调劳动关系三方机制的主要工作 / 188

二、我国协调劳动关系三方机制发展存在的问题 / 192

三、我国协调劳动关系三方机制下一步的主要任务 / 194

第二部分　专题调研报告

中国企联代表团赴挪威参加雇主组织能力建设论坛情况报告 / 199

一、挪威劳动关系三方机制情况 / 199

二、挪威集体谈判的实践 / 201

三、挪威工商总会的运作模式 / 204

四、挪威企业考察交流 / 206

五、经验与收获 / 207

六、建议和下一步工作 / 209

美国新经济下灵活就业中的劳动关系报告 / 212

一、访美期间拜访的主要机构和个人 / 212

二、美国灵活就业的状况 / 213

三、美国劳动关系概况 / 214

四、美国集体谈判制度的发展情况 / 215

五、美国劳动争议处理制度的主要特征 / 216

六、出访的主要收获 / 217

第三部分　企业构建和谐劳动关系实践案例

同舟共济扬帆起，乘风破浪万里航 / 221

一、强根铸魂，发挥国有企业党建优势 / 221

二、共建共享，凝聚和谐发展合力 / 222

三、聚贤育才，激发职工向心力 / 223

四、聚力暖心，营造和谐"家文化" / 224

推动和谐劳动关系向纵深发展，凝心聚力携手前行建功新时代 / 225

一、贴心服务，绘就企业发展的最大同心圆 / 225

二、助力成长，打造企业发展的核心竞争力 / 226

三、携手共建，释放企业发展的最大生产力 / 227

携手构建企业与职工命运共同体，全力推动新时代太钢的新发展 / 229

一、深入调查研究，不断走"进"职工，用沉下身子
上门服务的态度换取职工与企业心连心 / 229

二、坚持以人为本、共建共享，凝聚推动新时代
新发展的强大合力 / 230

三、完善民生工程，关心关爱职工，构建民主和谐
的发展环境，健康积极的发展氛围 / 231

四、发挥党建示范引领作用，统一思想、凝心聚力，
以管党治党的优异成绩为高质量发展护航 / 232

同心同德谋发展，共建共享筑和谐 / 233

一、加强机制建设，筑牢和谐之"根" / 233

二、坚持以人为本，始终做到关爱职工促和谐 / 235

三、坚持责任担当，始终做到回报社会促和谐 / 236

精心打造特色企业文化，着力构建和谐劳动关系 / 237

一、立足"三结合"，牢固树立以人为本的发展理念 / 237

二、坚持"五个有"，努力营造企业关爱职工的氛围 / 238

三、做到"五个要"，有效激发职工以厂为家的热情 / 239

共建"微"和谐，共创心美好 / 241
    一、权益保障无"微"不至稳和谐 / 241
    二、民主管理见"微"知著促和谐 / 242
    三、共同成长体贴入"微"育和谐 / 243

一切为了职工构建和谐发展共同体 / 245
    一、勇当时代主人翁，让员工迸发自豪感 / 245
    二、推进产业智能化，让员工增强安全感 / 246
    三、打造赋能大熔炉，让员工提增获得感 / 247
    四、营造和谐大家庭，让员工充满幸福感 / 248
    五、奋斗建功新时代，让员工共享成就感 / 249

以人为本构建企业与职工命运共同体 / 251
    一、关心职工、爱护职工，以真情实意创和谐 / 251
    二、尊重职工、信任职工，以民主管理促凝聚 / 252
    三、理解职工、保护职工，以维护权益促和谐 / 253
    四、教育职工、培养职工，以提高素质促发展 / 254

构建和谐祥鑫，打造幸福家园 / 256
    一、以党建引领为中心，不断夯实企业发展基础 / 256
    二、以共建共享为目标，努力构建和谐祥鑫 / 257
    三、以素质教育为核心，全面促进职工队伍发展 / 258
    四、以完善服务为宗旨，用心打造幸福家园 / 259

以能为本提升创新活力，以人为本构建和谐关系 / 261
    一、着力提升政治站位，以崇高的事业感召人 / 261
    二、着力优化人才考核评价体系，以科学的标准引领价值创造 / 262
    三、着力完善员工激励机制，以"能"为本激发改革发展新动能 / 263
    四、着力厚植企业文化优势，以增量理念驱动企业新发展 / 264

坚持以职工为中心共商共建和谐军企 / 266
  一、坚持党建引领，团结人、凝聚人 / 266
  二、强化权益保障，激励人、发展人 / 267
  三、突出民主管理，尊重人、依靠人 / 268
  四、加强人文关怀，关心人、善待人 / 269

建设有温度的和谐企业 / 271
  一、人人都是有温度企业的建设者，共建和谐根基 / 271
  二、人人都是有温度企业的共享者，共享和谐成果 / 273
  三、人人都是有温度企业的传播者，共建和谐力量 / 274

后　记 / 276

第一部分

企业劳动关系状况

第一章 中国企业劳动关系状况综述

2019年，尽管我国发展面临世界经济增长低迷、国际经贸摩擦加剧、国内经济下行压力加大等诸多困难挑战，但是我国经济运行总体保持平稳发展，国内生产总值达到99.1万亿元，增长6.1%。城镇新增就业1352万人，调查失业率在5.3%以下。居民消费价格上涨2.9%。国际收支基本平衡。经济结构和区域布局继续优化，发展新动能不断增强。供给侧结构性改革继续深化，重要领域改革取得新突破。全年主要社会发展目标任务基本完成，为企业劳动关系总体和谐稳定奠定基础。2019年我国就业稳定增长，社会保障运行平稳，并进一步促进就业。随着人社部及各级政府部门发布的一系列劳资关系相关政策，劳动关系在政策的保障下持续向好。但是，2019年劳动关系领域也存在诸多不稳定因素，局部矛盾还很突出，新业态领域的用工问题逐步引起社会关注，协调劳动关系工作依然任重道远。

一、2019年企业劳动关系基本特征

1. 劳动关系领域相关法规与政策又发生不少新的变化

《中华人民共和国民法典》（以下简称《民法典》）出台对劳动关系领域法律体系的构建与完善起着不可忽视的作用，除了直接适用于劳动关系缔结、履行和解除及争议解决的一些相关条款外，《民法典》的规定对于劳动法律规范体系整体而言也起着奠基、补遗和兜底的作用。新冠肺炎疫情发生后，人社部会同其他部门特别是国家协调劳动关系三方为维护劳动关系稳定，纾解企业困难，推动企业复工复产而出台的一系列政策也发挥着非常积极和重要的作用。在"六稳""六保"方针指引下，稳定和促进就业政策力度得

到进一步加强。人社部出台多项政策，加强人力资源市场监管和提供高效服务，为促进就业营造良好市场环境。国务院与人社部等相关部门先后出台一系列旨在提高农民工就业和权益保护的政策与法规。社会保险领域既关系到劳动者的养老、医疗、失业等情境下的权益保障，也关系到企业的用工成本负担。为此国家一方面促进社会保险体系的全覆盖和优化重组，一方面适时减轻企业社会保险缴费负担，缓解企业用工成本压力。人社部还继续着手清理部门规章和规范性文件设定的证明事项材料，加强便民服务，此外还会同最高院等部门出台进一步加强劳动人事争议调解仲裁法律援助工作的政策，为弱势群体得到更多法律救济提供方便。

2. 2019年国内劳动力市场需求略大于劳动力供给，供求总体保持平衡

一是劳动人口较充裕，人口红利减少趋势放缓。2016年我国15~64岁劳动人口为90747万人，占总人口比重的65.6%；2019年全国劳动人口进一步下降至89640万人，占总人口比重64.02%，劳动力市场上的人口红利在逐渐减少，但减少的趋势在放缓。二是劳动力市场需求略大于供给。2017年第四季度以来供求倍率一直保持在1.2以上的高位，呈现持续上升的趋势，在2019年第一季度达到最高1.28。2019年空缺岗位需求人数与求职人数均逐渐减少。三是东中西部岗位供求出现分化。东部地区市场供求人数减少，中西部地区市场需求人数稳中有升。总体上，全国人力资源市场需求略大于供给，供求保持基本平衡。四是除建筑业和部分服务性行业外，用人需求同比和环比均有所下降。五是技能人才供不应求。与2018年同期相比，2019年第三季度41.7%的市场主体用人需求对劳动者的技术等级或专业技术职称有明确要求。六是从政策层面促进劳动力要素有效配置。中共中央办公厅、国务院办公厅联合印发《关于促进劳动力和人才社会性流动体制机制改革的意见》，围绕创造流动机会、畅通流动渠道、扩展发展空间、兜牢社会底线做出顶层设计和制度安排。

3. 就业形势保持总体稳定发展态势

一是就业局势总体稳定。2019年年末全国就业人员77471万人，其中

城镇就业人员44247万人。全年城镇新增就业1352万人,实现政府工作报告确定的年增超过1100万人的目标,延续就业高增长态势。二是国家和地方高度重视实施就业优先政策。党中央、国务院高度重视就业问题,持续加大就业政策支持力度,对就业工作做出了一系列决策部署,一系列相关政策措施相继出台实施。国务院于2019年年底出台了《国务院关于进一步做好稳就业工作的意见》,将其作为当前阶段的综合性就业政策文件。另外,政府还相继出台了一系列针对诸如高校毕业生就业创业、化解过剩产能中职工安置、促进妇女就业等重点人群的就业相关的扶持鼓励政策。三是共享经济稳就业的作用继续显现。2019年我国共享经济参与者人数约8亿人,其中服务提供者约7800万人。平台企业员工数约623万人,同比增长约4.2%。四是农民工就业规模继续扩大。2019年农民工总量达到29077万人,比2018年增加241万人,增长0.8%。其中,本地农民工11652万人,比2018年增加82万人,增长0.7%;外出农民工17425万人,比2018年增加159万人,增长0.9%。五是高校毕业生就业稳中有忧。2019年高校毕业生人数达到834万人。2019年高校毕业生就业总体稳定。但是受就业总量的制约、供需结构性矛盾,以及毕业生自身存在的问题,高校毕业生就业压力仍然很大。

4. 企业劳动用工呈现出一些新变化和新动向

一是劳动用工政策法规不断完善。2019年成立国务院根治拖欠农民工工资工作领导小组,出台了《保障农民工工资支付条例》,加大拖欠农民工工资案件的督查督办力度。全国厂务公开协调小组办公室制定和发布了《2019—2023年全国企业民主管理工作五年规划》,深入推动新时代企业民主管理工作创新发展。许多地区加强研究并出台了针对新业态劳动用工管理措施。例如,2019年浙江省人社厅发布了《关于优化新业态劳动用工服务的指导意见》,明确要求尊重新业态劳动用工的市场规律,建立健全新业态劳动用工管理制度。二是劳动合同签订率稳步提升,员工权益得到有效维护。2019年全国企业劳动合同签订率达90%以上。年末全国报送人力资源社会保障部门审查并在有效期内的集体合同累计175万份,覆盖职工1.49亿人。三是新就业形态企业劳动用工管理不断变革。新业态对我国就业增长贡献巨大。平台经济带动出现的新就业形态成为我国新增就业的重要组成部分,不仅创造了大量就业岗位，也增加了劳动者收入，提升了就业质量。四是国有企业经营管理改革不断深入，各项措施得到有效实施。2019年1月1日，国务院国资委发布的《中央企业工资总额管理办法》正式实施。《中央企业工资总额管理办法》的实施对中央企业工资总额决定机制和管理制度体系进行全面改革，涉及面广、政策性强、影响力大。2019年8月初，国务院国有企业改革领导小组办公室印发了《关于支持鼓励"双百企业"进一步加大改革创新力度有关事项的通知》，对"双百企业"及所出资企业实施更加灵活高效的工资总额管理方式，并采取多种方式探索完善中长期激励机制。

5. 企业平均工资稳步增长

一是工资收入稳步增长。工资增速快于居民人均可支配收入增速及GDP增速。2019年，全国居民人均可支配收入30733元，比2018年实际增长5.8%。多省份重点关注一线职工，13省份的基准线都在7%以上。各地经济发展情况不一，最低工资标准存在差异，"含金量"不尽相同。截至2019年年底，全国共有9个省调整了最低工资标准。二是东部地区工资最高，涨幅最大，东北地区仍然垫底。2019年城镇非私营单位和私营单位就业人员年平均工资由高到低依次是东部、西部、中部和东北地区。三是外商投资企业年平均工资稳居首位。年平均工资最高的是外商投资企业106604元，为全国平均水平的1.18倍。年平均工资最低的是集体单位62612元，为全国平均水平的69%。四是行业红火带动工资上涨，新兴行业工资上涨有潜力。信息传输、软件和信息技术服务业工资最高，金融业、科学研究和技术服务业位居前二。与公共服务和消费升级相关的行业平均工资较快增长。科教、信息和交通等新兴行业工资水平呈现可观潜力。2019年城镇非私营单位中，航空运输业和铁路运输业就业人员年平均工资分别增长11.5%和10.0%。

6. 社会保障和福利水平稳步提高

一是社保费率下调减轻企业负担。自2019年5月1日起，企业社保费率由原来的20%降低为16%，在下调费率的同时，不会放松阶段性失业和工伤保险费率的政策，并且对劳动密集型企业加大社保补贴力度。二是社保覆盖范围广且有结余。2019年我国基本养老保险、失业保险、工伤保险三项社会保险参保人数逐渐增多，基金收入同比增长了3.6个百分点；支出同比增长了10.7个百分点。累计结余6.85万亿元，进入良性发展。社会保障相关配套政策逐步完善。三是养老金制度可持续问题引发关注。2020年预计高龄人口将达到2900万人，由此带来高老年抚养比可能将达到28%。四是基本社会养老保险占据主要地位。2019年，全国社会基本养老保险基金收入为56083.3亿元，远远超过企业年金、个人储蓄和商业养老保险的规模，在我国养老制度中占据最主要的地位。

7. 劳动争议案件仍呈高位运行态势

一是劳动争议调解仲裁案件数量大幅增加。2019年各级劳动人事争议基层调解组织和仲裁机构共处理劳动人事争议案件211.9万件，同比增加16%。涉及劳动者238.1万人，同比增长9.3%。涉案金额489.7亿元，同比增长21.6%。全年办结争议案件202.3万件，调解成功率为68.0%，仲裁结案率为95.5%。2019年全国各级劳动保障监察机构共查处各类劳动保障违法案件11.2万件。2019年劳动案件处理效能进一步提高，终局裁决结案率大幅提升，劳动争议调解仲裁和劳动监察效果显著。二是劳动争议的区域性、行业性特征明显。随着经济的发展和经济结构的转型，越来越多的用人单位和劳动者选择了灵活就业，但是灵活就业在给双方带来便利的同时也带来了更多的劳动纠纷。传统的劳动合同引发的劳动纠纷还是占主导，但是新业态、灵活用工带来的劳务合同纠纷所占比例也在逐步增大。区域上，广东、江苏等沿海地区劳动纠纷较多。从行业上来看，制造业案件占比最大。

8. 国家协调劳动关系三方机制工作取得进一步成效

一是加强劳动关系形势研判，着力做好劳动关系风险预防。一方面积极开展劳动关系领域有关问题的调研分析；另一方面不断加强劳动关系风险监测预警机制，制定印发了《关于建立劳动关系风险监测预警制度的意见》，推动全国形成较为完善的劳动关系风险监测机制。二是加强劳动关系法律体系建设，着力提升劳动关系治理能力。出台《保障农民工工资支付条例》等一系列重要的法规和文件,提升各地劳动争议预防调解能力,加强对地方调解仲裁工作的指导。三是加强集体协商实效性,着力提升企业合规管理水平。国家三方继续稳妥推进集体协商制度实施。下发了《关于实施集体协商"稳就业促发展构和谐"行动计划的通知》《关于加强专职集体协商指导员队伍建设的意见》,深入开展集体协商质效评估工作。四是深入推进和谐劳动关系创建活动,着力促进劳动关系和谐稳定。开展了第四次全国模范劳动关系和谐企业与工业园区评选表彰活动,召开全国构建和谐劳动关系先进表彰会。模范劳动关系和谐企业的示范引领作用大大提高。五是加强企业工资分配信息体系建设,切实提高企业工资分配宏观指导实效。组织开展最低工资评估调研。完成2019年企业薪酬调查工作,并首次在国家层面发布企业薪酬调查信息,指导有条件的地区发布分职业从业人员工资价位、分行业企业人工成本等企业薪酬信息。六是履行劳工组织成员国义务,大力加强国际交流合作。提交了多个公约的履约报告和多个公约和建议书的进展情况报告。推进集体协商国际合作项目,编写完成集体协商国内典型经验、集体协商制度培训教材和集体协商争议指导手册。

二、2019年企业劳动关系存在的问题

1. 劳动力市场发展还面临很多矛盾

一是供需不平衡问题日益突出。劳动力供给持续减少加速了部分地区和行业招工难问题。2019年四季度招聘需求人数环比增幅为23.22%。二是劳动力市场结构性矛盾依然突出。一方面,技术技能人才和高端人才依然需求旺盛;另一方面,低端劳动者数量仍然十分庞大,很难实现稳定和高质量就业。农民工数量庞大,但其受教育程度、技能水平与职业化程度均不高。三是大学毕业生规模庞大与工作能力缺乏问题较为突出。2019年中国大学生有834万人,留学生有50万人左右。大学生群体规模巨大,但是工作能力却严重缺乏,导致其就业质量较低,具体表现为大学毕业生平均收入低,且灵活就业比重上升过快。四是区域劳动力市场发展不平衡。中国不同行政区域之间的就业市场景气指数差异较大,东部就业情况好得多,中西部稍差,东北问题比较突出。五是劳动参与率持续下降。近七年来我国劳动参与率延续了之

前20多年的下降趋势,从70.41%下降到2018年的68.72%。六是劳动力市场机制还未完全形成。我国还没真正建成一个稳定、高效的劳动力市场,使得一些劳动力资源配置不充分现象依然存在,影响了劳动力市场潜能的释放。

2. 特殊群体就业压力加大

一是一些就业指标走势趋弱。2019年全年累计就业人数较2018年仍减少11万人,减幅为0.81%,就业增长的动力有所减弱。失业水平有所抬升。特别是20~24岁大专及以上学历青年调查失业率上升比例高于其他群体。市场需求有所减弱。企业新招和减员数据在一定程度上显示企业用工需求总体呈递减趋势。制造业等行业用工可能持续减少。与此同时,新动能拉动就业能力或有所减弱。二是大学毕业生存在"结构性"失业现象。学历"结构性"失业。较少的中、高端岗位需求和过剩的大学生们之间的矛盾。大学生就业区域不平衡导致区域"结构性"失衡。不同行业间的供需不平衡也导致了行业"结构性"失衡。三是促进农民工就业还存在一些制度性障碍。农民工异地就业面临子女上学难、费用高的问题。规模越大的城市升学难、费用高和异地高考问题越突出。进城农民工难以融入当地社会。虽然进城农民工对所在城市的归属感有所提高,参加各类组织活动积极性提高,但在人均居住面积和基础设施方面还需进一步提高,城市的规模越大,农民工的城市归属感和认同感越弱。四是复转军人再就业问题突出。主要表现在退役士兵较多、普遍学历较低、行业选择受限、士兵退役后对工作期望值较高、政策法规滞后且执行可操作性不强及协调难度逐渐增大等方面。五是灵活就业人员的社会保障有待加强。与灵活就业相适应的社会保险体系建设严重滞后,难以满足共享经济新业态的发展需要,"多平台同时就业"情况难以满足现行社会保险体系的参保条件,成为这一群体参加社会保障的制度性障碍。个人缴费制度不完善导致灵活就业人员参保意愿严重不足。

3. 企业劳动用工面临新挑战

新就业形态的快速发展,在带来诸多经济和就业积极效果的同时,也面临着许多新情况新问题新挑战。一是一些平台企业运营风险较大,影响新就业形态从业人员稳定就业和劳动权益。近年来，许多平台企业的业务发展和日常运营主要靠风险投资，尚未找到成熟的商业模式或盈利路径，一旦投资中断，难逃倒闭厄运。二是传统就业方式与新就业形态之间存在着摩擦和冲突。互联网在拓展市场需求空间、创造新就业形态岗位的同时，也在一定程度上改变了利益分配格局和分配方式，引发了不同就业群体间的矛盾和冲突。三是相关法律关系不清晰，劳动争议较多。新就业形态多依赖平台企业生存，由此派生出平台、用户、劳动者及劳务派遣机构等多方利益主体，构成复杂，责权利不够清晰，纠纷增多。四是现行就业创业政策在一定程度上不适应新就业形态发展需要。目前新就业形态缺乏行政管理上的统一规范界定，难以在同一标准口径下进行数量统计和情况分析，也难以规定和掌握政策边界。五是社会保险制度在一定程度上不适应新就业形态发展需要。现行的社会保险体系主要是根据"工业社会""单位用人"的特点设计的，许多方面不适合新就业形态人员的需要。同时新就业形态从业人员工作方式和用工形式更加灵活多元，而现行劳动关系调整机制稍显力不从心。新就业形态从业者因其平台就业的特点，导致以往依托企业对本单位职工开展职工教育和技能培训的制度无法发挥作用。

4. 企业工资收入分配制度仍需完善

一是收入分配的差距不断扩大，贫富分化加剧。第二、第三产业中的某些行业利用其先天优越的生产条件创造出巨大的利润，相比农业生产等效率不高的行业，导致行业收入差距较大，垄断行业企业之间及企业内部的收入差距也在扩大。东、西部发展不均衡带来地区间收入差距加大。二是企业的奖酬机制无法满足内部和外部的期望。企业奖酬机制在各个方面都产生了差距并遭遇越来越多的挫折。三是收入分配结构存在不合理性。工资收入结构不合理，制度内工资低，制度外劳动报酬高，项目繁多，未纳入工资内。不同收入群体分布形态不够理想，低收入群体所占比重很大。四是教育红利变窄，导致阶层固化。大学生的工资增速低于农民工工资增速，受教育程度提高带来的工资红利紧缩，导致阶层固化，社会阶层流动性降低。

第一部分 企业劳动关系状况

5. 社会保险和企业福利体制亟待改革创新

一是社会保险尚未实现人群全覆盖。基本养老保险参保人数为9.5亿人，据测算尚有1亿人未被覆盖。在已经参保的城乡居民当中，不少人选择最低档缴费，造成待遇水平偏低。同时，失业、工伤和生育保险参保率仍然较低。二是存在部分企业为削减人力成本损害劳动者权益的现象。部分企业按照城市最低工资标准给员工缴纳社会保险现象普遍且隐性，严重侵犯了员工的合法权益。部分企业实行违反《劳动法》的高强度的"996"工作制对员工的身体健康、心理健康和社会的经济发展带来极大的负面影响。部分企业采用降薪、不合理调岗、制订不可能完成的KPI任务、孤立员工、无薪长假，甚至是直接威胁等手段实现变相裁员。三是我国基本社会养老基金区域之间收支不平衡，部分地区存在收不抵支的问题。除广东、北京等地外，22个省养老保险金均为收不抵支，当年无结余。我国社会基本养老保险基金区域间差距较大，整体上收不抵支年内无结余。

6. 劳动争议调处工作仍然面临较大挑战

一是劳动争议预防调解工作仍面临来自平台经济的挑战。平台企业与劳动者之间的关系复杂多样，劳动权益保障方面出现一些新情况、新问题。新就业形态是不断创新、动态调整的，具备与传统就业形态完全不同的内涵和特征，由此产生的劳动关系认定争议及劳动权益保护问题日益增多。二是劳动争议调解仲裁制度需进一步完善。劳动争议仲裁缺乏中立性、独立性和终局性。实践中往往劳动者代表和用人单位代表缺位或发挥较弱的作用，使得劳动争议三方力量不均衡。如果劳动争议当事人提起诉讼，原有的仲裁裁决对后续的审理没有任何支持和帮助。三是"碎片化"监管格局给劳动保障监察带来了一些困境。专职劳动保障监察员与监管对象数量增长间的长期失衡。基层部门一般采取"选择性执法+被动监察"的保守监管策略。对中小型民营企业尚缺乏针对性的有效监管手段。职能运行机制层面存在的制度缺陷及监管机制创新不足。

7. 我国协调劳动关系三方机制发展还存在瓶颈

一是三方机制建设仍有待完善。我国协调劳动关系三方机制也一直面临着地方组织体系不健全、协调协商范围受限、有关文件不具法律效力等问题，这些都在不同程度上影响着该机制作用的发挥。二是三方机制的影响力仍受工作瓶颈制约。我国协调劳动关系三方尚无法做到迅速达成统一，共同发声，目前还只能依靠各成员单位在各自系统内分别安排部署，很难形成更有力量的社会影响力。三是三方机制的整体研究力量仍然较弱。由于受制于调查样本数量不足、调研周期较长、数据来源准确性及三方研究力量不足等影响，仍无法满足紧跟劳动关系形势变化和及时提供相关政策出台意见参考的需求。

三、我国企业劳动关系舆情热点与分析

随着互联网和移动互联网的普及，微博、微信、论坛与报刊、网站等传统媒体一道成为人们获取信息的重要渠道，更成为网民表达意见的主要平台，媒体的舆论导向功能和新闻报道功能也因为新闻客户端、微信公众号、微博等引入而进一步强化。企业劳动关系作为与公众联系较为密切的领域之一，成为互联网舆情重要的一部分。

1. 网民对于劳动领域相关政策的负面反馈较少

主要集中在医疗和工作时间方面。根据牡丹集团舆情数据整理，高达91.2%的受访者对医疗保险比较关心，仅有1.3%的受访者明确表示不关心（见图1-1）。并且在对具体关心方面的统计中可以看到，劳动者比较关心的主要是医疗期期限、医疗期内的工资支付和经济赔偿等问题，分别占比达到67.80%、89.30%和44.81%（见图1-2）。根据《企业职工患病或非因工负伤医疗期规定》（以下简称《规定》），医疗期是指企业职工因为患病或者因工负伤停止工作治病休息不能解除劳动合同的时限，在用人单位工作年限为5~10年的劳动者医疗期为9个月，工作年限为10~15年的劳动者医疗期为12个月。这个医疗期的设定对于大病和慢性疾病来说是非常短的，难以满足患病员工的治疗时间需求。

第一部分 企业劳动关系状况

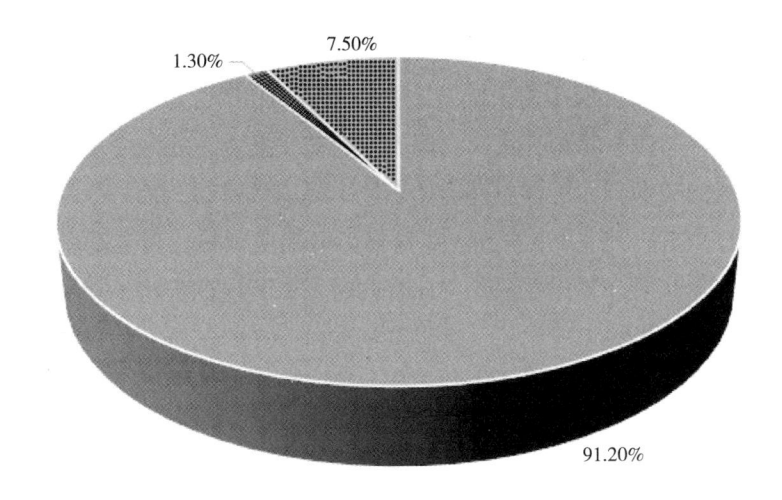

7.50%
1.30%
91.20%

■关心 ■不关心 ▦说不好

注：数据根据牡丹集团舆情数据平台整理所得。

图1-1 2019年职工对医疗保险关心情况

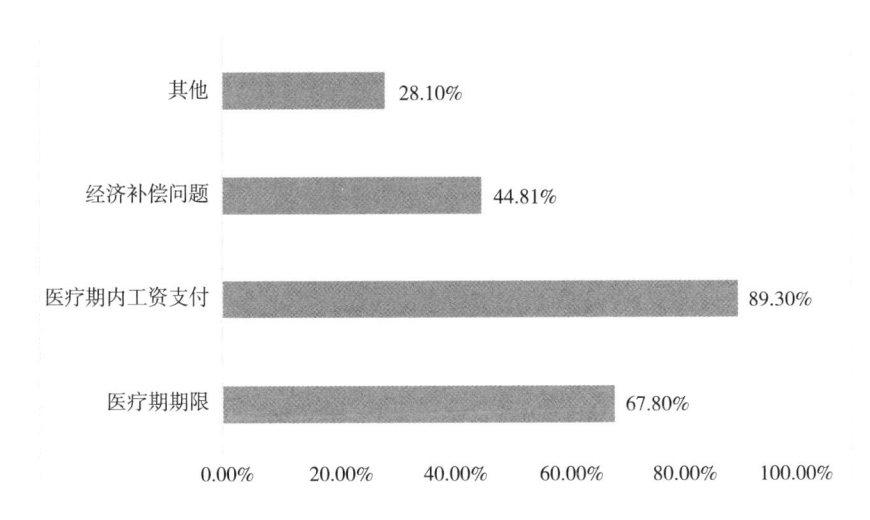

其他 28.10%
经济补偿问题 44.81%
医疗期内工资支付 89.30%
医疗期期限 67.80%

0.00% 20.00% 40.00% 60.00% 80.00% 100.00%

注：数据根据牡丹集团舆情数据平台整理所得。

图1-2 2019年职工关心医疗保险的具体方面

根据《关于贯彻执行〈中华人民共和国劳动法〉若干问题的意见》规定，职工患病或者因工负伤治疗期间，在规定的医疗期内用人单位支付的病假工资可以低于当地最低工资标准，但不能低于最低工资标准的80%。如果劳动者的医疗保险缴纳系数较高的话，则还需要自己掏钱缴纳社保。医疗期病假工资支付过低不利于员工的健康恢复和家庭日常开支。

根据《职工患病医疗期规定》《中华人民共和国劳动法》和《中华人民共和国劳动合同法》等相关法律规定，只有被认定为工伤或者职业病致残且为一至四级的劳动者才可以办理退休手续享受退休待遇，而一般的职工在医疗期没有痊愈的，用人单位提前 30 日书面通知或额外支付劳动者一个月的工资即可解除劳动合同，在解除劳动合同时也有相应的经济补偿，补偿的标准与在本单位的工作年限相关，每满一年支付一个月工资，但支付的经济补偿不超过 12 年。

加班时长和加班费均难以得到保障，对此员工普遍表达了不满，根据舆情平台所得的数据整理分析，可以看到高达 52% 的员工满意度较低（见图 1-3）。

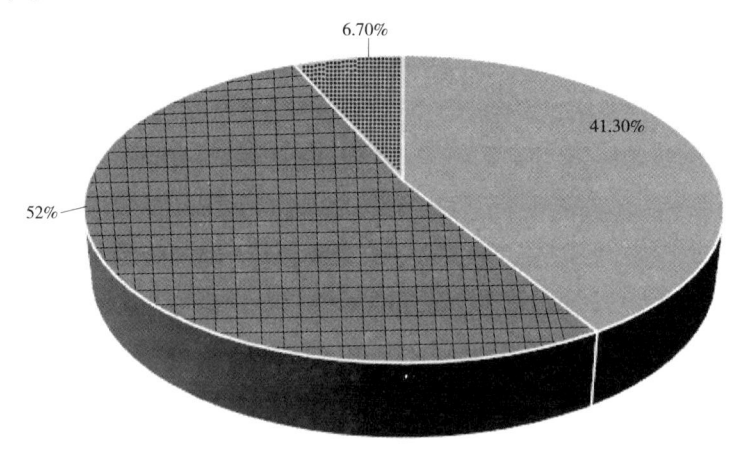

注：数据根据牡丹集团舆情数据平台整理所得。

图 1-3　2019 年职工对加班时间和加班费的满意度

随着 GitHub 网站上发起的抵制"996"话题的火热，社会上关于员工加班时长的讨论越来越多。"996"工作制即早上 9 点上班，晚上 9 点下班，中午和傍晚的休息时间小于 1 个小时，总共每日上班时间超过 10 个小时，每周上班 6 天的工作制。刚开始"996"工作制主要出现在互联网行业，且主要是程序员等职业，但后来蔓延到加班不分行业和岗位，各行各业加班现象都很严重，竟然还有商业大佬们为该工作制站台发声。一些企业的强势要求，使得劳动者不得不放弃休息时间被迫加班。

根据相关数据显示，仅有14.63%的劳动者加班费按时按量发放（见图1-4）。用人单位多选择以调休的方式处理加班工资，一是可以降低人力成本，二是可以使员工的工作时间更灵活，三是可以避免触犯《中华人民共和国劳动法》。实际中，公司往往将延长工时和休息日加班的加班时长全部算作调休，让劳动者在不太忙的工作日调休，最大限度地提高了劳动者的工作效率，使得劳动者在旺季时工作时长得不到保障，加班费也没有以金钱的形式发放。

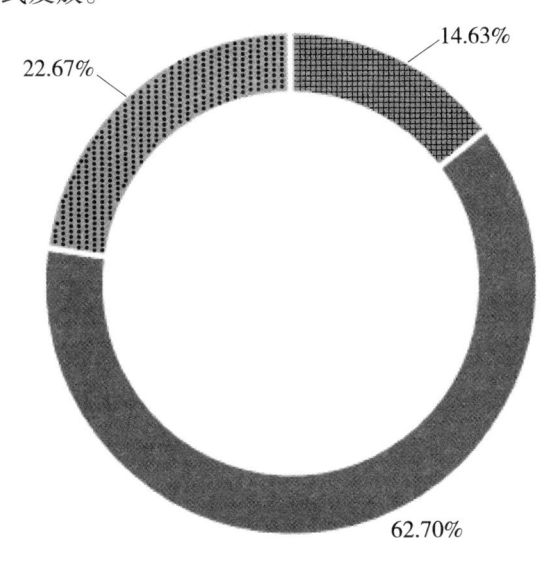

■ 按时按量发放了　　■ 少部分发放了　　■ 完全未发放

注：数据根据牡丹集团舆情数据平台整理所得。

图1-4　2019年职工加班费发放情况

2. 舆情关注大学毕业生失业现象

从舆情数据观测的结果来看，近年来我国的人才市场存在着一定程度的结构性供需不平衡现象。光明网撰文指出，当前我国最主要的失业风险并不是"总量失业"，而是"结构性失业"；最主要的风险人群并不是一般体力劳动者，而是大学生。这种结构性失业主要来源于两个方面。一方面，随着互联网技术的快速发展，市场对于信息技术人才的需求增长迅速，相关专业的毕业生的薪资水平较高，就职难度较小，同时，由于教育体系并未对劳动力市场的需求变化做出及时调整，导致部分专业的毕业生在求职中遇到"结构性"失业现象，即市场对于这类专业的毕业生的需求严重不足，这类供过于求的现象在文科和基础科学领域的毕业生群体中格外显著。

依据《2020年中国大学生就业报告》和《就业蓝皮书：2020年中国高职生就业报告》，2019届本科毕业生平均月收入为5440元，剔除通货膨胀因素的影响外，与2015届相比，五年来本科生起薪涨幅为23.6%；高职毕业生平均月收入为4295元，剔除通货膨胀因素的影响外，与2015届相比，五年来高职生起薪涨幅为15.7%。其中，计算机类、电子信息类、自动化类等本科专业毕业生薪资较高，2019届平均月收入分别为6858元、6145元、5899元；铁道运输类、计算机类、水上运输类等高职专业毕业生薪资较高，2019届平均月收入分别为5109元、4883元、4763元。

从就业优势专业来看，对于本科毕业生来说，信息安全、软件工程、信息工程、网络工程、计算机科学与技术、数字媒体艺术与电气工程自动化专业的失业量小，薪资、就业率与就业满意度都较高，不难看出这些专业都较为集中在互联网信息技术方面；对于高职高专毕业生而言，铁道机车、铁道工程技术、社会体育、电力系统继电保护与自动化、移动互联网技术，发电厂及电力系统与物联网应用技术的就业优势较大，这些专业主要偏向交通运输与电力。从就业劣势专业来看，对于本科毕业生来说，绘画、音乐表演、法学、应用心理学、化学的失业量较大，就业率、薪资和就业满意度较低，这些专业主要集中在文科与基础科学领域；对于高职高专毕业生而言，法律事务、语文教育、烹调工艺与营养、小学教育与导游专业的就业情况较差。可见不同的专业对于毕业生有着截然不同的需求，就业形势较差专业的毕业生可能会面临"毕业即失业"的窘境。

另一方面，大学生的求职观念也造成了"结构性失业"。目前社会对于一般体力劳动者有较大的需求缺口，而由于近年来大专院校的扩招现象，大学毕业生在劳动力市场上存在相对供过于求的现象，在2019年两会期间，曾有代表、委员建议用大学生去填补"用工荒"，以此缓解大学毕业生就业难，其主要的思路是调整大学生的就业观，要改变就业的心态，不能有业不就，但是，这和大学生的就业期望并不吻合。根据舆情数据显示，有84%的大学生认为大学毕业应该要找到更好的工作，并且有42.80%和32.50%的大学生认为应该进入政府、事业单位或者上市公司就业（见图1-5），同时社会也认为大学生多求学三到四年，有更高的就业期望是合理的。因此，解决大学生就业难的问题，关键在于大学要有明确的办学定位，要提高大学生的质量和就业竞争力。

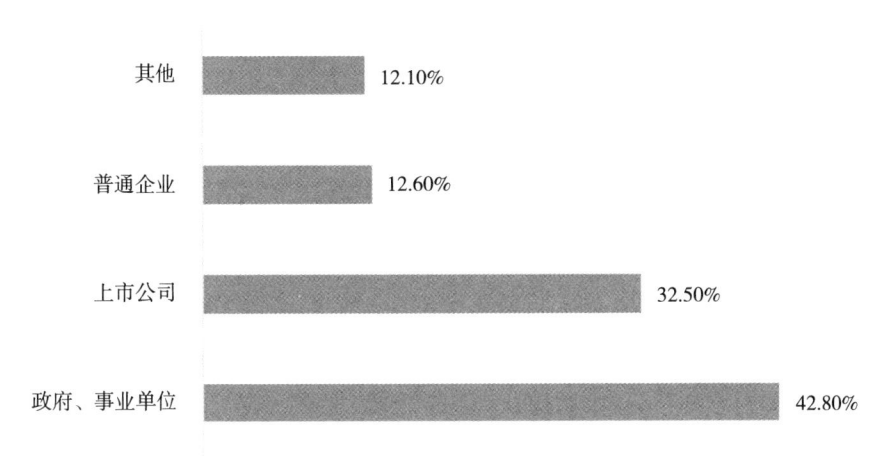

类别	比例
其他	12.10%
普通企业	12.60%
上市公司	32.50%
政府、事业单位	42.80%

注：数据根据牡丹集团舆情数据平台整理所得。

图 1-5 应届大学生认为大学毕业后是否应该找到好工作

3. 网络关注人口红利结束给就业市场带来冲击

根据国家统计局数据，2019年全国总人口超过14亿人，但是同时全国劳动力总人口持续下降，从2018年的89729万人，下降到2019年的89640万人，下降了89万人。因此，在互联网和各大媒体上掀起了一场中国人口红利是否已经结束的辩论。

目前，网络上的媒体和主流舆论导向认为我国人口红利仍未消失或者认为不必过于担心人口红利减少对于经济的负面作用。其中，21世纪经济报道指出，中国的劳动年龄人口下跌已经持续数年，从各国的历史情况看，这是一个必然的现象。尽管我国劳动年龄人口总量在减少，但是从劳动年龄占总人口的比重来看，还是比西方发达国家要高。总体来看，我国劳动力总量的供应还是比较充分的，可以支撑我国的社会经济发展，因此不必过于渲染用工荒、人口红利。苏宁金融研究院指出：从数据上看，虽然2019年第三季度经济下行与人口红利逐渐减少不无关系，但是对于经济和就业无须过于担心。首先，中央政府不再像以往那样依靠房地产市场和放水刺激来短期提振经济，而是更大程度地扩大开放，并积极调整经济结构，支持创新和小微企业发展；其次，从我国科研论文数量、质量与人口教育水平来看，人口红利正在逐渐向人才红利转化；最后，中国劳动力正在空间结构上进行着"可持续"调整，未来的调整空间尤为巨大，劳动力自由流动性逐渐加强与城市化进程是经济增长的新抓手。

4. 中美贸易摩擦对就业市场带来冲击

自2018年下半年开始并持续至今的中美贸易摩擦无疑是目前网络上的舆情热点。媒体舆情普遍认为中美贸易摩擦对于就业市场有较大的负面冲击。

发改委对CNBN的声明中称："不断升级的中美贸易摩擦及其他的不确定性导致互联网、金融等行业对大学毕业生的招聘需求正在减少""一些企业推迟了校园招聘，而其中的一些公司可能会减少或者暂停招聘活动。"交通银行和海通证券的研究人员估计，中美贸易摩擦已经使中国丧失了70万~120万个就业岗位。

BBC报道指出，根据不同研究机构的估计中美贸易摩擦造成的失业人数约为120万人到190万人之间。但是除了中美贸易摩擦，目前的失业现象也与中国经济转型有密切关系，制造行业的就业流失在中美贸易摩擦前就已经开始。这是因为中国正在转型其经济模式，从出口导向转为内需拉动，中国政府试图在金融和科技等行业创造就业机会。同时，制造业也面临着邻近国家低劳动力成本的冲击。

德国墨卡托中国研究中心的一份报告则指出，中国大学毕业生的就业压力近期显著上升。该智库的学者古思亭表示，面向大学生的招聘数量在减少，毕业生的数量则在增多。在制造业方面，中国国际金融公司（CICC）发表报告表示，自2018年7月以来，中国制造业总就业人数减少约500万人，其中180万人到190万人与中美贸易摩擦相关。在服务业方面，路透社报道了两家物流公司在2019年的运营情况,其中宁波特力国际物流的总经理梅振华表示,该公司获利和出口订单在2019年都出现了大幅下降;深圳营生国际物流有限公司表示,如果业务情况更糟糕的话就裁撤岗位或者减薪。

从进出口的角度的分析来看,瑞银集团的经济学家估计,中国出口下降5%,就可能导致整体就业岗位减少300万个,鉴于中美贸易摩擦对于出口的致命打击,有分析指出中美贸易摩擦可能已经影响到400万个就业岗位。

5. 农民工就业问题持续引发关注

农民工被拖欠工资一直是政府亟待解决的难题,也是社会关注的热点问题。2019年,政府出台了一系列政策帮助农民工讨薪,国务院根治拖欠农民工工资工作领导小组办公室相关负责人介绍,从2019年11月15日到2020年春节前,攻坚行动的执法范围包括招用农民工较多的工程建筑领域和劳动密集型加工制造业,并将政府投资项目和国企项目作为执法检查重点。人民网民生周刊撰文说明了各省政府对于农民工讨薪实施的具体举措。2019年年末,全国纷纷展开根治欠薪冬季攻坚行动,多措并举为农民工讨要血汗钱。北京、天津、河南、广西壮族自治区、山西、江西等省、区、市通过黑名单管理、欠薪入罪等手段,依法打击欠薪违法行为。内蒙古建立劳动争议仲裁绿色通道,快速调处涉及拖欠农牧民工工资的争议案件。广东、江苏、安徽、贵州等地明确建筑工人采用实名制,发放工资"谁承包谁负责"。上海依托在全国率先建立的欠薪保障金制度,对符合垫付条件的企业劳动者快速先行垫付部分工资。福建、云南、吉林对农民工工资保证金、农民工工资专用账户制度予以明确。

但是,也有舆情与媒体报道指出农民工就业存在不少问题。恒大研究院的2019年的报告指出,以初中及以下文化为主的农民工群体年龄更加老化,在经济下行阶段面临较大失业风险。在40后、50后人员方面,40后、50后人员规模及占比基本持续上升,年龄大、学历低、技能单一,容易陷入长期失业。

新浪金融研究院的报告则表明,政府政策对于农民工就业保障不足。对于想外出寻找发展机会的农民工来说,并没有太多有力的措施促进他们稳定就业,甚至在一些城市里有部分措施在实质上起到了排斥农民工在当地工作生活的作用。虽然主要城市正在因为劳动年龄人口的减少趋势开展了对"人"的争夺大战，但事实上争夺的更多的是学历人口，对所谓的"低端人口"则表现出较弱的包容性。

6. 多种因素造成的收入差距引发劳动者不满

北京师范大学中国收入分配研究院万海远和孟凡强的文章采用了分层线性随机抽样的方式对中国收入阶层进行了推算。测算结果显示，中国有39.1%的人口月收入低于1000元，换算成人口数即为5.47亿人（包括546万人没有任何收入），同时月收入在1000~1090元的人口为5250万人（见表1-1）。因此，月收入约1000元（准确地说是1090元）以下的人口数量达到6亿人。这6亿人的典型画像是，绝大部分都在农村，主要分布在中西部地区，家庭人口规模庞大，老人和小孩的人口负担重，是小学和文盲教育程度的比例相当高，大部分是自主就业、家庭就业或失业，或者干脆退出了劳动力市场。

表1-1 家庭人均月收入分布与人口数

月收入/元	百分比/%	人口/万人
≤0	0.39	546
0~500	15.42	21589
500~800	14.43	20203
800~1000	8.86	12404
1000~1090	3.75	5250
1090~1100	0.37	518
1100~1500	13.30	18621
1500~2000	12.33	17263
2000~3000	14.81	20735
3000~5000	11.21	15695

续表

月收入/元	百分比/%	人口/万人
5000~10000	4.52	6328
10000~20000	0.56	784
20000+	0.05	7

注：数据来源于国家统计局

根据国家统计局的数据，基尼系数从总体上看，近十年我国的经济不平等性呈现先下降再上升的趋势。但是2019年相较于2018年出现了下降趋势，为0.465，减少了0.03（见图1-6）。

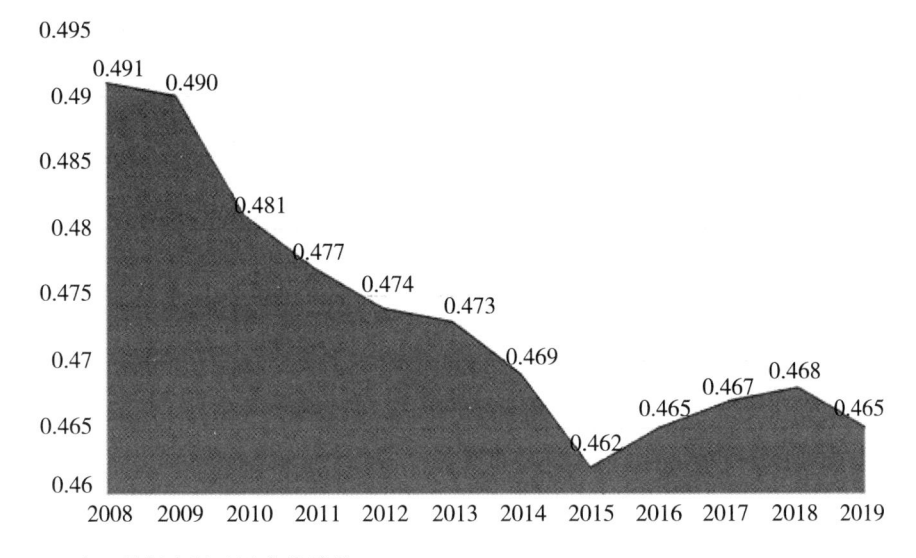

注：数据来源于国家统计局。

图1-6　2008—2019年我国基尼系数变化趋势

从引起收入差距的原因来看，其中两个方面是舆情热议的话题。一是机会不平等，尤其是高等教育的不平等。由于各省市分别命题，分别划分分数线，导致高考大省如河南、河北、山东等省的考生面临的竞争异常激烈，而北京、天津的考生则享受了教育资源的倾斜。此外，由于高校对于不同省份的拟招生人数不尽相同，更进一步加剧了教育的不公平性。二是由于父母收入层次不同，对于子女教育的投资也差异巨大。2019年央视的《高考》纪录片中，北京状元熊轩昂说："农村地区的孩子越来越难考上好学校，像我这种，父母都是外交官，属于中产阶级家庭（的孩子），衣食无忧。"这段话在网络上引起热议，舆论普遍认为现在的社会教育资源不仅仅存在地域不公平性，父母的收入差异更加会通过教育投资传递给子代，"寒门再难出贵子"的言论一时成为网络的热搜词。

2016—2019年全国各省市一本上线率统计（不含港澳台）如表1-2所示。

表1-2 2016—2019年全国各省市一本上线率统计（不含港澳台）

排名	省份	高考人数/万	一本人数/万	一本上线率2019	一本上线率2018	一本上线率2017	一本上线率2016
1	北京	5.9	2.14	36.27%	34.12%	30.50%	30.53%
2	天津	5.6	2.01	35.89%	33.64%	24.10%	24.09%
3	上海	5	1.48	29.60%	29%	21.80%	无
4	江苏	33.9	9.19	27.11%	25.12%	12.10%	12.45%
5	陕西	32.59	7.83	24.03%	17.74%	14.60%	14.24%
6	黑龙江	20.4	4.49	22.01%	21.90%	13.50%	13.71%
7	福建	20.78	4.24	20.40%	20.86%	18.70%	20.17%
8	宁夏回族自治区	7.17	1.43	19.94%	13.24%	19%	无
9	山东	60.1	11.8	19.63%	15.07%	10.60%	13.89%
10	辽宁	24.4	4.72	19.34%	24.81%	16.1%	16.04%
11	河北	55.96	10.69	19.10%	10.43%	14.55%	15.86%
12	安徽	51.3	9.67	18.85%	18.86%	14.20%	14.47%
13	重庆	26.4	4.95	18.75%	19.04%	11.50%	11.87%

续表

排名	省份	高考人数/万	一本人数/万	一本上线率2019	一本上线率2018	一本上线率2017	一本上线率2016
14	湖北	38.4	6.51	16.95%	9.56%	15.80%	16.10%
15	甘肃	26.68	4.47	16.75%	无	15.22%	15.28%
16	浙江	32	5.32	16.63%	17.35%	14%	13.07%
17	内蒙古自治区	19.9	3.29	16.53%	16.21%	14.03%	13.37%
18	青海	5.5	0.88	16%	20%	15.20%	14.77%
19	湖南	49.9	7.69	15.41%	15%	11.20%	11.66%
20	四川	65	9.57	14.72%	15.03%	10.60%	10.70%
21	云南	32	4.34	13.56%	7.79%	10.60%	10.70%
22	广东	76	9.78	12.87%	11.57%	11.20%	11.19%
23	吉林	16.27	2.07	12.72%	13.24%	12.4%	12.54%
24	山西	30.2	3.82	12.65%	12.20%	9.80%	9.93%
25	河南	103	12.92	12.54%	12.64%	7.80%	7.73%
26	江西	42.1	5.04	11.97%	8.89%	10.40%	10.63%
27	贵州	45.87	5.46	11.90%	11.84%	14.50%	14.77%

注：数据来源于国家统计局。

除了教育资源的不公平，阶层固化现象也成为舆论的焦点，中产阶层家庭通过对于教育资源和资本的掌控，后代的教育水平、资本水平和人脉关系，通常是出身农村寒门的家庭难以企及的。这种收入的代际传递，引起了网络上对于中国阶层固化现象的普遍担忧。2019年年初，微信公众平台的一篇《一个出身寒门的状元之死》更是将这种对于现实阶层固化，寒门学子难以实现阶层跨域现实的负面情绪引向了舆论的焦点，直接反映了在现实中，一些贫困学子即使考入一流大学，在毕业之后的就业、深造等各个方面还是难以摆脱原生家庭的局限。

7. 过劳死等引发社会热议

2019年，针对普遍过度加班的现象，"996"成了网络热词。有程序员在世界级的代码仓库Github上建立项目996.icu，表达对"996"工作制的不满。短短几天内，该项目获得大量程序员的关注和支持。随后，互联网巨头纷纷对"996"工作制做出反应，一时间，"996"被推上了风口浪尖。从百度搜索指数上来看，该舆情在3—5月间达到了高峰，引起了社会的广泛关注。各家媒体也纷纷对其展开了报道。新京报的报道《996工作制：蜜糖还是"毒药"？》，对于"996"现象持包容态度，指出工时长不等于效率高，也不等于更加勤奋。不能忽视的是，目前广泛存在的"996"背后，是结果导向的"责任制"工作模式，责任制的安排需要保证员工能够得到相应的薪水，少数创业家会把收入公平地分给员工，这也是目前争议广泛存在的根源。法制日报撰文《我国约84家互联网公司实行996工作制，专家：涉嫌违法》指出目前在互联网行业普遍存在的过度加班现象。根据《中国劳动统计年鉴》的相关数据，近年来，我国城镇就业人员周平均工时都在46小时左右，其中男性在47小时左右，女性在45小时左右，建议多措并举规范用工。

微博、微信公众号不乏对各个互联网企业推行"996"的回应，如对马云的"996就是福报"、刘强东的"兄弟"等言论表示戏谑，对于现在社会上的"资产阶级"的"障眼法"表示不满。

除了加班文化，企业对于员工群体的健康问题视而不见，甚至落井下石的事件也在2019年引起了公众的强烈不满。对北京的白领进行的一项分析表明，有61.6%的人已经进入了过劳死的"红灯预警期"，即具备过劳死的征兆。而处于过劳死"红灯"危险区、即随时可能过劳死的状态的人占据26.7%，形势十分严峻。2018年，武汉科技大学劳动经济研究所发布的"关于职场行为与疲劳状况"调查报告显示，超过8成劳动者承受着较高的精神压力和身体压力，处于过劳状态。

第一部分 企业劳动关系状况

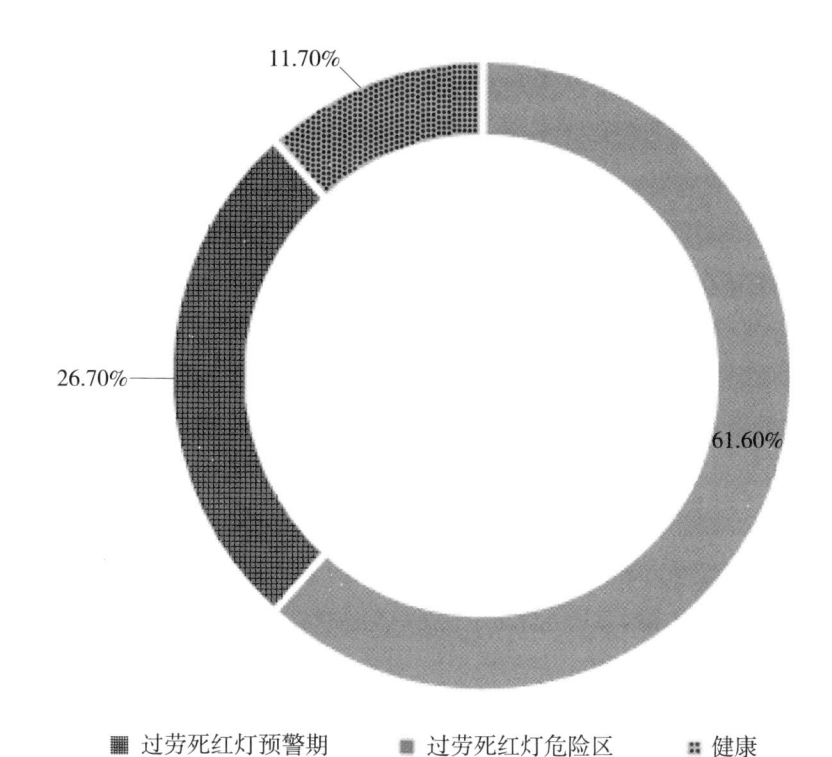

■ 过劳死红灯预警期　　■ 过劳死红灯危险区　　▦ 健康

注：数据根据牡丹集团舆情数据平台整理所得。

图1-7　2019年企业职工健康状况调查

从地域上来看，一线城市的职工面临更大的精神压力。2019年滴滴出行大数据表明，通过对工作日晚上9点到凌晨0点之间从商务楼打车到住宅小区的订单占比测算，全国来看，北京以绝对优势占据"最能加班城市"的第一名。上海和深圳不相上下，紧随其后。

在舆情方面，2019年3月，《福州日报》报道福州有一位42岁的单亲爸爸与17岁的自闭症儿子相依为命，一晚夜班之后，猝死在了工作岗位上，永远离开了他17岁的孩子。类似的案例频频出现在各大媒体和网络平台之上。

除了员工身体健康以外，员工的心理健康问题也不容忽视。据世界卫生组织报告显示：截至2019年，中国有超过5400万人患有抑郁症，占总人口的4.2%。20～50岁的中青年是抑郁症的高发患病群体，而这个年龄段的人群正是主力的职场人群。因工作压力罹患抑郁症的人群数量正在增加。

2019年企业职工心理健康状况调查如图1-8所示。

心理健康 87.60%

其他心理性疾病 8.20%

确诊抑郁症 4.20%

注：数据根据牡丹集团舆情数据平台整理所得。

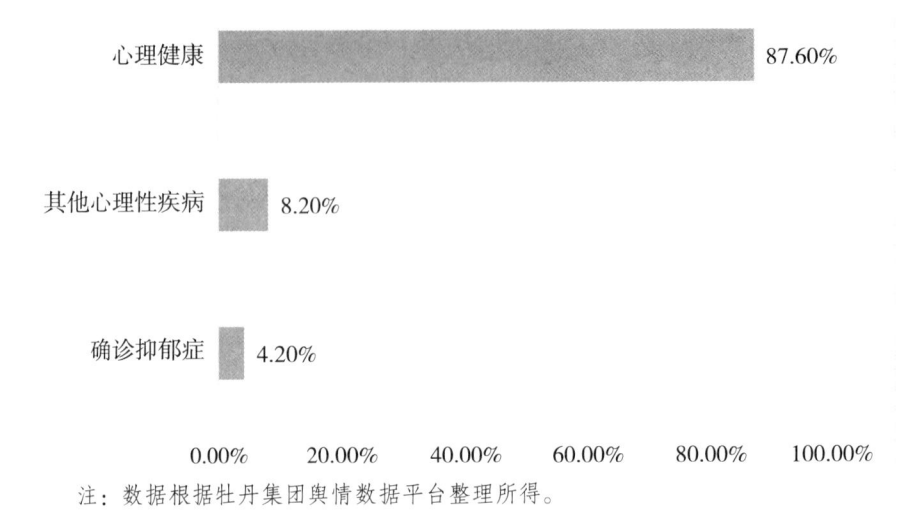

图1-8　2019年企业职工心理健康状况调查

因此，职场上，员工的过度加班、身体健康和心理健康等问题，已经给社会造成了一定的负面影响，在此方面要加强对于相关企业的监管，同时也要相关部门积极协调，建立处理问题的良好通路。

8. 职场性别歧视现象与性骚扰问题受到关注

2019年性别月均收入情况如图1-9所示。

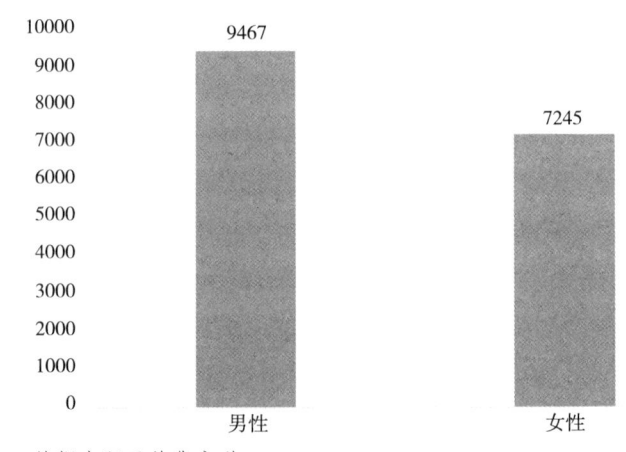

男性 9467

女性 7245

注：数据来源于普华永道。

图1-9　2019年性别月均收入情况

第一部分　企业劳动关系状况

虽然，政府出台了一系列保障女性权益的法律法规，但是，在就业、升迁等各种方面，女性依然面临着被歧视的现象。同时，职场性骚扰也是影响女性正常工作的一项顽疾。据普华永道2019—2020年女性就业指数报告指出，如果将中国的女性就业指数纳入经济合作与发展组织（OECD）国家的评价体系中，我国位于斯洛伐克（第26位）之后，日本（第27位）之前。2019年男性整体月平均收入为9467元，而女性的相应收入为7245元，男女之间收入存在明显差距。具体来看，男性收入比女性收入高23%，相比2018年两性整体薪酬差异增加了1%。此外，男性的整体收入涨幅高于女性群体8个百分点。中国的男女收入差距远远高于OECD的平均水平。另一方面，从网络舆情的角度来看，女性毕业生求职时遇到的隐形歧视受到的关注程度较高。部分企业由于担心女职工生育会影响工作，以及生理因素导致加班能力平均弱于男性，不愿意招收女性员工。

有调查显示，在职场女性中70%受到过性骚扰，54%的人听过黄色笑话，27%的人在不情愿的情况下与他人有过身体接触。取证难、立案难是性骚扰频发的一大原因。骚扰者多通过语言挑逗、肢体摩擦等隐秘方式进行，这类隐秘性骚扰的取证难度很大；另外很多当事人由于受到传统观念束缚，担心个人隐私泄露或名誉受损，以及担心遭受打击报复等影响，加上反性骚扰知识和技巧的缺失，在遭受性骚扰后往往选择沉默，这进一步增加了性骚扰案件取证立案的难度，同时也在一定程度上纵容了性骚扰者。而且目前的部分地区的法律法规，未明确性骚扰问题可向哪些单位和部门投诉。由于相关法规对性骚扰的投诉部门规定的不够明确，政府管理部门也尚未指定专门的机构负责处理性骚扰，导致很多受害者在受到性骚扰后因缺少有效的投诉渠道，无法及时进行维权，难以对实施性骚扰者形成制约和震慑。针对性骚扰侵权案件，立法机关应最大程度保护妇女权益的立法原则，切实完善人身侵权相关法律，明确职场性骚扰的界定、取证、处理等具体细节，使其更具可诉性，使受害者能够依法实现权利救济。

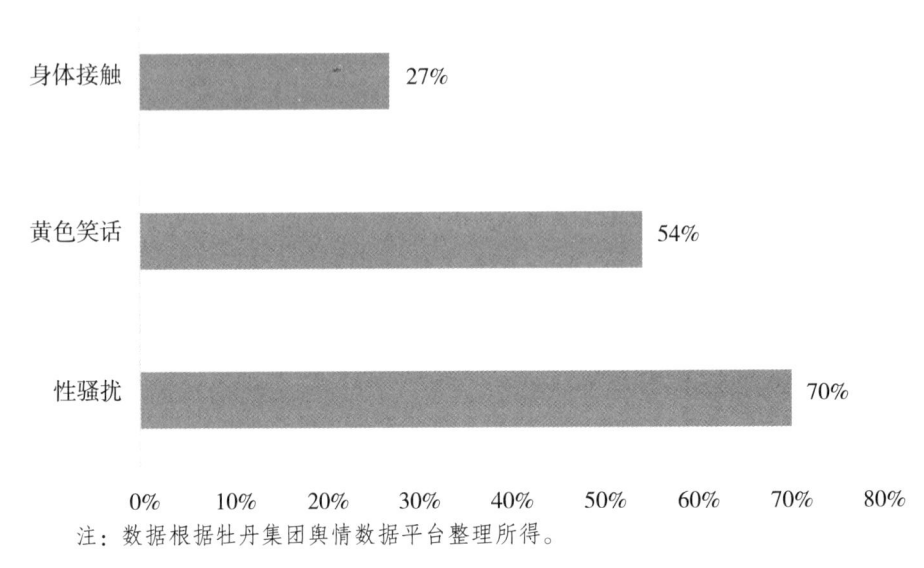

2019年女性劳动者职场骚扰情况调查如图1-10所示。

类型	百分比
身体接触	27%
黄色笑话	54%
性骚扰	70%

注：数据根据牡丹集团舆情数据平台整理所得。

图1-10　2019年女性劳动者职场骚扰情况调查

9. 新业态用工存在潜在法律风险

伴随着社会经济结构的转型升级和新型经济形态的不断涌现，企业的用工形式变得更加多元化。无论颇具争议的网约车司机问题，还是现下劳动争议频发的外卖骑手劳动关系认定问题，都显示出互联网大数据时代独有的"平台性"特征。

中国劳工通讯指出，2019年上半年，上海市涉及快递、外卖行业各类道路交通事故共325起，造成5人死亡、324人受伤。然而，在事故大量涌现的同时，骑手们在工伤认定、寻求赔偿等方面却遇到了困难。互联网平台带来的新型用工模式难以被现有法律法规涵盖，当劳动者试图按照劳动争议仲裁、劳动争议诉讼的传统路径寻求帮助时，往往连争议解决的第一步——劳动关系的认定都无法跨越，进一步的救济也就无从谈起。人民网《外卖员没社保，工伤权益难保障》指出了外卖送餐员没有社保，工伤难保障。根据专家的意见认为，对于骑手的工伤保障问题，最理想的解决办法是将社会保险参保关系与劳动关系"松绑"，强制工作时间达到全日制劳动者标准的网约工参保社会保险，同时将网约工工作时间不固定的情况考虑进去，创新参保险种和缴费办法。

此后，各地针对互联网平台这种新的用人形式纷纷出台新的规定。2019年6月28日，山东省烟台市中级人民法院、烟台市人力资源和社会保障局在其发布的《关于劳动争议案件裁审衔接问题的处理意见》中提到，网约车司机、外卖派送员与网络平台运营商之间订立劳动合同并按劳动合同履行的，认定存在劳动关系。网约车司机与网络平台运营商订立承包、租赁、联营等合同，外卖派送员与网络平台运营商建立自负盈亏的承包关系或已订立经营、投资等合同，双方建立了风险共担、利益共享分配机制的，按双方约定执行，不认定双方存在劳动关系。实际履行与约定不一致或双方未约定的，按实际履行情况认定。2019年9月16日，浙江省人力资源和社会保障厅在其发布的《关于稳定新业态劳动用工的指导意见》中提及，未与企业建立劳动关系的新业态从业人员，新业态企业可以通过劳务外包、加盟协作和其他合作关系等形式，与其签订民事协议，合理确定企业、从业人员、关联单位的权利和义务。

10. 传统的劳动管理方式与新一代劳动者劳动诉求不相适应引发关注

新一代劳动者们相较于传统劳动者以公司为重、以上级领导为重的理念更加关注自身的发展和价值实现，对传统的管理方式提出了新挑战，二者在冲突时就造成了现在的高辞职率。据智联招聘《2019年职场人年中盘点报告》显示，高达90.4%的职场人都有过"裸辞"的想法。

根据智联招聘相关数据显示，虽然现在工资按照月薪计算有一部分劳动者尚很可观，但换算成时薪后，可以看到接近一半的劳动者时薪在20~50元之间，在20元以下的排名第二，达到了28.6%（见图1-11），与劳动强度相比薪资收入基本只能满足日常生活。相较于传统劳动者的任劳任怨，新一代劳动者更有自己的主见和想法，他们不屑于帮老板处理私人事情来讨好老板，更喜欢用工作能力和业绩说话，也不愿意搞办公室政治，认为职场应该公私分明，工作和生活也应明确分开，工作时间处理工作事务，个人休息时间属于私人时间，不再接管工作。

时薪区间	占比
500及以上	1.3%
400~500元	0.6%
300~400元	1.2%
200~300元	2.8%
100~200元	6.7%
50~100元	14.4%
20~50元	44.3%
20元以下	28.6%

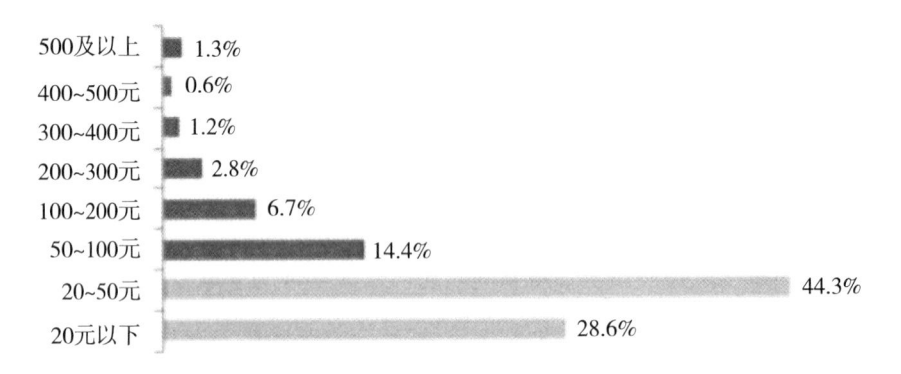

注：数据来源于智联招聘数据库。

图 1-11　2019 年职场时薪情况统计

新一代劳动者在物质生活方面较传统劳动者优越很多，所以他们更多地想要在工作中实现尊重需求和自我实现需求。在智联招聘的一项调查中可以看到，69.1% 的劳动者都将个人价值得到最大实现作为职业成功的标准和自己工作的追求（见图 1-12）。相较于传统下级听命于上级的管理方式，新一代劳动者更需要平等的、可以表达自己意见的工作氛围和管理方式。

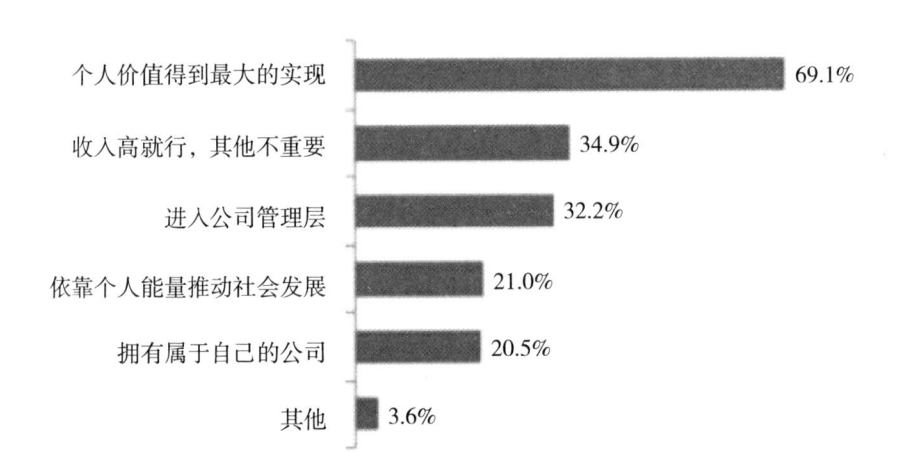

职场追求目标	占比
个人价值得到最大的实现	69.1%
收入高就行，其他不重要	34.9%
进入公司管理层	32.2%
依靠个人能量推动社会发展	21.0%
拥有属于自己的公司	20.5%
其他	3.6%

注：数据来源于智联招聘数据库。

图 1-12　2019 年职场追求目标情况统计

四、我国企业劳动关系发展趋势

1. 我国劳动力市场供需矛盾仍将持续

一是劳动力供给持续下降。适龄劳动人口规模下降已成为事实,成为劳动力供给不足的重要表现和原因。目前,我国不同年龄段劳动力的劳动时间供给近年来有所上升,尤其是 2015 年以来,各年龄段劳动时间供给增加的情况比较普遍。二是农村劳动力加快向城镇转移。农民工是城乡劳动力转移的主力军,近年来我国农民工总量继续增加,增速有所回落。根据国家统计局《2019 年农民工监测调查报告》,2019 年我国农民工总量为 29077 万人,比 2018 年增加 241 万人,增长 0.8%,增速比 2018 年回升 0.2 个百分点。随着我国城镇化进程的加快,我国农村劳动力存量将进一步减少,在一定时期内农村劳动力转移率会不断提高。三是劳动力市场化需求仍会继续扩大。近年来我国人工智能、互联网和自动化技术快速发展,一些企业加快推进"机器换人",一些重复性、流程性和安全风险高的岗位开始大规模自动化,对低技能劳动力的需求多转向普通操作工、一线客服、物流快递等对受教育和技能要求相对较低的岗位。未来,基于我国供应链、价值链和产业链的升级,第一、二、三产业的岗位结构也将发生深刻变化。可以预见,未来一个时期,社会生产服务和生活服务人员、生产制造及有关人员和专业技术人员的需求依旧会保持比较旺盛的态势。四是新一轮技术革命在减少岗位的同时创造就业机会。人工智能等新技术的应用,虽然导致制造业从业人数总体下降,但从业人员逐渐由传统的原材料制造、高耗能行业向先进制造业转移。与此同时,以网络经济、平台经济和零工经济为代表的新兴服务业创造了大量新就业岗位,吸纳了大量劳动力。从此次以人工智能为代表的新一轮技术变革看,智能化在短期内会替代就业岗位并造成失业率上升,但同时技术进步也会创造新的就业岗位,因此,如同工业革命以来的情况,智能化会引起就业岗位的结构性变化,但不会完全取代人的就业。

2. 我国近期就业压力仍然较大

一是对职业技术教育提出新挑战。预计到 2030 年我国将有 5000 万人低技能人口失业。随着我国劳动力总体数量的下降、劳动力成本的上升，难以竞争过印度、越南等人口结构更为年轻的发展中国家，不可避免地需要推动产业升级步伐，对职业技术教育提出了新挑战。二是高校毕业生就业总量压力与结构性矛盾将继续并存。由于在经济活动基础上能够提供适合高校毕业生的就业岗位是有限的，从而在结构上产生了就业总量大与毕业生就业岗位不足的矛盾。另外，一部分高校毕业生的就业素质跟市场经济的用工要求、社会发展的趋势之间存在一定差距，还不能满足一些行业的劳动用工生产需求，呈现社会就业素质偏低的问题。专业设置和教学培养与社会需求之间存在不匹配，一些新兴发展行业所需专业人才供不应求。用人单位对高校毕业生的敬业精神、职业行为、思想道德和能力素质都提出越来越高的要求，那些动手能力强、综合素质高、有敬业精神和各种特长的毕业生越来越受用人单位的欢迎。三是农民工就业问题将继续引发关注。农民工由于整体受教育水平偏低，在与用人单位的交涉中往往处于不利地位，容易发生合法权益受到侵害等问题。新生代农民工已经成为主力，在农民工总数中占比达到50.6%，且月均工资相较于老一代农民工也有了较大的提高。但是，在新生代农民工就业形势向好的情况下，也存在着从事新业态的新生农民工个人保障问题。四是中美贸易摩擦对就业市场带来冲击。中美贸易摩擦对我国的就业市场产生了极大的冲击，且持续时间较长，涉及多个产业，影响深远。首先是劳动密集型产业，继而随着中美贸易摩擦的升级，冲击到高新技术产业。同时由于我国产业分布的地域差异，对我国不同地区的就业冲击有所不同，较严重的地方较高的失业率易引发其他社会问题。五是新技术将对就业产生进一步的影响。在数字化过程中失业的工人，在不经重新培训和学习的情况下，难以胜任新产生的岗位，现存的许多工作岗位都很可能被自动化、软件、人工智能和机器人取代，被取代工人们不一定能满足新兴就业岗位的需求。

3. 企业收入分配差距加大的态势短期内难以改变

一是行业间工资分配差距有所抬头。最高最低行业工资差距连续扩大，2019年绝对额相差12万元以上，最高最低工资之比停留在4以上，整体上高于发达国家2或不超过3的水平。行业工资差距与行业间劳动生产率差异的关联度不高，但呈现固化的特点，垄断行业收入畸高的问题未得到有效解决。二是不同群体工资分化的态势略有扩大。城镇非私营和私营两类单位就业人员的工资水平和工资增长不断分化。2019年私营单位就业人员平均工资虽然比"十二五"期末增加了1.4万元，但是仅相当于同期非私营单位就业人员平均工资的59.2%。在工资增速上，私营单位也日渐落后，使得二者差距继续扩大。三是岗位间的收入差距拉大也表现出固化的趋势。根据国家统计局每年5月发布的数据，企业中五个主要非农岗位的工资水平呈现高工资高增长的态势。工资水平较高的"专业技术人员"，工资年均有两位数的增长。"中层及以上管理人员"平均工资在五类人群中最高，年均工资增长也较快，达到8%。而"生产制造及有关人员"等基层岗位不仅工资水平低，工资增速也较低，与其他岗位的工资差距有所拉大。

4. 社保基金支出呈现增长趋势

2010年我国全国基本养老保险基金收入是13873亿元，年内支出为10755亿元，而2018年收入和支出分别为55006亿元和47550亿元，据人社部数据，2019年收入和支出的数字分别为56083亿元和51897亿元，与2018年相比，基金支出的增速有所上升，基金收入的增速有所下降，收入和支出的差额进一步缩小，养老金可持续发展令人担忧。

5. 劳动争议将更加复杂化、多元化

一是新业态灵活用工带来新的劳动纠纷。由于新业态灵活用工带来新的就业方式，法律又具有明显的滞后性，现有法律和实际情况中间出现了一段真空地带，容易发生劳动纠纷。二是发生争议的类型变得更加复杂。近年来，出现了很多其他的劳动争议类型，有劳动关系确认、拖欠工资及加班费、社会保险金缴纳、合同解除产生的经济补偿金等，种类逐渐变得多样，涉及面越来越广，特别是加工制造业、服务业和建筑业等行业中，由于受工作性质、工作环境和员工类型等多种因素影响，成了劳动争议纠纷的高发区。三是申请仲裁的主体变得更加多样化。由于劳动者和用人单位之间关系复杂，导致申请仲裁的主体变得更加多样化。例如在建筑行业，由于分包现象的存在，有些建筑用工单位在承接了工程之后，通过劳务派遣公司招聘劳动者，在发生劳动纠纷时，往往劳动者不是向用人单位索赔，而是面对与之签订劳务合同的劳务派遣公司。同时，涉诉劳动者的身份构成也发生了明显的变化，目前劳动者请代理人的比例不断增大，公民代理的比例也逐步提升，由于劳动者的法律意识较弱和文化程度较低，对代理人的依赖性较强。

第二章 劳动关系立法与政策

2019年至2020年，劳动关系、就业、人力资源市场和社会保险方面的法规与政策又发生不少新的变化。《中华人民共和国民法典》（以下简称《民法典》）出台对劳动关系领域法律体系的构建与完善起着不可忽视的作用，除了直接适用于劳动关系缔结、履行和解除及争议解决的一些相关条款外，《民法典》的规定对于劳动法律规范体系整体而言也起着奠基、补遗和兜底的作用。防控新冠肺炎疫情蔓延是2020年全世界的头等大事，在习近平同志和党中央、国务院的领导下，新冠肺炎防疫战在中国取得初步胜利，也为其他各国做出了良好的表率和示范，其间人社部会同其他部门特别是国家协调劳动关系三方为维护劳动关系稳定，纾解企业困难，推动企业复工复产而出台的一系列政策也发挥着非常积极和重要的作用。就业是民生之本、财富之源。这些年来我国就业形势保持总体平稳，但国内外风险挑战增多，稳就业压力加大，其间新冠肺炎疫情的突袭也给稳就业工作带来严峻挑战。疫情前后，尤其是在"六稳""六保"方针指引下，稳定和促进就业政策力度得到进一步加强。人力资源市场的有力监管和高效服务，一方面为促进就业营造良好市场环境，另一方面也为劳动关系的和谐健康发展奠定基础，为此，人社部也出台多项政策，其中还实现了外资人力资源服务机构在中国的国民待遇。农民工是劳动者中的相对弱势群体，国务院与人社部等相关部门一直关注其就业和权益保护问题，先后出台一系列相关政策与法规。社会保险领域既关系到劳动者的养老、医疗、失业等情境下的权益保障，也关系到企业的用工成本负担，为此国家一方面促进社会保险体系的全覆盖和优化重组，一方面适时减轻企业社会保险缴费负担，缓解企业用工成本压力。除上述几方面的新规新政外，人社部还继续着手清理部门规章和规范性文件设定的证明事项材料，加强便民服务，此外还会同最高院等部门出台进一步加强劳动人事争议调解仲裁法律援助工作的政策，为弱势群体得到更多法律救济提供方便。

一、《民法典》出台对劳动关系领域的意义

2020年5月28日，十三届全国人大三次会议表决通过了《中华人民共和国民法典》，自2021年1月1日起施行。婚姻法、继承法、民法通则、收养法、担保法、合同法、物权法、侵权责任法、民法总则同时废止。《民法典》被称为"社会生活的百科全书"，是中华人民共和国第一部以法典命名的法律，在法律体系中居于基础性地位，也是市场经济的基本法。《民法典》共7编、1260条，各编依次为总则、物权、合同、人格权、婚姻家庭、继承、侵权责任，以及附则。

虽然调整劳动关系领域的法律规范主要来源于《中华人民共和国劳动法》《中华人民共和国劳动合同法》《中华人民共和国社会保险法》等具有强烈公共属性的社会法系统，部分内容还具有行政监管的属性，但其在调整劳动者与用人单位这一对平等民事主体之间的法律关系时，仍然需要与《民法典》的基本精神相吻合。

首先，《民法典》总则中的平等、自愿、公平、诚信、公序良俗等原则在劳动关系领域也应被遵循，而对于自然人和法人、非法人组织的规定也是劳动关系双方身份、权利与行为能力确认的基础，其他有关民事法律行为效力、民事责任及时效规定也在劳动争议处理中特别是诉讼环节中具有重要意义。

其次，《民法典》中合同编中合同的订立、生效、履行、抗辩、违约责任等相关规定，在《中华人民共和国劳动法》与《中华人民共和国劳动合同法》等劳动法律规范没有专门规定的情况下，仍然适用在劳动关系领域中，同时，在一些非劳动关系的合同事项中，如培训协议、保密协议、竞业禁止协议、派遣协议、用工协议、共享用工协议等，更要以《民法典》及其合同编的精神为依归。

再次，《民法典》的人格权编中对人的生命权、身体权、健康权、姓名权、肖像权、名誉权、荣誉权、隐私权及个人信息的保护，均适用于劳动用

工领域中的劳动者，同样名称权、名誉权的保护也适用于用人单位。而且在《民法典》的人格权编中，还有一个与劳动关系直接相关的亮点，即对职场性骚扰的规制——《民法典》第一千零一十条规定："违背他人意愿，以言语、文字、图像、肢体行为等方式对他人实施性骚扰的，受害人有权依法请求行为人承担民事责任。机关、企业、学校等单位应当采取合理的预防、受理投诉、调查处置等措施，防止和制止利用职权、从属关系等实施性骚扰。"从而明确了用人单位在预防和制止职场性骚扰方面的义务。

最后，在侵权责任编，《民法典》还专门规定了劳动者因履行工作职责而对他人造成伤害或损失而形成的雇主责任，而且还细分为用人单位责任、劳务派遣单位责任和劳务用工单位责任。此外，《民法典》规定的个人劳务关系中形成的侵权责任也能用来判定在不能构成劳动关系情况下劳动者和雇用者之间的责任归属和分配问题。

总之，《民法典》的规定对于劳动法律规范体系而言，具有奠基、补遗和兜底的作用，应当受到劳动法和劳动关系业界和学界同人的重视。

二、新冠肺炎疫情防控期间的劳动用工相关政策

2020年春节前后，一场突如其来的新冠肺炎疫情在武汉暴发并在全国一些地区相继发生，严重危及人民群众生命安全和身体健康。在党中央的坚强领导和统一指挥下，全国人民众志成城、团结一心，掀起了一场坚决打赢疫情防控阻击战的人民战争。为深入贯彻习近平总书记关于做好疫情防控工作重要指示精神，落实党中央、国务院决策部署，切实做好疫情防控期间人力资源市场管理工作，促进就业和人力资源有序流动、维护劳动关系稳定，纾解企业困难，推动企业复工复产，人社部联合多部委或通过其办公厅于2020年1月下旬至3月发布了一系列疫情防控期间劳动关系、人力资源和就业等方面的新政策。

1.人社部办公厅发布《关于妥善处理新型冠状病毒感染的肺炎疫情防控期间劳动关系问题的通知》

2020年1月24日，人社部办公厅以"人社厅明电〔2020〕5号"文发

布了《关于妥善处理新型冠状病毒感染的肺炎疫情防控期间劳动关系问题的通知》(以下简称《通知》)。《通知》明确了疫情期间劳动报酬发放、劳动合同终止、劳动争议处理等几个重要问题:对新型冠状病毒感染的肺炎患者、疑似患者、密切接触者在其隔离治疗期间或医学观察期间,以及因政府实施隔离措施或采取其他紧急措施导致不能提供正常劳动的企业职工,企业应当支付职工在此期间的工作报酬,并不得依据《劳动合同法》第四十条、四十一条与职工解除劳动合同。在此期间,劳动合同到期的,分别顺延至职工医疗期期满、医学观察期期满、隔离期期满或者政府采取的紧急措施结束。企业因受疫情影响导致生产经营困难的,可以通过与职工协商一致采取调整薪酬、轮岗轮休、缩短工时等方式稳定工作岗位,尽量不裁员或者少裁员。符合条件的企业,可按规定享受稳岗补贴。企业停工停产在一个工资支付周期内的,企业应按劳动合同规定的标准支付职工工资。超过一个工资支付周期的,若职工提供了正常劳动,企业支付给职工的工资不得低于当地最低工资标准。职工没有提供正常劳动的,企业应当发放生活费,生活费标准按各省、自治区、直辖市规定的办法执行。因受疫情影响造成当事人不能在法定仲裁时效期间申请劳动人事争议仲裁的,仲裁时效中止。从中止时效的原因消除之日起,仲裁时效期间继续计算。因受疫情影响导致劳动人事争议仲裁机构难以按法定时限审理案件的,可相应顺延审理期限。

2.人社部等五部委发布《关于做好疫情防控期间有关就业工作的通知》

2020年2月5日,人社部会同教育部、财政部、交通运输部、国家卫健委以明电的形式发布了《关于做好疫情防控期间有关就业工作的通知》(以下简称《通知》)。《通知》要求有力确保重点企业用工,做好返岗复工企业和劳动者的疫情防控,关心关爱受疫情影响严重的重点地区劳动者,支持中小微企业稳定就业,完善高校毕业生就业举措,推广优化线上招聘服务。其中,支持中小微企业稳定就业政策的具体内容为:加大失业保险稳岗返还力度,将中小微企业失业保险稳岗返还政策裁员率标准由不高于上年度统筹地区城镇登记失业率,放宽到不高于上年度全国城镇调查失业率控制目标,对参保职工30人(含)以下的企业,裁员率放宽至不超过企业职工总数20%。同时,湖北等重点地区可结合实际情况将所有受疫情影响企业的稳岗返还政策裁员率标准放宽至上年度全国城镇调查失业率控制目标。支持企业开展在岗培训，受疫情影响的企业在确保防疫安全情况下，在停工期、恢复期组织职工参加线下或线上职业培训的，可按规定纳入补贴类培训范围。统筹使用工业企业结构调整专项奖补资金，用于支持符合条件的受疫情影响企业稳定岗位、保障基本生活等支出。发挥创业担保贷款作用，对已发放个人创业担保贷款，借款人患新型冠状病毒感染肺炎的，可向贷款银行申请展期还款，展期期限原则上不超过1年，财政部门继续给予贴息支持。对受疫情影响暂时失去收入来源的个人和小微企业，申请贷款时予以优先支持。加大创业载体奖补力度，支持创业孵化园区、示范基地降低或减免创业者场地租金等费用。

3. 国家协调劳动关系三方发布《关于做好新型冠状病毒感染肺炎疫情防控期间稳定劳动关系支持企业复工复产的意见》

2020年2月7日，人社部与全国总工会、中国企业联合会/中国企业家协会、全国工商联（即国家协调劳动关系三方）联合发布了《关于做好新型冠状病毒感染肺炎疫情防控期间稳定劳动关系支持企业复工复产的意见》（以下简称《意见》）。《意见》提出，要高度重视疫情对劳动关系领域带来的新挑战，灵活处理疫情防控期间的劳动用工问题，协商处理疫情防控期间的工资待遇问题，采取多种措施减轻企业负担，统筹各方力量加大指导服务力度。《意见》提出了疫情防控期间灵活处理劳动用工和协商处理工资待遇问题的原则和措施。鼓励企业积极通过协商，引导职工与企业同舟共济，共渡难关。充分发挥三方机制在保企业、保就业、保稳定中的独特作用。在兼顾企业和劳动者双方合法权益的基础上，帮助企业尽可能减少受疫情影响带来的损失。《意见》提出，通过帮助企业减少招聘成本、合理分担企业稳岗成本、提供在线免费培训等方式，切实减轻企业负担。特别是要指导企业用好失业保险稳岗返还政策、培训费补贴政策等。《意见》针对企联、工商联等企业代表组织开展劳动关系指导服务工作，提出要梳理评估企业的实际困难并积极向有关部门提出针对性帮扶支持政策建议和指导服务；要鼓励企业承担社会责任，通过技术创新等提高竞争力；要引导受疫情影响导致生产经营困难的企业，完善企业内部协商民主机制，畅通与职工对话渠道，通过多种方式稳定劳动关系和工作岗位；要引导企业关心关爱职工健康，帮助解决职工实际困难，切实保障职工权益；要引导同行业或上下游企业互帮互助，抱团取暖等。

随后，2020年2月10日，中国企业联合会、中国企业家协会发布了关于贯彻落实《国家协调劳动关系三方关于做好新型冠状病毒感染肺炎疫情防控期间稳定劳动关系支持企业复工复产的意见》的通知。该通知要求认真学习宣传并深刻领会《意见》精神，鼓励企业与职工平等协商解决特殊时期劳动关系问题，积极推动企业减负措施的落实落地，加大对企业劳动关系的服务指导力度。

4. 人社部办公厅发布人力资源服务与市场管理有关工作的两个通知

2020年2月6日，人社部办公厅发布了《关于做好新型冠状病毒感染的肺炎疫情防控期间人力资源市场管理有关工作的通知》（以下简称《通知》）。《通知》的主要事项为：一是暂停现场招聘会等活动；二是强化网络招聘等线上服务；三是合理安排现场服务；四是做好人力资源服务许可备案等工作；五是做好流动人员人事档案服务工作；六是加强人力资源市场监测；七是加大人力资源市场监管力度。

2020年2月18日，人社部办公厅于发布了《关于切实做好新冠肺炎疫情防控期间人力资源服务有关工作的通知》（以下简称《通知》）。《通知》的主要事项为：一是加强重点单位用工服务；二是强化线上求职招聘；三是拓展线上培训；四是加强人力资源管理咨询服务；五是做好疫情防控人社政策宣讲；六是切实关心关爱职工；七是强化产业园区协同服务；八是加强人力资源服务需求监测。

5. 人社部办公厅关于采用电子形式订立劳动合同问题的答复

为了方便疫情防控期间劳动合同的订立，各地都在鼓励以电子形式订立劳动合同。2020年3月4日，人社部办公厅就北京市人社局关于在疫情防控期间开展劳动合同管理电子化工作的请示做出明确答复：用人单位与劳动者协商一致，可以采用电子形式订立书面劳动合同。采用电子形式订立劳动合同，应当使用符合电子签名法等法律法规规定的可视为书面形式的数据电文和可靠的电子签名。用人单位应保证电子劳动合同的生成、传递、储存等满足电子签名法等法律法规规定的要求，确保其完整、准确、不被篡改。符合《劳动合同法》规定和上述要求的电子劳动合同一经订立即具有法律效力，用人单位与劳动者应当按照电子劳动合同的约定，全面履行各自的义务。

6.国务院办公厅发布《关于应对新冠肺炎疫情影响强化稳就业举措的实施意见》

在以上部委层面政策的基础上，2020年3月18日，国务院办公厅发布了《关于应对新冠肺炎疫情影响强化稳就业举措的实施意见》（以下简称《意见》）（国办发〔2020〕6号）。《意见》从更好实施就业优先政策、引导农民工安全有序转移就业、拓宽高校毕业生就业渠道、加强困难人员兜底保障、完善职业培训和就业服务、压实就业工作责任六个方面做出重要指示。其中在就业优先政策方面，强调要加大减负稳岗力度。加快实施阶段性、有针对性的减税降费政策。加大失业保险稳岗返还，对不裁员或少裁员的中小微企业，返还标准最高可提至企业及其职工上年度缴纳失业保险费的100%，湖北省可放宽到所有企业；对暂时生产经营困难且恢复有望、坚持不裁员或少裁员的参保企业，适当放宽其稳岗返还政策认定标准，重点向受疫情影响企业倾斜，返还标准可按不超过6个月的当地月人均失业保险金和参保职工人数确定，或按不超过3个月的企业及其职工应缴纳社会保险费确定。2020年6月底前，允许工程建设项目暂缓缴存农民工工资保证金，支付记录良好的企业可免缴。切实落实企业吸纳重点群体就业的定额税收减免、担保贷款及贴息、就业补贴等政策。加快实施阶段性减免、缓缴社会保险费政策，减免期间企业吸纳就业困难人员的社会保险补贴期限可顺延。此外，还强调要支持多渠道灵活就业。合理设定无固定经营场所摊贩管理模式，预留自由市场、摊点群等经营网点。支持劳动者依托平台就业，平台就业人员购置生产经营必需工具的，可申请创业担保贷款及贴息；引导平台企业放宽入驻条件、降低管理服务费，与平台就业人员就劳动报酬、工作时间、劳动保护等建立制度化、常态化沟通协调机制。取消灵活就业人员参加企业职工基本养老保险的省内城乡户籍限制，对就业困难人员、离校两年内未就业高校毕业生灵活就业后缴纳社会保险费的,按规定给予一定的社会保险补贴。

三、稳定与促进就业的相关政策

就业是民生之本、财富之源。这些年来我国就业形势一直保持总体平稳,但国内、外风险挑战增多,稳就业压力加大。新冠肺炎疫情的暴发给稳就业工作带来了严峻的挑战。但在党中央、国务院的领导下,国内疫情很快得到有效控制。随后,在"六稳""六保"方针的指引下,稳定和促进就业政策力度得到进一步加强。

1. 国务院发布《关于进一步做好稳就业工作的意见》

为全力做好稳就业工作,2019年12月13日,国务院发布了《国务院关于进一步做好稳就业工作的意见》(以下简称《意见》)(国发〔2019〕28号)。《意见》的总体要求是坚持把稳就业摆在更加突出位置,强化底线思维,做实就业优先政策,健全有利于更充分、更高质量就业的促进机制,坚持创造更多就业岗位和稳定现有就业岗位并重,突出重点、统筹推进、精准施策,全力防范化解规模性失业风险,全力确保就业形势总体稳定。

为此,《意见》首先提出要支持企业稳定岗位。这方面的举措有四点:一是加大援企稳岗力度。阶段性降低失业保险费率、工伤保险费率的政策,实施期限延长至2021年4月30日。参保企业面临暂时性生产经营困难且恢复有望、坚持不裁员或少裁员的失业保险稳岗返还政策,以及困难企业开展职工在岗培训的补贴政策,实施期限均延长至2020年12月31日。二是加强对企业金融支持。落实普惠金融定向降准政策,释放的资金重点支持民营企业和小微企业融资。鼓励银行完善金融服务民营企业和小微企业的绩效考核激励机制,增加制造业中小微企业中长期贷款和信用贷款。对扩大小微企业融资担保业务规模、降低小微企业融资担保费率等政策性引导较强的地方进行奖补。发挥各级政府中小企业工作领导小组的协调作用,支持中小企业发展,增加就业。发挥各级金融监管机构作用,鼓励银行为重点企业制订专门信贷计划,对遇到暂时困难但符合授信条件的企业,不得盲目抽贷、断贷。三是引导企业开拓国内市场。完善省际信息沟通、收益分享等机制,鼓励中西部和东北地区各类产业园区与东部产业转出地区加强对接，及时掌握有转移意愿的企业清单。推广工业用地长期租赁、先租后让、租让结合和弹性年期供应方式，降低物流和用电用能成本，有条件的地区可加大标准厂房建设力度并提供租金优惠，推动制造业跨区域有序转移。搭建跨部门综合服务平台，加强企业产销融通对接，重点支持相关企业对接国内各大电商平台和各行业、各区域大宗采购项目，支持企业拓展国内市场销售渠道。四是规范企业裁员行为。支持企业与职工集体协商，采取协商薪酬、调整工时、轮岗轮休、在岗培训等措施，保留劳动关系。对拟进行经济性裁员的企业，指导其依法依规制订和实施职工安置方案，提前30日向工会或全体职工说明相关情况，依法依规支付经济补偿，偿还拖欠的职工工资，补缴欠缴的社会保险费。

《意见》还提出要开发更多就业岗位，促进劳动者多渠道就业创业。在鼓励企业吸纳就业上，《意见》要求降低小微企业创业担保贷款申请条件，当年新招用符合条件人员占现有职工比例下调为20%，职工超过100人的比例下调为10%。对企业吸纳登记失业半年以上人员就业且签订1年以上劳动合同并按规定缴纳社会保险的，有条件的地区可给予一次性吸纳就业补贴，实施期限为2020年1月1日至12月31日。在支持灵活就业和新就业形态，《意见》提倡支持劳动者通过临时性、非全日制、季节性、弹性工作等灵活多样形式实现就业。研究完善支持灵活就业的政策措施，明确灵活就业、新就业形态人员劳动用工、就业服务、权益保障办法，启动新就业形态人员职业伤害保障试点，抓紧清理取消不合理限制灵活就业的规定。对就业困难人员享受灵活就业社会保险补贴政策期满仍未实现稳定就业的，政策享受期限可延长1年，实施期限为2020年1月1日至12月31日。此外，《意见》还要求大规模开展职业技能培训、做实就业创业服务、做好基本生活保障和加强稳就业工作的组织保障。

2. 人社部、财政部联合发布《关于实施企业稳岗扩岗专项支持计划的通知》

为有效应对国内外疫情形势和经济下行压力对就业的影响，做好常态化疫情防控中的稳就业工作，2020年5月9日，人社部会同财政部以"人社部发〔2020〕30号"文发布了《关于实施企业稳岗扩岗专项支持计划的通知》（以下简称《通知》）。《通知》主要从以下两个方面开展一系列举措。

一是加大稳岗返还力度。加快落实失业保险稳岗返还政策，支持参保企业不裁员、少裁员。其中，对中小微企业，2020年12月31日前返还标准最高可提至企业及其职工上年度缴纳失业保险费的100%。提高返还标准后，各级失业保险经办机构要尽快补发2020年度返还资金。对面临暂时性生产经营困难且恢复有望、坚持不裁员或少裁员的参保企业，返还标准可按不超过6个月的当地月人均失业保险金和参保职工人数确定，或按不超过3个月的企业及其职工应缴纳社会保险费确定。实施企业稳岗返还的统筹地区上年失业保险基金滚存结余应具备12个月以上备付能力，实施困难企业稳岗返还的统筹地区备付能力应达到24个月以上，对于备付能力不足的统筹地区，要充分发挥省级调剂金作用，帮助当地实施困难企业稳岗返还政策，尽可能让符合条件的企业都能享受政策支持。

二是拓宽以工代训范围。支持企业面向新吸纳劳动者开展以工代训，扩岗位、扩就业。对中小微企业吸纳就业困难人员、零就业家庭成员、离校两年内高校毕业生、登记失业人员就业，并开展以工代训的，可根据吸纳人数给予企业职业培训补贴。支持困难企业开展以工代训，稳岗位、保生活。对受疫情影响出现生产经营暂时困难导致停工停业的中小微企业，组织职工开展以工代训的，可根据组织以工代训人数给予企业职业培训补贴。各地可结合实际情况，将受疫情影响较大的外贸、住宿餐饮、文化旅游、交通运输、批发零售等行业补贴范围扩展到各类企业。补贴资金主要用于开展以工代训、职工生活补助等支出。符合条件的企业申请以工代训职业培训补贴，应向当地人社部门提供以工代训人员花名册、当月发放工资银行对账单（其中停工停产企业需提供上一季度发放工资银行对账单）。经当地人社部门审核通过后，按规定每月将补贴资金支付到企业在银行开立的基本账户。补贴标准由省级人力资源社会保障、财政部门确定，补贴期限最长不超过6个月，所需

第一部分　企业劳动关系状况

资金从职业技能提升行动专账资金中列支。以工代训职业培训补贴政策受理期限截止到 2020 年 12 月 31 日，原有以工代训政策执行期限不变。

3. 人社部办公厅发布《关于做好共享用工指导和服务的通知》

企业之间开展共享用工，进行用工余缺调剂合作，对解决用工余缺矛盾、提升人力资源配置效率和稳就业发挥了积极作用。为加强对共享用工的指导和服务，促进共享用工有序开展，进一步发挥共享用工对稳就业的作用，2020 年 9 月 30 日，人社部办公厅发布了《关于做好共享用工指导和服务的通知》（以下简称《通知》）。《通知》主要内容如下。

一是支持企业间开展共享用工，解决稳岗压力大、生产经营用工波动大的问题。重点关注生产经营暂时困难、稳岗意愿强的企业，以及因结构调整、转型升级长期停工停产企业，引导其与符合产业发展方向、短期内用人需求量大的企业开展共享用工。对通过共享用工稳定职工队伍的企业，阶段性减免社保费、稳岗返还等政策可按规定继续实施。

二是加强对共享用工的就业服务，把企业间共享用工岗位供求信息纳入公共就业服务范围，及时了解企业缺工和劳动者富余信息，免费为有用工余缺的企业发布供求信息，按需组织专场对接活动。鼓励人力资源服务机构搭建共享用工信息对接平台，帮助有需求的企业精准、高效匹配人力资源。加强职业培训服务，对开展共享用工的劳动者需进行岗前培训、转岗培训的，可按规定纳入技能提升培训范围。对开展共享用工的企业和劳动者，免费提供劳动用工法律政策咨询服务，有效防范用工风险。

三是指导开展共享用工的企业及时签订合作协议，明确双方的权利义务关系，防范开展共享用工中的矛盾风险。合作协议中可约定调剂劳动者的数量、时间、工作地点、工作内容、休息、劳动保护条件、劳动报酬标准和支付时间与方式、食宿安排、可以退回劳动者的情形、劳动者发生工伤后的责任划分和补偿办法以及交通等费用结算。

四是指导企业充分尊重劳动者的意愿和知情权，员工富余企业（原企业）在将劳动者安排到缺工企业工作前征求劳动者意见，与劳动者协商一致。共享用工期限不应超过劳动者与原企业订立的劳动合同剩余期限。要指导缺工企业如实告知劳动者工作内容、工作条件、工作地点、职业危害、安全生产状况、劳动报酬、企业规章制度及劳动者需要了解的其他情况。企业不得将在本单位工作的被派遣劳动者以共享用工名义安排到其他单位工作。

五是指导企业依法变更劳动合同。原企业与劳动者协商一致，将劳动者安排到缺工企业工作，不改变原企业与劳动者之间的劳动关系。劳动者非由其用人单位安排而自行到其他单位工作的，不属于《通知》所指共享用工情形。各级人社部门要指导原企业与劳动者协商变更劳动合同，明确劳动者新的工作地点、工作岗位、工作时间、休息休假、劳动报酬、劳动条件，以及劳动者在缺工企业工作期间应遵守缺工企业依法制定的规章制度等。

六是维护好劳动者在共享用工期间的合法权益。缺工企业要合理安排劳动者工作时间和工作任务，保障劳动者休息休假权利，提供符合国家规定的劳动安全卫生条件和必要的劳动防护用品，及时将劳动者的劳动报酬结算给原企业。要指导和督促原企业按时足额支付劳动者劳动报酬和为劳动者缴纳社会保险费，并不得克扣劳动者的劳动报酬和以任何名目从中收取费用。要指导和督促原企业跟踪了解劳动者在缺工企业的工作情况和有关诉求，及时帮助劳动者解决工作中的困难和问题。劳动者在缺工企业工作期间发生工伤事故的，按照《工伤保险条例》第四十三条第三款规定，由原企业承担工伤保险责任，补偿办法可与缺工企业约定。

七是保障企业用工和劳动者工作的自主权。劳动者在缺工企业工作期间，缺工企业未按照约定履行保护劳动者权益的义务的，劳动者可以回原企业，原企业不得拒绝。劳动者不适应缺工企业工作的，可以与原企业、缺工企业协商回原企业。劳动者严重违反缺工企业规章制度、不能胜任工作以及符合合作协议中约定的可以退回劳动者情形的，缺工企业可以将劳动者退回原企业。共享用工合作期满，劳动者应回原企业，原企业应及时予以接收安排。缺工企业需要、劳动者愿意继续在缺工企业工作且经原企业同意的，应当与原企业依法变更劳动合同，原企业与缺工企业续订合作协议。原企业不同意的，劳动者应回原企业或者依法与原企业解除劳动合同。劳动者不回原企业或者违法解除劳动合同给原企业造成损失的，应当依法承担赔偿责任。缺工企业招用尚未与原企业解除、终止劳动合同的劳动者，给原企业造成损失的，应当承担连带赔偿责任。

八是妥善处理劳动争议和查处违法行为，指导开展共享用工的企业建立健全内部劳动纠纷协商解决机制，与劳动者依法自主协商化解劳动纠纷。加强对涉共享用工劳动争议的处理，加大调解力度，创新仲裁办案方式，做好调裁审衔接，及时处理因共享用工引发的劳动争议案件。要进一步畅通举报投诉渠道，加大劳动保障监察执法力度，及时查处共享用工中侵害劳动者合法权益的行为。对以共享用工名义违法开展劳务派遣和规避劳务派遣有关规定的，依法追究相应法律责任。

四、人力资源市场监管与服务的相关立法与政策

1. 人社部发布《关于进一步规范人力资源市场秩序的意见》

为进一步规范人力资源市场活动，严厉打击违法违规行为，维护公平竞争、规范有序的人力资源市场秩序，切实保障劳动者和用人单位合法权益，更好发挥市场在人力资源配置中的作用，为促进就业创业营造良好市场环境，2019年8月17日，人社部发布了《关于进一步规范人力资源市场秩序的意见》（以下简称《意见》）。《意见》主要从加强人力资源市场日常监督管理方面提出以下要求。

一是依法规范人力资源市场活动。切实抓好《人力资源市场暂行条例》贯彻实施工作，依法规范劳动者求职、用人单位招聘、人力资源服务机构提供服务等权利义务和行为。倡导劳动者诚实求职，向用人单位和人力资源服务机构如实提供个人基本信息。监督用人单位依法开展招聘工作，依法如实发布或者提供招聘信息，不得含有歧视性内容，遵守法律法规对服务期、从业限制、保密等方面的规定，保障劳动者合法权益。推动人力资源服务机构依法经营、诚信服务，不得采取欺诈、暴力、胁迫或者其他不正当手段，不得介绍单位或者个人从事违法活动；人力资源服务机构举办现场招聘会、开展人力资源供求信息的收集和发布、提供人力资源服务外包、开展劳务派遣业务、通过互联网提供人力资源服务等服务活动，应当遵守相应的活动准则。各级人社部门要确保市场主体活动规范落实到位，对违法违规行为，要按照相应的法律责任进行惩处。

二是加强市场准入管理。各级人社部门要依法实施劳务派遣经营许可、人力资源服务许可和备案制度，建立完善人力资源服务机构管理服务台账，

为实施事中事后监管奠定坚实基础。健全完善与市场监管部门的信息沟通机制，配合市场监管部门明确经营范围与经营许可事项的对应关系，规范人力资源服务机构经营范围登记与经营许可的衔接。实行"先照后证"的事项，落实市场监管部门将经营范围涉及人力资源服务业务的市场主体信息推送至人社部门、告知人力资源服务机构在取得营业执照后应主动向人社部门依法许可备案的"双告知"工作要求，积极认领和利用市场监管部门推送的市场主体信息，督促指导企业及时办理经营许可，避免出现日常监管和执法盲区。实行"先证后照"的事项，人社部门应及时将市场主体许可相关信息告知市场监管部门，实现部门间精准化信息共享。加强行政许可与劳动保障监察执法之间的沟通衔接，建立并实施有关许可信息在人社部门内部（许可机构与劳动保障监察执法机构）的信息交换机制，对违反法律法规有关规定情节严重的，要依法吊销其许可证，建立正常市场退出机制，形成监管合力。

三是完善年度报告公示制度。各级人力资源市场管理部门、劳务派遣单位管理部门要研究制定具体规程，完善人力资源服务机构按期向主管部门报送年度报告、向社会公示业务开展情况的制度。促进人力资源服务机构切实履行依法公开生产经营活动有关信息数据的法定义务，增强社会监督和协同共治。人社部门依法开展检查，或根据举报核查人力资源服务机构年度报告及公示信息，对未按规定报送年度报告、拒绝履行信息公示义务以及存在隐瞒情况、弄虚作假等行为的人力资源服务机构，依法依规做出处理。对人力资源服务机构名称、营业地址、法定代表人、服务范围、联系方式、设立分支机构、网站网址，以及行政许可和备案及其变更、延续、行政处罚情况等年度报告有关内容，要向社会公布，接受社会监督。

四是强化招聘活动管理。各级人社部门要依法严格现场招聘会管理，可结合实际实施事前报告备案制度，指导和督促人力资源服务机构制订组织实施办法、应急预案和安全保卫工作方案，核实参加招聘会单位及其招聘简章的真实性、合法性，提前将招聘会信息向社会公布，切实做好招聘会场地安全检查工作，落实安全责任。要依法规范网络招聘活动，指导和督促网络招聘平台建立完善信息发布审查制度，依法履行信息发布审核义务，加强对招聘单位的资质认证和信息发布人员的实名认证，规范信息发布流程，确保发布的信息真实、合法、有效。指导和督促网络招聘平台建立完善投诉处理机制，在网站明显位置公布投诉举报方式，接到投诉举报要及时进行调查处理，发现招聘单位或入驻平台的企业发布虚假信息或含有歧视性内容信息、夸大宣传、不具备相关资质以及有其他违法违规行为的，应当暂停或终止为其提供服务，并立即向相关监督管理部门报告。

五是规范劳务派遣服务。各级人社部门应通过多种渠道和方式，加大劳务派遣相关法律法规政策宣传力度。加强对劳务派遣用工的事中事后监管，及时向社会公告劳务派遣单位取得、变更、延续、撤销、吊销、注销许可的情况。双随机抽查和专项抽查中，重点检查劳务派遣单位与被派遣劳动者劳动合同签订、被派遣劳动者同工同酬和社会保险权益落实情况等。改进监管方式，加强与市场监管、税务部门的信息共享和协同监管，建立健全信息披露、信用评价、联合惩戒等机制，更多用市场机制淘汰不规范劳务派遣单位。

六是注重防范和化解市场秩序失范风险。各级人社部门要通过主动加强监督检查、组织服务对象评议行风、受理群众举报投诉等途径和方式，及时发现和纠正人力资源市场领域违规失信问题，防止苗头性问题演化为违法违规行为、个别问题蔓延为局部甚至普遍问题。要建立警示约谈制度，对服务不规范存在较高违法违规风险、人民群众举报投诉比较集中、多次发生违规失信行为等人力资源服务机构的法定代表人、主要负责人、直接责任人等，进行警示约谈，通过约谈帮助其明确法律法规有关规定，督促其及时整改纠正违规失信问题，警示其进一步增强守法诚信意识。注重发挥人力资源行业协会作用，探索依托行业协会倡议签署行业自治公约、实施"红黑名单"制度、发布行业指导价等，加强行业自律。对群众反映强烈、社会影响恶劣的违法违规突出问题，要及时开展集中整治，把影响和危害降低到最低程度。

七是扎实开展清理整顿人力资源市场秩序专项执法行动。各级人社部门要加强与公安、市场监管等相关部门的协同配合，定期开展清理整顿人力资源市场秩序专项执法行动，重点排查各类人力资源服务机构发布虚假信息或含有歧视性内容信息、签订不实就业协议、违规保管流动人员人事档案、哄抬人力资源市场价格、利用职业中介和劳务派遣活动牟取不正当利益等扰乱人力资源市场秩序的违法违规行为，依法加大打击力度，净化市场环境。对群众反映强烈、社会影响恶劣的人力资源市场违法违规典型案件，依法严厉打击并及时曝光，帮助劳动者和用人单位提高维权防范意识，增强行政处罚威慑力，促进人力资源服务机构合法经营、诚信服务。

此外，《意见》还在加大劳动保障监察执法力度、健全信用激励约束机制和提升公共服务水平等方面提出一系列要求，值得广大企业特别是人力资源市场专门服务机构的关注和重视。

2. 人社部对《人才市场管理规定》等三部规章再次进行修改

2019年12月31日，根据《中华人民共和国外商投资法》的规定，按照国务院关于进一步扩大对外开放、优化营商环境的要求，经商务部、市场监管总局同意，人社部以"第43号令"再次对《人才市场管理规定》等三部规章进行了修改。《人才市场管理规定》改动内容较少，只删去了以前"关于开展人才中介或者相关业务的外国公司、企业和其他经济组织在中国境内从事人才中介服务活动的，必须与中国的人才中介服务机构合资经营"的限制性规定，以及"中外合资人才中介机构应当符合国家中外合资企业法律法规的规定，由拟设机构所在地省级政府人事行政部门审批，颁发许可证，并报人事部备案"的前置性审批程序，此外删去了违反上述规定的相应罚则。《中外合资中外合作职业介绍机构设立管理暂行规定》和《中外合资人才中介机构管理暂行规定》则改动较大。下文做一专述。

这次修改，将《中外合资中外合作职业介绍机构设立管理暂行规定》改名为《外商投资职业介绍机构设立管理暂行规定》，并将规章中涉及"中外合资中外合作职业介绍机构"的表述均修改为"外商投资职业介绍机构"。在此基础上，对规章的具体内容做出以下几个方面的修改：一是首次对外商投资职业介绍机构做出明确定义，是指全部或者部分由外国投资者投资，依照中国法律在中国境内经登记、许可设立的职业介绍机构；二是降低了设立外资职业介绍机构的门槛，由外经贸部门和人社部门的双重许可改为人社部门的单一许可，且对涉及外商投资职业介绍机构设立审批、监督管理的权限均由省级劳动人事行政部门调整为县级以上劳动人事行政部门，此外还取消了不得设立外商独资职业介绍机构的禁止性规定；三是将外商投资职业介绍机构的服务扩展到可为居民家庭用工提供职业介绍服务，以及可以根据国家有关规定从事互联网职业信息服务；四是大大简化申请设立外商投资职业介绍机构的条件，仅保留"应当具有一定数量具备职业介绍资格的专职工作人员，有明确的业务范围、机构章程、管理制度，有与开展业务相适应的固定场所、办公设施"，相应的也对申请设立时提交的材料做了进一步简化规定；五是对外商投资职业介绍机构设立分支机构彻底取消前置性审批，只需自工商登记办理完毕之日起15日内，书面报告劳动保障行政部门即可。

与上一规章类似，这次修改将《中外合资人才中介机构管理暂行规定》改名为《外商投资人才中介机构管理暂行规定》，并将规章中涉及"中外合资人才中介机构"的表述均修改为"外商投资人才中介机构"。在此基础上，对规章的具体内容做出以下几个方面的修改：一是首次对外商投资人才中介机构做出明确定义，是指全部或者部分由外国投资者投资，依照中国法律在中国境内经登记、许可设立的人才中介机构；二是取消了中外合资人才中介机构设立的前置性审批程序，特别是取消了地方商务部门和国务院人事行政部门的审批监管职责，对涉及外商投资人才中介机构设立审批、监督管理权限的规定，均由省级劳动人事行政部门调整为县级以上劳动人事行政部门；三是大大简化申请申请设立外商投资人才中介机构的条件，同时也简化了申请设立时提交材料的要求，同时也取消外商投资人才中介机构必须与中方合资的规定，允许外商独资经营；四是在服务范围上，取消了人才培训只能在国内开展的限制性规定，同时为外商投资人才中介机构增加一项服务内容，即人才信息网络服务；五是简化外商投资人才中介机构设立分支机构、变更机构名称、法定代表人和经营场所的程序，仅要求自工商登记或者变更登记办理完毕之日起15日内，书面报告人事行政部门。

五、扶持和保护农民工权益的立法与政策

农民工作为劳动者中的相对弱势群体，常常面临着就业歧视、不充分就业、劳动报酬低、被拖欠工资、劳动保护不足、依法维权能力弱等一系列问题。为此，国务院与人社部等相关部门也一直关注农民工就业和权益保护问题，先后出台了一系列相关政策与法规。

1. 国家协调劳动关系三方联合最高院发布《关于实施"护薪"行动全力做好拖欠农民工工资争议处理工作的通知》

为根治拖欠农民工工资问题，切实解决劳动争议处理过程中调解结案难、调查取证难、裁审衔接难等问题，完善协商、调解、仲裁、诉讼相互协调、有序衔接的多元处理机制，依法保障农民工劳动报酬权益，2019年7月26日，人社部会同最高院、全国总工会、全国工商联和中国企业联合会/中国企业家协会以"人社部发〔2019〕80号"文发布了《关于实施"护薪"行动全力做好拖欠农民工工资争议处理工作的通知》（以下简称《通知》）。《通知》的主要内容如下。

一是做好拖欠农民工工资争议预防协商工作。增强用人单位法治意识和农民工依法维权意识。指导企业与农民工建立多种形式的对话沟通机制。推行劳动争议仲裁建议书、司法建议书制度，积极引导用人单位依法履行按时足额支付农民工工资义务。引导用人单位与农民工通过协商解决争议。指导用人单位完善协商规则，积极探索建立内部申诉和协商回应制度。对出现拖欠农民工工资争议的用人单位，积极引导争议双方当事人开展协商，达成和解。工会组织要切实发挥在争议协商中的作用，有效维护农民工合法权益。

二是加强拖欠农民工工资争议调解工作。充分发挥基层劳动争议调解组织作用。积极引导农民工通过调解方式解决争议。指导企业劳动争议调解委员会、乡镇（街道）和工会、行业商（协）会设立的劳动争议调解组织积极参与拖欠农民工工资争议调解工作。根据案件实际情况，提出灵活有效的调解意见，引导当事人选择一次性支付、分期支付等调解方案。加强调解与仲裁、诉讼衔接。建立健全劳动争议调解组织与劳动人事争议仲裁委员会（以下简称仲裁委员会）信息互通机制。调解成功的案件，调解组织要结合实际引导当事人进行仲裁审查确认。符合受理条件的，仲裁委员会要当场受理，并自受理之日起三个工作日内完成审查工作；调解不成的案件，调解组织要及时引导当事人进入仲裁程序，可探索建立代收仲裁申请制度。依法落实支付令规定，农民工与用人单位因支付拖欠工资达成调解协议，用人单位在协议约定期限内不履行的，农民工可持调解协议书依法向人民法院申请支付令，人民法院要依法发出支付令。妥善调处拖欠农民工工资重大集体劳动争议。各地人社部门要制订拖欠农民工工资重大集体劳动争议处理应急工作预案，明确应急措施、程序和保障等基本要求。发生拖欠农民工工资集体劳动争议时，人社部门要会同工会、企业代表组织及时介入，主动约谈用人单位，依法促成和解或调解解决。要吸收擅长处理劳动争议的律师、专家学者等社会力量参与调解。

三是提高拖欠农民工工资争议仲裁质效。集中办结超审限拖欠农民工工资争议仲裁案件。要对2019年7月31日以前超审限未办结的拖欠农民工工资争议案件进行全面摸底排查，组织精干力量采取优先调解、优先开庭、优先裁决等措施加快办理。要通过倒排时间表、记账销号等方式加强督查督办，在保证办案质量的前提下，于2019年9月30日前全部办结，杜绝拖欠农民工工资争议案件超审限现象。畅通拖欠农民工工资争议仲裁"绿色通道"。仲裁委员会要对拖欠农民工工资争议实行全程优先处理，对符合立案条件的，当天申请，当天立案，并在三个工作日内将仲裁庭组成人员、答辩、举证、开庭等事项一次性通知当事人。加强庭前调解，可设置专门庭前调解机构、配备专门调解人员，立案时同步开展调解。落实简易处理规定，对简单小额案件实行速裁制，有条件的地区可设置专门速裁庭。仲裁庭可通过经与被申请人协商同意缩短或者取消答辩期、采用简便方式送达有关仲裁文书等措施，将审限缩短至三十日内。增强拖欠农民工工资争议仲裁处理效果。对农民工因客观原因不能自行收集的证据，仲裁委员会可根据农民工的申请依法主动予以收集。对同时涉及拖欠工资和其他仲裁请求的案件，可引导农民工就工资请求先行调解，依法发挥终局裁决、先行裁决、先予执行等制度效能，提高拖欠农民工工资争议案件仲裁终结率。严格落实集体劳动争议仲裁处理的组庭、送达等规定，稳妥处理拖欠农民工工资重大集体劳动争议。对涉及劳动者人数较多、涉及金额较大、社会影响较广的案件，仲裁机构负责人要挂牌督办。加强拖欠农民工工资争议仲裁与诉讼衔接。人社部门要会同人民法院共同研究拖欠农民工工资争议处理的重点问题，形成类案指导口径，统一裁审法律适用标准。人民法院在审理拖欠农民工工资争议案件中，对仲裁庭已依法质询、质证的证据，除当事人有相反证据足以推翻的以外，可不再予以当庭质证；当事人在仲裁程序中已自认的事实，在审理中又予以否认的，人民法院一般不予支持；对当事人在仲裁程序中未依法提交或拒不提交的证据，除该证据与案件基本事实有关，人民法院可不予采纳。有条件的地区，仲裁委员会与人民法院可根据案件仲裁和审理需要，建立相互协助查证制度，以便及时调取、查证相关证据材料。积极推动和落实仲裁委员会与人民法院之间的案件保全、执行联动等裁审衔接工作机制建设，确定专人负责，做好案件材料传递、信息互通等工作。

四是进一步强化拖欠农民工工资争议案件审判执行工作，完善拖欠农民工工资争议案件审理机制。各级人民法院要畅通立案"绿色通道"，及时审查受理拖欠农民工工资争议案件。农民工以用人单位的工资欠条为证据直接向人民法院起诉，诉讼请求不涉及劳动关系其他争议的，可视为拖欠劳动报酬纠纷，按照普通民事案件受理。审理中，根据诚实信用、公平原则合理分配举证责任，对符合法定条件的，人民法院要主动依职权调查。要积极运用和解、调解等方式，充分发挥简易程序和小额速裁机制及时、简便、快捷的功能，降低诉讼成本、提高诉讼效率、减少矛盾冲突、切实维护农民工的合法权益。同时，对符合先予执行法定条件的，要及时裁定先予执行。加大拖欠农民工工资争议案件执行力度。各级人民法院要将拖欠农民工工资争议案件作为重点民生案件纳入速执程序，优先安排人力、物力，用足、用尽执行措施。要规范裁审执行程序衔接，积极会同各级人社部门，进一步强化拖欠农民工工资争议案件仲裁裁决书、调解书的执行力度。对被执行人确无履行能力、农民工确有生活困难的，要根据当地司法救助规定，及时给予执行救助。落实拖欠农民工工资争议案件保全规定。切实落实最高人民法院有关办理财产保全案件的司法解释规定，对农民工追索工资案件申请财产保全的，一般不应要求担保；对当事人没有提出申请，但存在因用人单位转移、隐匿财产等可能导致仲裁裁决、判决等难以执行的，人民法院可依职权采取保全措施；对农民工在仲裁阶段提出财产保全申请的，人民法院要依法快速审查并及时做出裁定。

2. 国务院成立根治拖欠农民工工资工作领导小组

为进一步加强对根治拖欠农民工工资工作的组织领导和统筹协调，维护广大农民工合法权益，国务院决定于2019年8月正式成立国务院根治拖欠农民工工资工作领导小组（以下简称领导小组），作为国务院议事协调机构。领导小组由国务院副总理胡春华任组长，人社部、国务院办公厅、发改委、财政部、住建部相关领导任副组长，各有关部委局院及全国总工会共二十多个部门参加。领导小组办公室设在人社部，承担领导小组日常工作。领导小组的职责是贯彻落实党中央、国务院关于根治拖欠农民工工资工作的重大决策部署；统筹协调全国根治拖欠农民工工资工作；研究审议根治拖欠农民工工资工作重大政策措施；督促检查根治拖欠农民工工资工作有关法律法规和政策措施的落实情况、各地区和各部门任务完成情况；完成党中央、国务院交办的其他事项。

3.《保障农民工工资支付条例》出台实施

为了进一步规范农民工工资支付行为，保障农民工按时足额获得工资，2019年12月4日，国务院第73次常务会议通过了《保障农民工工资支付条例》（以下简称《条例》），该《条例》于2019年12月30日以"国务院令第724号"颁布，自2020年5月1日起施行。《条例》明确界定"农民工"是指为用人单位提供劳动的农村居民。条例所指的"工资"则是农民工为用人单位提供劳动后应当获得的劳动报酬。《条例》指出，保障农民工工资支付，应当坚持市场主体负责、政府依法监管、社会协同监督，按照源头治理、预防为主、防治结合、标本兼治的要求，依法根治拖欠农民工工资问题。

《条例》要求用人单位实行农民工劳动用工实名制管理，与招用的农民工书面约定或者通过依法制定的规章制度规定工资支付标准、支付时间、支付方式等内容。农民工工资应当以货币形式，通过银行转账或者现金支付给农民工本人，不得以实物或者有价证券等其他形式替代。用人单位应当按照与农民工书面约定或者依法制定的规章制度规定的工资支付周期和具体支付日期足额支付工资。实行月、周、日、小时工资制的，按照月、周、日、小时为周期支付工资；实行计件工资制的，工资支付周期由双方依法约定。用人单位与农民工书面约定或者依法制定的规章制度规定的具体支付日期，可以在农民工提供劳动的当期或者次期。具体支付日期遇法定节假日或者休息日的，应当在法定节假日或者休息日前支付。用人单位因不可抗力未能在支付日期支付工资的，应当在不可抗力消除后及时支付。用人单位应当按照工资支付周期编制书面工资支付台账，并至少保存3年。书面工资支付台账应当包括用人单位名称，支付周期，支付日期，支付对象姓名、身份证号码、联系方式，工作时间，应发工资项目及数额，代扣、代缴、扣除项目和数额，实发工资数额，银行代发工资凭证或者农民工签字等内容。用人单位向农民工支付工资时，应当提供农民工本人的工资清单。用人单位拖欠农民工工资的，应当依法予以清偿。不具备合法经营资格的单位招用农民工，农民工已经付出劳动而未获得工资的，依照有关法律规定执行。用工单位使用个人、不具备合法经营资格的单位或者未依法取得劳务派遣许可证的单位派遣的农民工，拖欠农民工工资的，由用工单位清偿，并可以依法进行追偿。用人单位将工作任务发包给个人或者不具备合法经营资格的单位，导致拖欠所招用农民工工资的，依照有关法律规定执行。用人单位允许个人、不具备合法经营资格或者未取得相应资质的单位以用人单位的名义对外经营，导致拖欠所招用农民工工资的，由用人单位清偿，并可以依法进行追偿。合伙企业、个人独资企业、个体经济组织等用人单位拖欠农民工工资的，应当依法予以清偿；不清偿的，由出资人依法清偿。用人单位合并或者分立时，应当在实施合并或者分立前依法清偿拖欠的农民工工资；经与农民工书面协商一致的，可以由合并或者分立后承继其权利和义务的用人单位清偿。用人单位被依法吊销营业执照或者登记证书、被责令关闭、被撤销或者依法解散的，应当在申请注销登记前依法清偿拖欠的农民工工资。未按此规定清偿农民工工资的用人单位主要出资人，应当在注册新用人单位前清偿拖欠的农民工工资。

《条例》特别对工程建设领域的农民工工资支付保障做出安排。要求建设单位应当有满足施工所需要的资金安排。没有满足施工所需要的资金安排的，工程建设项目不得开工建设；依法需要办理施工许可证的，相关行业工程建设主管部门不予颁发施工许可证。政府投资项目所需资金，应当按照国家有关规定落实到位，不得由施工单位垫资建设。建设单位应当向施工单位提供工程款支付担保。建设单位与施工总承包单位依法订立书面工程施工合同，应当约定工程款计量周期、工程款进度结算办法以及人工费用拨付周期，并按照保障农民工工资按时足额支付的要求约定人工费用。人工费用拨付周期不得超过1个月。建设单位与施工总承包单位应当将工程施工合同保存备查。施工总承包单位与分包单位依法订立书面分包合同，应当约定工程款计量周期、工程款进度结算办法。施工总承包单位应当按照有关规定开设农民工工资专用账户，专项用于支付该工程建设项目农民工工资。开设、使用农

第一部分　企业劳动关系状况

民工工资专用账户有关资料应当由施工总承包单位妥善保存备查。金融机构应当优化农民工工资专用账户开设服务流程，做好农民工工资专用账户的日常管理工作；发现资金未按约定拨付等情况的，及时通知施工总承包单位，由施工总承包单位报告人力资源社会保障行政部门和相关行业工程建设主管部门，并纳入欠薪预警系统。工程完工且未拖欠农民工工资的，施工总承包单位公示30日后，可以申请注销农民工工资专用账户，账户内余额归施工总承包单位所有。施工总承包单位或者分包单位应当依法与所招用的农民工订立劳动合同并进行用工实名登记，具备条件的行业应当通过相应的管理服务信息平台进行用工实名登记、管理。未与施工总承包单位或者分包单位订立劳动合同并进行用工实名登记的人员，不得进入项目现场施工。施工总承包单位应当在工程项目部配备劳资专管员，对分包单位劳动用工实施监督管理，掌握施工现场用工、考勤、工资支付等情况，审核分包单位编制的农民工工资支付表，分包单位应当予以配合。施工总承包单位、分包单位应当建立用工管理台账，并保存至工程完工且工资全部结清后至少3年。建设单位应当按照合同约定及时拨付工程款，并将人工费用及时足额拨付至农民工工资专用账户，加强对施工总承包单位按时足额支付农民工工资的监督。因建设单位未按照合同约定及时拨付工程款导致农民工工资拖欠的，建设单位应当以未结清的工程款为限先行垫付被拖欠的农民工工资。建设单位应当以项目为单位建立保障农民工工资支付协调机制和工资拖欠预防机制，督促施工总承包单位加强劳动用工管理，妥善处理与农民工工资支付相关的矛盾纠纷。发生农民工集体讨薪事件的，建设单位应当会同施工总承包单位及时处理，并向项目所在地人社部门和相关行业工程建设主管部门报告有关情况。分包单位对所招用农民工的实名制管理和工资支付负直接责任。施工总承包单位对分包单位劳动用工和工资发放等情况进行监督。分包单位拖欠农民工工资的，由施工总承包单位先行清偿，再依法进行追偿。工程建设项目转包，拖欠农民工工资的，由施工总承包单位先行清偿，再依法进行追偿。工程建设领域推行分包单位农民工工资委托施工总承包单位代发制度。分包单位应当按月考核农民工工作量并编制工资支付表，经农民工本人签字确认后，与当月工程进度等情况一并交施工总承包单位。施工总承包单位根据分包单位编制的工资支付表，通过农民工工资专用账户直接将工资支付到农民工本人的银行账户，并向分包单位提供代发工资凭证。用于支付农民工工资的银行账户所绑定的农民工本人社会保障卡或者银行卡，用人单位或者其他人员不得以任何理由扣押或者变相扣押。施工总承包单位应当按照有关规定存储工资保证金，专项用于支付为所承包工程提供劳动的农民工被拖欠的工资。工资保证金实行差异化存储办法，对一定时期内未发生工资拖欠的单位实行减免措施，对发生工资拖欠的单位适当提高存储比例。工资保证金可以用金融机构保函替代。工资保证金的存储比例、存储形式、减免措施等具体办法，由人社部会同有关部门制定。除法律另有规定外，农民工工资专用账户资金和工资保证金不得因支付为本项目提供劳动的农民工工资之外的原因被查封、冻结或者划拨。施工总承包单位应当在施工现场醒目位置设立维权信息告示牌，明示下列事项：建设单位、施工总承包单位及所在项目部、分包单位、相关行业工程建设主管部门、劳资专管员等基本信息；当地最低工资标准、工资支付日期等基本信息；相关行业工程建设主管部门和劳动保障监察投诉举报电话、劳动争议调解仲裁申请渠道、法律援助申请渠道、公共法律服务热线等信息。建设单位与施工总承包单位或者承包单位与分包单位因工程数量、质量、造价等产生争议的，建设单位不得因争议不按规定拨付工程款中的人工费用，施工总承包单位也不得因争议不按照规定代发工资。建设单位或者施工总承包单位将建设工程发包或者分包给个人或者不具备合法经营资格的单位，导致拖欠农民工工资的，由建设单位或者施工总承包单位清偿。施工单位允许其他单位和个人以施工单位的名义对外承揽建设工程，导致拖欠农民工工资的，由施工单位清偿。工程建设项目违反国土空间规划、工程建设等法律法规，导致拖欠农民工工资的，由建设单位清偿。

此外，《条例》还在相关监督检查和法律责任方面做了详细而严格的规定，为农民工工资支付构建一个全面系统的保障制度。其中特别值得关注的是，《条例》要求人社部门建立用人单位及相关责任人劳动保障守法诚信档案，对用人单位开展守法诚信等级评价。用人单位有严重拖欠农民工工资违法行为的，由人社部门向社会公布，必要时可以通过召开新闻发布会等形式向媒体公开曝光。用人单位拖欠农民工工资，情节严重或者造成严重不良社会影响的，有关部门应当将该用人单位及其法定代表人或者主要负责人、直接负责的主管人员和其他直接责任人员列入拖欠农民工工资失信联合惩戒对象名单,在政府资金支持、政府采购、招投标、融资贷款、市场准入、税收优惠、评优评先、交通出行等方面依法依规予以限制。建设单位未依法提供工程款支付担保或者政府投资项目拖欠工程款,导致拖欠农民工工资的,县级以上地方人民政府应当限制其新建项目,并记入信用记录,纳入国家信用信息系统进行公示。《条例》还要求,在农民工与用人单位就拖欠工资存在争议时,用人单位应当提供依法由其保存的劳动合同、职工名册、工资支付台账和清单等材料;不提供的,依法承担不利后果。

4.人社部启动实施农民工稳就业职业技能培训计划

为贯彻落实党中央、国务院决策部署,扎实做好"六稳"工作,全面落实"六保"任务,确保决战决胜脱贫攻坚,大力提升广大农民工职业技能和就业创业能力,2020年5月28日,人社部开始启动实施农民工稳就业职业技能培训计划。计划实施的对方范围覆盖了在岗农民工、城镇待岗和失业农民工、农村新转移劳动力、返乡农民工、贫困劳动力等。其中,以企业为主的农民工培训计划主要是组织开展在岗和待岗农民工以工代训,实现以训稳岗。具体内容包括:支持企业吸纳农民工就业,面向新吸纳农民工开展以工代训。对中小微企业吸纳就业困难人员、零就业家庭成员、登记失业人员中的农民工就业,并开展以工代训的,根据吸纳人数给予企业职业培训补贴。支持困难企业开展以工代训。对受疫情影响出现生产经营暂时困难导致停工停业的中小微企业,组织待岗农民工开展以工代训、以训稳岗的,根据组织以工代训人数给予企业职业培训补贴。受疫情影响较大的外贸、住宿、餐饮、文化、旅游、交通、运输、批发零售等行业可将以工代训补贴范围扩展到各类企业。以上以工代训职业培训补贴政策受理期限截止到2020年12月31日。企业、农民专业合作社和扶贫车间等各类生产经营主体吸纳贫困劳动力就业并开展以工代训,以及参保企业吸纳就业困难人员、零就业家庭成员中的农民工就业并开展以工代训的,给予一定期限的职业培训补贴,最长不超过6个月。政策执行期限按职业技能提升行动政策执行。

5. 人力部等15部门发布《关于做好当前农民工就业创业工作的意见》

2020年08月06日，人力部联合国家发改委等共15部门以"人社部发〔2020〕61号"发布《关于做好当前农民工就业创业工作的意见》（以下简称《意见》）。《意见》要求：第一，要稳定现有就业岗位。全面落实减税降费、失业保险稳岗返还、以工代训等援企稳岗政策，引导企业特别是中小微企业不裁员或少裁员，督促企业将补贴资金用于职工生活补助、缴纳社会保险费、开展在岗转岗培训等。帮助外贸企业纾困解难，支持出口产品转内销，加大对住宿餐饮、批发零售、文化旅游、家政服务等行业的针对性政策扶持，最大限度稳定农民工就业岗位。第二，要创造更多就业机会。推动重大投资项目加速落地，强化促消费、扩内需政策扶持，释放经济发展潜力，提升吸纳就业能力。各类基础设施建设要优先考虑带动就业能力强的项目。大力发展生活服务业、劳动密集型产业，对吸纳农民工就业多的给予更大政策激励。培育经济发展新动能，加快信息网络等新型基础设施建设，促进共享出行、社区团购等新业态发展，支持农业、林业生产端电子商务发展，促进产销对接，拓展农民工就业新领域。第三，要支持多渠道灵活就业。支持农民工通过临时性、非全日制、季节性、弹性工作等多种形式实现灵活就业，灵活就业支持政策对城镇户籍居民和农民工一视同仁。因地制宜发展零工市场或劳务市场，搭建企业用工余缺调剂平台。鼓励农民工从事个体经营，开办特色小店，符合条件的按规定给予税收优惠、场地支持等政策。鼓励互联网平台企业降低平台服务费、信息中介费、加盟管理费等费用标准，支持农民工从事直播销售、网约配送等新就业形态增加收入。《意见》还提出要促进农民工就地就近就业、强化面向农民工的平等就业服务和权益保障、优先保障贫困劳动力稳岗就业等。在农民工权益保障方面，《意见》要求指导督促企业依法招工用工，加强农民工劳动保障权益维护，依法严厉打击恶意欠薪等违法行为。加大涉劳动报酬等劳动争议处理力度，依法为农民工提供法律援助服务，支持农民工与用人单位协商化解矛盾纠纷。加大日常监察执法力度，坚决纠正针对湖北等受疫情影响严重地区农民工的就业歧视。科学合理界定互联网平台企业责任，维护平台就业农民工劳动保障权益。

六、社会保险相关立法与政策

1. 国务院办公厅发布《关于全面推进生育保险和职工基本医疗保险合并实施的意见》

全面推进生育保险和职工基本医疗保险（以下统称两项保险）合并实施，是保障职工社会保险待遇、增强基金共济能力、提升经办服务水平的重要举措。2019年3月6日，根据《中华人民共和国社会保险法》有关规定，经国务院同意，国务院办公厅以"国办发〔2019〕10号"文发布了《关于全面推进生育保险和职工基本医疗保险合并实施的意见》（以下简称《意见》）。《意见》遵循保留险种、保障待遇、统一管理、降低成本的总体思路，推进两项保险合并实施，实现参保同步登记、基金合并运行、征缴管理一致、监督管理统一、经办服务一体化。通过整合两项保险基金及管理资源，强化基金共济能力，提升管理综合效能，降低管理运行成本，建立适应我国经济发展水平、优化保险管理资源、实现两项保险长期稳定可持续发展的制度体系和运行机制。《意见》要求：统一参保登记，参加职工基本医疗保险的在职职工同步参加生育保险。生育保险基金并入职工基本医疗保险基金，统一征缴，统筹层次一致。按照用人单位参加生育保险和职工基本医疗保险的缴费比例之和确定新的用人单位职工基本医疗保险费率，个人不缴纳生育保险费。同时，根据职工基本医疗保险基金支出情况和生育待遇的需求，按照收支平衡的原则，建立费率确定和调整机制。职工基本医疗保险基金严格执行社会保险基金财务制度，不再单列生育保险基金收入，在职工基本医疗保险统筹基金待遇支出中设置生育待遇支出项目。探索建立健全基金风险预警机制，坚持基金运行情况公开，加强内部控制，强化基金行政监督和社会监督，确保基金安全运行。两项保险合并实施后实行统一定点医疗服务管理。两项保险合并实施后，要统一经办管理，规范经办流程。确保职工生育期间的生育保险待遇不变。生育保险待遇包括《中华人民共和国社会保险法》规定的生育医疗费用和生育津贴，所需资金从职工基本医疗保险基金中支付。生育津贴支付期限按照《女职工劳动保护特别规定》等法律法规规定的产假期限执行。

2. 人社部发布《社会保险领域严重失信人名单管理暂行办法》

2019年10月28日，为推进社会保险领域信用体系建设，保障社会保险基金安全运行，切实维护用人单位和参保人员合法权益，人社部以"人社部规〔2019〕2号"发布了《社会保险领域严重失信人名单管理暂行办法》（以下简称《办法》）。

《办法》规定，用人单位、社会保险服务机构及其有关人员、参保及待遇领取人员等，有下列情形之一的，县级以上地方人社部门将其列入社会保险严重失信人名单：一是用人单位不依法办理社会保险登记，经行政处罚后，仍不改正的；二是以欺诈、伪造证明材料或者其他手段违规参加社会保险，违规办理社会保险业务超过20人次或从中牟利超过2万元的；三是以欺诈、伪造证明材料或者其他手段骗取社会保险待遇或社会保险基金支出，数额超过1万元，或虽未达到1万元但经责令退回仍拒不退回的；四是社会保险待遇领取人丧失待遇领取资格后，本人或他人冒领、多领社会保险待遇超过6个月或者数额超过1万元，经责令退回仍拒不退回，或签订还款协议后未按时履约的；五是恶意将社会保险个人权益记录用于与社会保险经办机构约定以外用途，或者造成社会保险个人权益信息泄露的；六是社会保险服务机构不按服务协议提供服务，造成基金损失超过10万元的；七是用人单位及其法定代表人或第三人依法应偿还社会保险基金已先行支付的工伤保险待遇，有能力偿还而拒不偿还、超过1万元的；八是法律、法规、规章规定的其他情形。

发生上述第一项、第四项、第六项、第七项规定情形被纳入社会保险严重失信人名单的，联合惩戒期限为1年；发生上述第二项、第三项、第五项、第八项规定情形或再次发生上述任一项规定情形被纳入社会保险严重失信人名单的，联合惩戒期限为3年。惩戒期满，自动移出社会保险严重失信人名单。首次因发生上述第一项、第四项、第六项、第七项规定情形被纳入社会保险严重失信人名单的失信主体，可结合实际以适当方式督促其在3个月内整改。失信主体整改到位后，可提请人社部门确认，人社部门应在30个工作日内核查确认，将其提前移出社会保险严重失信人名单。未按时整改的失信主体，可以按照国务院有关部门关于信用修复的规定，主动纠正失信行为、消除不良影响，向人社部门申请信用修复，并提供已经履行义务和书面信用承诺等相关资料。人社部门在收到修复申请60个工作日内核查确认后，将其提前移出社会保险严重失信人名单。失信主体被移出社会保险严重失信人名单的，相关部门联合惩戒措施即行终止。当事人对被列入社会保险严重失信人名单不服的，可依法提起行政复议或行政诉讼。

3. 人社部、国家医疗保障局发布《香港澳门台湾居民在内地（大陆）参加社会保险暂行办法》

为了维护在内地（大陆）就业、居住和就读的香港特别行政区、澳门特别行政区居民中的中国公民和台湾地区居民（以下简称港澳台居民）依法参加社会保险和享受社会保险待遇的合法权益，加强社会保险管理，2019年11月29日，人社部会同国家医疗保障局以"第41号令"发布了《香港澳门台湾居民在内地（大陆）参加社会保险暂行办法》（以下简称《办法》），自2020年1月1日起施行。

《办法》规定，在内地（大陆）依法注册或者登记的企业、事业单位、社会组织、有雇工的个体经济组织等用人单位（以下统称用人单位）依法聘用、招用的港澳台居民，应当依法参加职工基本养老保险、职工基本医疗保险、工伤保险、失业保险和生育保险，由用人单位和本人按照规定缴纳社会保险费。用人单位依法聘用、招用港澳台居民的，应当持港澳台居民有效证件，以及劳动合同、聘用合同等证明材料，为其办理社会保险登记。参加职工基本养老保险的港澳台居民达到法定退休年龄时，累计缴费不足15年的，可以延长缴费至满15年。社会保险法实施前参保、延长缴费5年后仍不足15年的，可以一次性缴费至满15年。参加职工基本医疗保险的港澳台居民，达到法定退休年龄时累计缴费达到国家规定年限的，退休后不再缴纳基本医疗保险费，按照国家规定享受基本医疗保险待遇；未达到国家规定年限的，可以缴费至国家规定年限。退休人员享受基本医疗保险待遇的缴费年限按照各地规定执行。

《办法》还对港澳台居民社会保险的转移接续做出了详细规定。港澳台居民在达到规定的领取养老金条件前离开内地（大陆）的，其社会保险个人账户予以保留，再次来内地（大陆）就业、居住并继续缴费的，缴费年限累计计算；经本人书面申请终止社会保险关系的，可以将其社会保险个人账户储存额一次性支付给本人。已获得香港、澳门、台湾居民身份的原内地（大陆）

居民,离开内地(大陆)时选择保留社会保险关系的,返回内地(大陆)就业、居住并继续参保时,原缴费年限合并计算;离开内地(大陆)时已经选择终止社会保险关系的,原缴费年限不再合并计算,可以将其社会保险个人账户储存额一次性支付给本人。参加社会保险的港澳台居民在内地(大陆)跨统筹地区流动办理社会保险关系转移时,按照国家有关规定执行。港澳台居民参加企业职工基本养老保险的,不适用建立临时基本养老保险缴费账户的相关规定。已经领取养老保险待遇的,不再办理基本养老保险关系转移接续手续。已经享受退休人员医疗保险待遇的,不再办理基本医疗保险关系转移接续手续。参加职工基本养老保险的港澳台居民跨省流动就业的,应当转移基本养老保险关系。达到待遇领取条件时,在其基本养老保险关系所在地累计缴费年限满10年的,在该地办理待遇领取手续;在其基本养老保险关系所在地累计缴费年限不满10年的,将其基本养老保险关系转回上一个缴费年限满10年的参保地办理待遇领取手续;在各参保地累计缴费年限均不满10年的,由其缴费年限最长的参保地负责归集基本养老保险关系及相应资金,办理待遇领取手续,并支付基本养老保险待遇;如有多个缴费年限相同的最长参保地,则由其最后一个缴费年限最长的参保地负责归集基本养老保险关系及相应资金,办理待遇领取手续,并支付基本养老保险待遇。

4.人社部等三部门发布阶段性减免企业社会保险费的两个通知

2020年2月20日,经国务院同意,人社部、财政部、税务总局以"人社部发〔2020〕11号"文发布了《关于阶段性减免企业社会保险费的通知》(以下简称《通知》)。《通知》的减免范围包括企业基本养老保险、失业保险、工伤保险等三项社会保险的单位缴费部分。具体减免政策为:自2020年2月起,各省、自治区、直辖市(除湖北省外)及新疆生产建设兵团(以下统称省)可根据受疫情影响情况和基金承受能力,免征中小微企业三项社会保险单位缴费部分,免征期限不超过5个月;对大型企业等其他参保单位(不含机关事业单位)三项社会保险单位缴费部分可减半征收,减征期限不超过3个月。自2020年2月起,湖北省可免征各类参保单位(不含机关事业单位)三项社会保险单位缴费部分,免征期限不超过5个月。受疫情影响生产经营出现严重困难的企业,可申请缓缴社会保险费,缓缴期限原则上不超过6个月，缓缴期间免收滞纳金。《通知》减轻了企业负担，有力支持了企业复工复产。

为进一步帮助企业特别是中小微企业应对风险、渡过难关，减轻企业和低收入参保人员的缴费负担，2020年6月22日，人社部再次会同财政部和税务总局，以"人社部发〔2020〕49号"文发布了《关于延长阶段性减免企业社会保险费政策实施期限等问题的通知》。《通知》要求各地将"人社部发〔2020〕11号"文三项社会保险单位缴费部分免征的政策，延长执行到2020年12月底。各地（除湖北省外）对大型企业等其他参保单位（不含机关事业单位，下同）三项社会保险单位缴费部分减半征收的政策，延长执行到2020年6月底。湖北省对大型企业等其他参保单位三项社会保险单位缴费部分免征的政策，继续执行到2020年6月底。受疫情影响生产经营出现严重困难的企业，可继续缓缴社会保险费至2020年12月底，缓缴期间免收滞纳金。各地2020年社会保险个人缴费基数下限可继续执行2019年个人缴费基数下限标准，个人缴费基数上限按规定正常调整。有雇工的个体工商户以单位方式参加三项社会保险的，继续参照企业办法享受单位缴费减免和缓缴政策。以个人身份参加企业职工基本养老保险的个体工商户和各类灵活就业人员，2020年缴纳基本养老保险费确有困难的，可自愿暂缓缴费。2021年可继续缴费，缴费年限累计计算；对2020年未缴费月度，可于2021年底前进行补缴，缴费基数在2021年当地个人缴费基数上下限范围内自主选择。

七、其他相关立法与政策

1. 人社部、司法部、财政部发布《关于进一步加强劳动人事争议调解仲裁法律援助工作的意见》

加强劳动人事争议调解仲裁法律援助工作（以下简称调解仲裁法律援助工作），保障符合条件的劳动者特别是贫困农民工及时获得法律援助服务，对于维护劳动者合法权益、确保法律正确实施、促进社会公平正义具有重要意义。近年来，一些地方主动采取措施加强调解仲裁法律援助工作，取得了良好效果。但与人民群众日益增长的法律援助需求相比，调解仲裁法律援助工作还存在协作机制有待健全、保障机制不够完善等问题。为认真落实中央关于全面推进依法治国的重大战略部署，统筹推进疫情防控与经济社会发展，加快处理各类涉疫情劳动人事争议，进一步满足人民群众特别是贫困劳动者对调解仲裁法律援助工作的需要，根据中央关于完善法律援助制度的有关精神和《法律援助条例》相关规定，2020年6月22日，人社部会同司法部、财政部以"人社部发〔2020〕52号"发布了《关于进一步加强劳动人事争议调解仲裁法律援助工作的意见》（以下简称《意见》）。

《意见》提出要建立健全调解仲裁法律援助协作机制。人社部门和仲裁院要充分发挥处理劳动人事争议的专业优势，司法行政机关和法律援助机构要加强法律援助业务指导，提升规范化服务水平。仲裁院可以引导当事人通过拨打"12348"公共法律服务热线或登录法律服务网等方式进行法律咨询，帮助符合法律援助条件的农民工和困难职工申请法律援助；法律援助机构要在仲裁院公示法律援助机构办公地址、法律援助申请材料和工作流程等信息。

《意见》提出要扩大调解仲裁法律援助范围。在法律援助对象上，司法行政机关要综合考虑当地法律援助资源供给状况、困难群众法律援助需求等因素，推动法律援助逐步覆盖低收入劳动者，重点做好农民工、工伤职工和孕期、产期、哺乳期（以下简称"三期"）女职工的调解仲裁法律援助工作。在法律援助事项上，司法行政机关要在《法律援助条例》规定的请求支付劳动报酬、给予社会保险待遇等事项基础上，推动有条件的地方将经济补偿、赔偿金等涉及劳动保障事项纳入法律援助补充事项范围。在仲裁院设立法律援助工作站的，工作站可以配合仲裁院开展法律知识宣讲、以案释法等活动，引导劳动者依法维权。

此外，《意见》还提出要规范调解仲裁法律援助程序，健全便民服务机制。简化审查程序，对建档立卡贫困劳动者和申请支付劳动报酬、工伤赔偿的农民工，免于经济困难审查。开辟法律援助"绿色通道"，对农民工、工伤职工、"三期"女职工等重点服务对象申请法律援助的，加快办理进度，有条件的当日受理、当日转交。对情况紧急的集体劳动争议案件，可以先行提供法律援助，事后补交申请材料、补办相关手续。

2.人社部继续清理部门规章和规范性文件设定的证明事项材料

根据《国务院办公厅关于做好证明事项清理工作的通知》（国办发〔2018〕47号）要求，为进一步减证便民、优化服务，不断提升群众企业办事便利度和满意度，人社部继续对现行有效的部门规章和规范性文件设定的证明事项材料进行全面清理。于2019年10月28日决定再取消42项由规章、规范性文件设定的证明材料（见表2-1，表2-2）。2019年12月9日，经商市场监管总局同意，人社部以"第42号令"对《人才市场管理规定》和《失业保险金申领发放办法》稍做修改：一是在设立人才中介服务机构时，不再要求提供学历证明；二是失业人员失业前所在单位将失业人员的名单自终止或者解除劳动合同之日起7日内报受理其失业保险业务的经办机构备案时，仅需按要求一并提供终止或解除劳动合同证明等有关材料，不再要求提供参加失业保险及缴费情况证明。

表2-1　部门规章设定的证明材料取消清单

序号	证明	用途	依据	取消后办理方式
1	工作人员的学历证明	办理人力资源服务许可，开展业务备案，变更名称、住所、法定代表人或者终止经营活动，设立分支机构	《人才市场管理规定》（2001年9月11日人事部、工商总局令第1号2005年3月22日第一次修订2015年4月30日第二次修订）第六条第二项、第七条第一款	通过网上核查或根据申请人的身份证信息直接查询
2	失业保险缴费情况证明	申领失业保险金	《失业保险金申领发放办法》（2000年10月26日劳动部令第8号2018年12月14日修订）第五条	通过部门内部核查
3	工作期间，突发疾病抢救证明	申请工伤认定	《工伤认定办法》（2010年12月31日人社部令第8号）第六条第二项	不再提交

续表

序号	证明	用途	依据	取消后办理方式
4	工伤职工的居民身份证或者社会保障卡等其他有效身份证明复印件	工伤职工劳动能力复查鉴定申请	《工伤职工劳动能力鉴定管理办法》（2014年2月20日人社部、卫计委令第21号 2018年12月14日修订）第十七条、第十九条	提交原件即可
5	《工伤认定决定书》原件和复印件	工伤职工劳动能力复查鉴定申请	《工伤职工劳动能力鉴定管理办法》（2014年2月20日人社部、卫计委令第21号 2018年12月14日修订）第十七条、第十九条	通过部门内部核查
6	劳动能力鉴定委员会规定和要求的其他材料	工伤职工劳动能力复查鉴定申请	《工伤职工劳动能力鉴定管理办法》（2014年2月20日人社部、卫计委令第21号 2018年12月14日修订）第十七条、第十九条	不再提交
7	工亡职工配偶未再婚证明	供养亲属抚恤金申领	《因工死亡职工供养亲属范围规定》（2003年9月23日 劳动部令第18号）第四条第三项	改为告知承诺制，通过部门间数据共享核查
8	工亡职工供养亲属健在证明	供养亲属抚恤金申领	《因工死亡职工供养亲属范围规定》（2003年9月23日 劳动部令第18号）第四条第五项	改为告知承诺制，通过部门间数据共享核查
9	企业营业执照、批准成立证件或其他核准执业证件	企业办理社会保险登记	《社会保险登记管理暂行办法》（1999年3月19日劳动部令第1号）第七条第一项	按照"五证合一"改革要求，与市场监管部门实现企业开办事项业务协同，通过部门间数据共享核查。《社会保险登记管理暂行办法》已于2019年4月28日公布废止

第一部分　企业劳动关系状况

续表

序号	证明	用途	依据	取消后办理方式
10	企业组织机构统一代码证书	企业办理社会保险登记	《社会保险登记管理暂行办法》（1999年3月19日劳动部令第1号）第七条第二项	按照"五证合一"改革要求，与市场监管部门实现企业开办事项业务协同，通过部门间数据共享核查。《社会保险登记管理暂行办法》已于2019年4月28日公布废止
11	企业信息变更证明	企业办理社会保险变更登记	《社会保险登记管理暂行办法》（1999年3月19日劳动部令第1号）第十条第二项	按照"五证合一"改革要求，与市场监管部门实现企业开办事项业务协同，通过部门间数据共享核查。《社会保险登记管理暂行办法》已于2019年4月28日公布废止
12	营业执照复印件、法定代表人身份证复印件、开户许可证复印件、劳动合同备案证明、职工身份证复印件	企业职工养老保险单位新参保申报、职工基本信息变更	《社会保险费申报缴纳管理规定》（2013年9月26日人社部令第20号）第四条	按照"五证合一"改革要求，与市场监管部门实现企业开办事项业务协同，通过部门间数据共享核查；同时，企业可通过网上平台自助填报有关信息
13	社会保险登记证	单位社会保险注销登记	《社会保险登记管理暂行办法》（1999年3月19日劳动部令第1号）有关规定	不再办理社会保险登记证，通过社保经办系统可核查单位注册社保账户信息。《社会保险登记管理暂行办法》已于2019年4月28日公布废止
14	企业营业执照复印件	集体合同报送审查	《集体合同规定》（2004年1月20日劳动部令第22号）第四十二条	改为告知承诺制或部门间信息共享

表2-2 规范性文件设定的证明材料取消清单

序号	证明	用途	依据	取消后办理方式
1	职业资格证书原件	申请更正技能人员职业资格证书信息	《关于做好职业资格证书查询系统建设工作的通知》（人社厅发〔2009〕44号）附件1《职业资格证书网上查询管理办法（试行）》第八条	不再提交
2	职业资格证书（含《技术等级证书》《技师合格证书》以及《高级技师合格证书》）原件	境外就业和对外劳务合作人员申请换发技能人员职业资格证书	《关于职业资格证书改版及核发管理工作有关问题的通知》（人社厅发〔2009〕137号）第八项	不再提交
3	中方上级主管部门审批文件	申请以技能为主的国外职业资格证书及发证机构资格审核和注册	《关于对引进国外职业资格证书加强管理的通知》（劳社部发〔1998〕18号）第四条	不再提交
4	基本养老保险缴费证明	企业年金方案备案	《人力资源社会保障部办公厅关于进一步做好企业年金方案备案工作的意见》（人社厅发〔2014〕60号）附件3	通过部门内部核查
5	企业职工因病或非因工伤残劳动能力鉴定结论书	企业申请办理职工因病提前退休审批	《关于制止和纠正违反国家规定办理企业职工提前退休有关问题的通知》（劳社部发〔1999〕8号）有关规定	通过部门内部核查
6	认定工伤决定书	申领工伤待遇	《关于印发工伤保险经办规程的通知》（人社部发〔2012〕11号）有关规定	通过部门内部核查

第一部分　企业劳动关系状况

续表

序号	证明	用途	依据	取消后办理方式
7	属于交通事故或者城市轨道交通、客运轮渡、火车事故的,须提供相关的事故责任认定书	涉及第三人的工伤待遇申领	《关于印发工伤保险经办规程的通知》(人社部发〔2012〕11号)第七十三条第一项	通过部门内部核查
8	依靠工亡职工生前提供主要生活来源的证明	供养亲属抚恤金申领	《关于印发工伤保险经办规程的通知》(人社部发〔2012〕11号)第七十条第三项	改为告知承诺制办理
9	完全丧失劳动能力的提供劳动能力鉴定结论书	供养亲属抚恤金申领	《关于印发工伤保险经办规程的通知》(人社部发〔2012〕11号)第七十条第四项	通过部门内部核查
10	在校学生提供学校就读证明	供养亲属抚恤金申领	《关于印发工伤保险经办规程的通知》(人社部发〔2012〕11号)第七十条第六项	改为告知承诺制,通过部门间数据共享核查
11	属于遭受暴力伤害的,需提供公安机关出具的遭受暴力伤害证明和赔偿证明资料	涉及第三人的工伤待遇申领	《关于印发工伤保险经办规程的通知》(人社部发〔2012〕11号)第七十三条第二项	通过部门内部核查

续表

序号	证明	用途	依据	取消后办理方式
12	参保人员户籍关系转移证明	办理城乡居民基本养老保险关系转移接续	《人力资源社会保障部关于印发城乡居民基本养老保险经办规程的通知》（人社部发〔2014〕23号）第四十一条	通过核实身份证件、户口簿办理。所依据文件已修订，修订后的文件为《人力资源社会保障部关于印发城乡居民基本养老保险经办规程的通知》（人社部发〔2019〕84号）
13	养老金异地领取资格证明	退休人员异地领取养老金	《关于对异地居住退休人员进行领取养老金资格协助认证工作的通知》（劳社厅发〔2004〕8号）第二条	通过信息比对、远程自助认证和社会化服务等方式主动核查办理；也可通过告知承诺制办理
14	户口簿复印件	办理企业因病非因工死亡职工遗属抚恤待遇	《关于调整企业因病非因工死亡职工遗属抚恤政策有关问题的通知》（劳社秘〔2004〕193号）有关规定	不再留存复印件材料，通过部门间数据共享核查
15	出国（境）定居证明	城乡居民基本养老保险注销登记	《人力资源社会保障部关于印发城乡居民基本养老保险经办规程的通知》（人社部发〔2014〕23号）第三十六条	通过告知承诺制办理，核验相关法定证照。所依据文件已修订，修订后的文件为《人力资源社会保障部关于印发城乡居民基本养老保险经办规程的通知》（人社部发〔2019〕84号）
16	无固定收入证明	离退休（职）人员死亡后，其遗属申请领取丧葬补助费、抚恤费和供养直系亲属生活补助费	《关于印发<基本养老保险业务规程（试行）>的通知》（劳社险中心函〔2003〕38号）第六十六条第三项	通过告知承诺制办理

第一部分 企业劳动关系状况

续表

序号	证明	用途	依据	取消后办理方式
17	职工供养的年满16周岁直系亲属就读全日制高中证明或未实行奖学金或助学金制度的职业中学证明	离退休（职）人员死亡后，其遗属申请领取丧葬补助费、抚恤费和供养直系亲属生活补助费	《国家劳动总局关于职工子女年满十六岁后，在中学学习期间，列为供养直系亲属问题的复函》（〔1976〕劳薪字95号）有关规定	通过告知承诺制、部门间核查等办理
18	医院出具的参保人死亡证明，或民政部门出具的火化证明，或公安部门出具的户籍注销证明，或能够确定指定受益人、法定继承人继承权的公证文书	城乡居民基本养老保险注销登记	《人力资源社会保障部关于印发城乡居民基本养老保险经办规程的通知》（人社部发〔2014〕23号）第三十五条、三十六条	通过告知承诺制、部门间（公安、卫健、民政）核查等办理。所依据文件已修订，修订后的文件为《人力资源社会保障部关于印发城乡居民基本养老保险经办规程的通知》（人社部发〔2019〕84号）
19	社会保险养老待遇领取证明材料	城乡居民基本养老保险注销	《人力资源社会保障部关于印发城乡居民基本养老保险经办规程的通知》（人社部发〔2014〕23号）第三十七条	通过告知承诺制办理，人社系统内部数据共享核查。所依据文件已修订，修订后的文件为《人力资源社会保障部关于印发城乡居民基本养老保险经办规程的通知》（人社部发〔2019〕84号）

续表

序号	证明	用途	依据	取消后办理方式
20	离退休人员死亡证明	办理养老保险丧葬补助金、抚恤金核定	《人力资源社会保障部关于印发机关事业单位工作人员基本养老保险经办规程的通知》（人社部发〔2015〕32号）第四十条、《关于印发基本养老保险经办业务规程（试行）的通知》（劳社险中心函〔2003〕38号）第六十六条	通过告知承诺制、部门间数据共享核查
21	供养直系亲属与死者关系证明	办理养老保险丧葬补助金、抚恤金核定	《人力资源社会保障部关于印发机关事业单位工作人员基本养老保险经办规程的通知》（人社部发〔2015〕32号）第四十条、《关于印发基本养老保险经办业务规程（试行）的通知》（劳社险中心函〔2003〕38号）第六十六条	改为告知承诺制办理，通过部门间数据共享核查
22	死亡证明材料	办理基本养老保险个人账户一次性支付核定	《人力资源社会保障部关于印发机关事业单位工作人员基本养老保险经办规程的通知》（人社部发〔2015〕32号）第四十一条、《关于印发基本养老保险经办业务规程（试行）的通知》（劳社险中心函〔2003〕38号）第六十四条和七十三条	通过告知承诺制、部门间数据共享核查

第一部分　企业劳动关系状况

续表

序号	证明	用途	依据	取消后办理方式
23	企业营业执照	申请实行特殊工时制度审批	《关于企业实行不定时工作制和综合计算工时工作制的审批办法》（劳部发〔1994〕503号）有关规定	部门间信息共享
24	专业技术人员职业资格证书	翻译专业资格、注册消防工程师、咨询工程师（投资）、经济专业技术资格、注册安全工程师、一级造价工程师、注册城乡规划师、一级建造师、勘察设计注册工程师等考试报名，以及免试部分考试科目	人社部及有关考试行业主管部门联合印发的各项职业资格制度暂行规定中关于应试人员报考条件、免试条件的规定	改为告知承诺制。通过全国一体化在线政务服务平台、国家数据共享交换平台、政府部门内部核查和部门间行政协助等方式核验。暂无法核验的，采取网上上传材料等方式办理
25	专业技术职务聘用（评聘）证明	出版、注册核安全工程师、注册计量师、注册测绘师、翻译专业资格、注册消防工程师、注册设备监理师、环境影响评价工程师、监理工程师、一级建造师等考试报名，以及免试部分考试科目	人社部及有关考试行业主管部门联合印发的各项职业资格制度暂行规定中关于应试人员报考条件、免试条件的规定	改为告知承诺制。通过全国一体化在线政务服务平台、国家数据共享交换平台、政府部门内部核查和部门间行政协助等方式核验。暂无法核验的，采取网上上传材料等方式办理

续表

序号	证明	用途	依据	取消后办理方式
26	职称评聘证明	注册安全工程师、经济专业技术资格、执业药师、注册建筑师等考试报名，以及免试部分考试科目	人社部及有关考试行业主管部门联合印发的各项职业资格制度暂行规定中关于应试人员报考条件、免试条件的规定	改为告知承诺制。通过全国一体化在线政务服务平台、国家数据共享交换平台、政府部门内部核查和部门间行政协助等方式核验。暂无法核验的，采取网上上传材料等方式办理
27	专业技术人员职业资格证书丢失登报声明和单位证明	办理补发专业技术人员职业资格证书	《人事部办公厅关于更换补发专业技术资格证书有关问题的通知》（人办发〔1997〕85号）有关规定	当事人向当地发证机关提交个人补发证书申请

第三章　劳动力市场

2019年，面对国内外风险挑战明显上升的复杂局面，各地区、各部门在以习近平同志为核心的党中央坚强领导下，认真贯彻党中央、国务院决策部署，扎实做好稳就业、稳金融、稳外贸、稳外资、稳投资、稳预期工作，三大攻坚战取得关键进展，国民经济运行总体平稳，发展质量稳步提升，主要预期目标较好实现，为全面建成小康社会奠定了坚实基础。整体来看，2019年国内劳动力市场需求略大于劳动力供给，供求总体保持平衡。制造业、部分服务性行业用人需求有所增长。

一、2019年劳动力市场总体状况

1. 劳动人口较充裕，人口红利减少趋势放缓

2019年年末我国总人口为140005万人，比2018年年末增加了467万人，但劳动年龄人口数量和占总人口比重在不断下降。根据国家统计局发布的数据，2016年我国15~64岁劳动人口为90747万人，占总人口比重的65.6%；2018年下降至89729万人，占总人口的比重为64.3%；2019年全国劳动人口进一步下降至89640万人，占总人口比重64.02%，图3-1是近四年来我国人口和劳动人口变动情况，反映出我国劳动力市场上的人口红利在逐渐减少，但减少的趋势在放缓。

与此相伴的是老龄化现象严重。自2000年我国进入老年化社会后，老年人口不断增长，至2019年，我国60周岁以上人口为25388万人，65周岁以上的人口为17603万人，分别占总人口的18.1%和12.6%。从目前的趋势

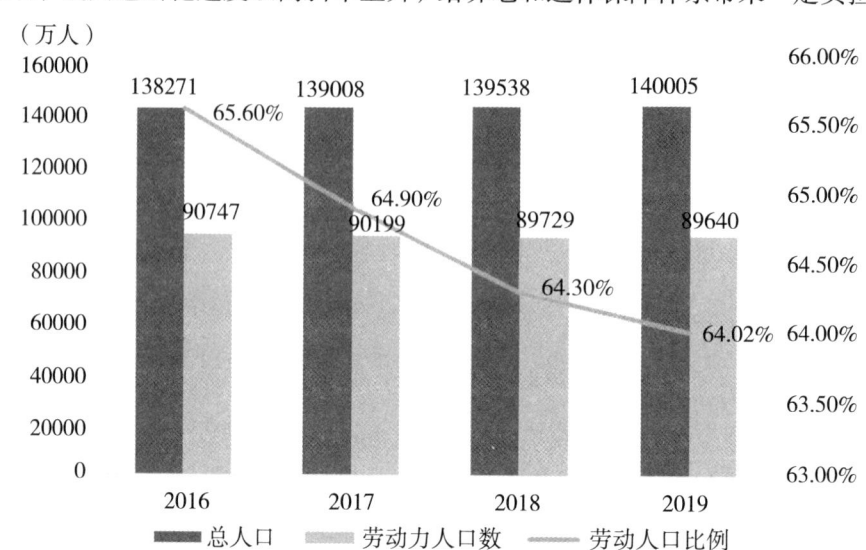

来看，我国老龄化速度以高斜率上升，给养老和退休保障体系带来一定负担。

图 3-1 2016—2019 年劳动年龄人口变化趋势

注：1. 数据来源于国家统计局。2. 劳动年龄人口在我国是指 16~59 周岁的青壮年劳力。

2. 劳动力市场需求略大于供给

据中国人力资源市场信息检测中心对 90 个城市的公共就业服务机构市场的供求信息统计显示（见表 3-1），2019 年第一季度求职者有 438.5 万人，而用人单位招聘的各类人员有 561.3 万人，岗位空缺和求职人数的比率达到 1.28，与上季度相比增长了 0.01，与 2018 年同期相比增长了 0.05；2019 年第四季度的岗位空缺与求职人数比例为 1.27，与上季度相比增长了 0.03，与 2018 年同期相比一致。从供求对比变化趋势看，近五年来公共就业服务机构市场招聘人数略大于求职人数，2017 年第四季度以来求人倍率一直保持在 1.2 以上的高位，呈现持续上升的趋势，在 2019 年第一季度达到最高 1.28。

表 3-1 2015—2019 年部分城市岗位空缺与求职人数比率变化趋势

	空缺岗位/万人	求职人数/万人	岗位空缺与求职人数比率/%
2015 年第一季度	525	469	1.12

续表

	空缺岗位/万人	求职人数/万人	岗位空缺与求职人数比率/%
2015年第二季度	560	528	1.06
2015年第三季度	505	462	1.09
2015年第四季度	439	400	1.1
2016年第一季度	520	487	1.07
2016年第二季度	497	472	1.05
2016年第三季度	475	432	1.1
2016年第四季度	433.5	384.5	1.13
2017年第一季度	590.3	523.4	1.13
2017年第二季度	523.1	472.9	1.11
2017年第三季度	498	429.4	1.16
2017年第四季度	433.7	354.2	1.22
2018年第一季度	574.8	466.9	1.23
2018年第二季度	520.4	423	1.23
2018年第三季度	419.5	336.1	1.25
2018年第四季度	438	343.7	1.27
2019年第一季度	561.3	438.5	1.28
2019第二季度	502.9	412.2	1.22
2019第三季度	404	325.8	1.24
2019第四季度	364.1	286.7	1.27

注：数据来源于中国人力资源市场信息监测中心。

具体分季度来看，第一至第四季度，用人单位通过公共就业服务机构招聘各类人员的需求量均大于进入市场的同期求职人数量，即岗位空缺量大于求职人数。

一是从用人需求和求职人数看，2019 年空缺岗位需求人数与求职人数均逐渐减少。2019 年劳动市场用人需求在第一季度最高，为 561.3 万人，然后呈逐步下降趋势，到第四季度最低，为 364.1 万人。第四季度与第一季度相比，空缺岗位需求人数减少了 197.2 万人，下降 35.13%，每个季度平均下降 8.78%。与 2018 年同期相比，从第一季度到第四季度，分别下降 2.35%、3.36%、3.69%、16.87%，第四季度降幅较大。2019 年劳动市场求职人数在第一季度最高，为 438.5 万人，然后呈逐步下降趋势，到第四季度最低，为 286.7 万人。第四季度与第一季度相比，求职人数减少了 151.8 万人，下降 34.62%，每个季度平均下降 8.66%。与 2018 年同期相比，从第一季度到第四季度，分别下降 6.08%、2.55%、3.06%、16.58%，第四季度降幅较大。环比来看，2019 年劳动市场用人需求和求职人数，除了在第一季度分别增长 28.15% 和 27.58% 之外，在其他 3 个季度均出现下滑，尤其第四季度市场供求人数下降幅度最大，基本符合劳动力市场规律。2019 年劳动力市场需求与供给状况如图 3-2 所示。

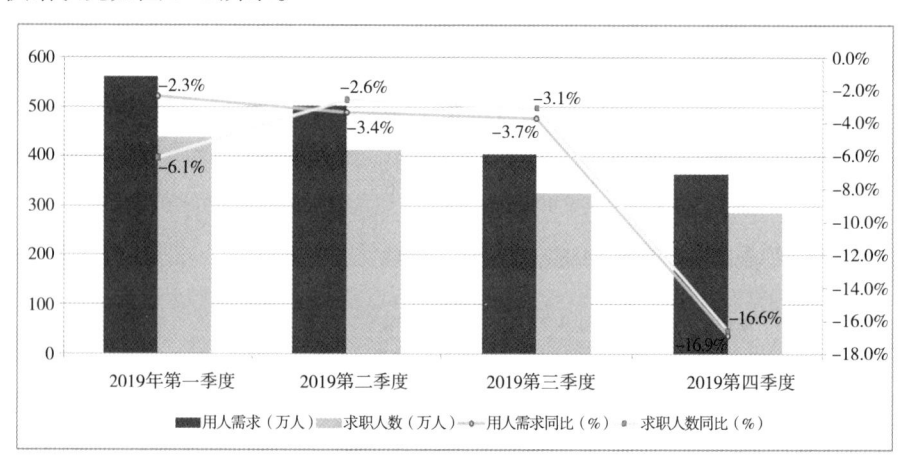

注：数据来源于人力资源和社会保障部、中国人力资源市场信息监测中心。

图 3-2 2019 年劳动力市场需求与供给状况

二是从劳动市场岗位供求比变化趋势看，2015 年以来，岗位空缺与求职人数比率总体呈现波动式变化。从 2016 年第二季度以来，岗位空缺与求职人数比率呈现上升态势；从 2018 年第三季度以来，岗位空缺与求职人数比率的上升态势尤其显著，到 2019 年第一季度达到最高的 1.28，后三个季度在 1.22 至 1.27 之间波动，反映出国内就业形势趋于平稳（见图 3-3）。

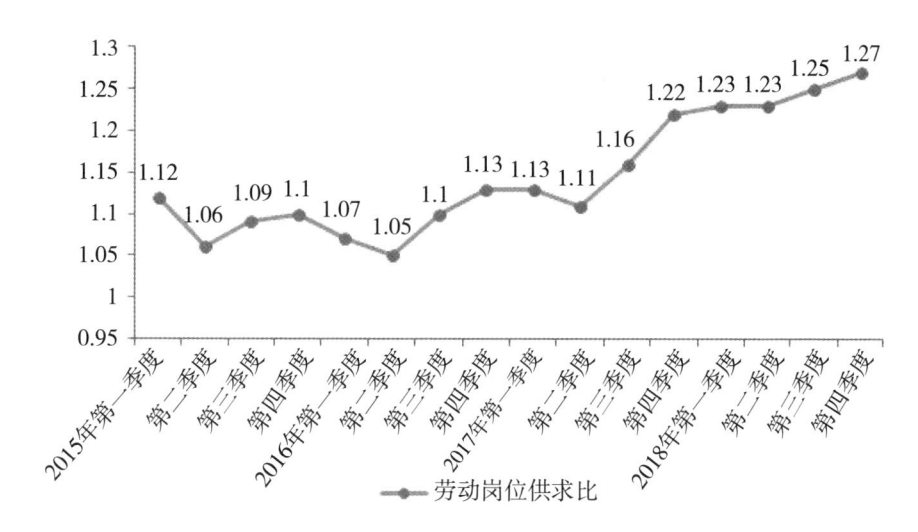

注：1. 数据来源于人力资源和社会保障部、中国人力资源市场信息监测中心。

2. 劳动岗位供求比 = 岗位空缺数 / 求职人数。

图 3-3　2015 年第一季度至 2019 年第四季度劳动市场岗位供求比变化趋势

3. 东、中、西部岗位供求出现分化

根据人力资源和社会保障部、中国人力资源市场信息监测中心对 89 个城市的公共就业服务机构市场供求信息进行的统计分析显示，相较 2018 年，2019 年我国东、中、西部劳动力市场岗位供求发生了一定程度的分化。东部地区市场供求人数减少，中、西部地区市场需求人数稳中有升。总体上，全国人力资源市场需求略大于供给，供求保持基本平衡。第三季度市场供求人数较上半年有较大回落，岗位空缺与求职人数的比率略有回升；与 2018 年同期相比，市场供求人数变化不大，岗位空缺与求职人数的比率略有下降。

一是东部供求收缩。2019 年第三季度，东部市场岗位空缺与求职人数的比率为 1.21。与 2018 年同期相比，东部地区市场用人需求减少 17.4 万人，下降 9.6%，求职人数减少 10.3 万人，下降 7%。与第二季度相比，东部地区市场需求人数和求职人数分别减少 21.5 万人和 18.3 万人，各下降 11.9% 和 12.3%。

二是中部需求增加。2019 年第三季度，中部市场岗位空缺与求职人数的比率为 1.22。与 2018 年同期相比，中部地区市场用人需求增加 0.4 万人，增长 0.3%，求职人数减少 1.7 万人，下降 1.6%。与第二季度相比，中部地区市场需求人数和求职人数分别减少 22 万人和 15.7 万人，各下降 14.5% 和 12.9%。

三是西部供求增加。2019 年第三季度，西部市场岗位空缺与求职人数的比率为 1.33。与 2018 年同期相比，西部地区市场用人需求增加 1.5 万人，增长 1.6%，求职人数增加 1.7 万人，增长 2.6%。与第二季度相比，西部地区市场需求人数和求职人数分别减少 13.9 万人和 11.9 万人，各下降 13.4% 和 14.7%。

4. 除建筑业和部分服务性行业外，用人需求同比和环比均有所下降

人力资源和社会保障部、中国人力资源市场信息监测中心的数据显示，2019 年第三季度，传统行业用人需求仍然较大。占比较大的行业分别来自制造业、批发和零售业、住宿和餐饮业等传统行业，分别为 27.7%、13.3%、住宿和餐饮业 10.4%。其他行业，如居民服务和其他服务业占比 9.8%、租赁和商务服务业占比 9.3%、信息传输计算机服务和软件业占比 4.2%、建筑业占比 4.6%、房地产业占比 4.1%。与 2018 年同期相比，除建筑业用人需求上升 7.8% 外，其他生产性行业用人需求均有所下降，如电力煤气及水的生产和供应业下降 20.2%、采矿业下降 13.8%、制造业下降 5.0%。服务性行业中，除部分行业的用人需求有所增长外，其余各行业的用人需求均有所减少。增长的行业包括公共管理与社会组织上升 32.1%、教育上升 31.1%、水利环境和公共设施管理业上升 23.8%、文化体育和娱乐业上升 15.9%、卫生社会保障和社会福利业上升 12.0%、居民服务和其他服务业上升 8.1%、交通运输仓储和邮政业上升 6.1%、信息传输计算机服务和软件业上升 2.4%。用人需求减少较多的有房地产业下降 16.8%、租赁和商务服务业下降 10.5%、批发和零售业下降 9.1%、住宿和餐饮业下降 8.4%。

与第二季度相比，用人需求下降尤为明显，生产性行业中，采矿业下降

19.9%、制造业下降 12.4%、煤气及水的生产和供应业下降 7.0%、建筑业下降 5.2%。服务性行业中，除国际组织和公共管理与社会组织用人需求上升 0.2% 外，其余各行业用人需求均有所减少，其中减少人数较多的有信息传输计算机服务和软件业减少 31.6%、居民服务和其他服务业减少 16.4%、批发和零售业减少 16.2%、住宿和餐饮业减少 13.1%、金融业减少 12.6%、交通运输仓储和邮政业减少 11.8%、房地产业减少 10.9%、租赁和商务服务业减少 7.9%。

5. 技能人才供不应求

与 2018 年同期相比，2019 年第三季度 41.7% 的市场主体用人需求对劳动者的技术等级或专业技术职称有明确要求，其中，对技术等级有要求的占 24.5%，对专业技术职称有要求的占 15.4%。从求职者方面看，42.6% 的市场求职人员具有一定技术等级或者专业技术职称，其中，具有技术等级的占 26.7%，具有专业技术职称的占 15.9%。供求对比看，各技术等级或者专业技术职称的岗位空缺与求职人数的比率均大于 1.6，其中，高级工程师、高级技师、高级技能岗位空缺与求职人数的比率较大，分别为 3.81、2.37、2.14。数据显示，劳动力市场上技能人才仍是供不应求的态势。特别是 2019 年第三季度对高级工程师的用人需求与 2018 年同期相比增加 56.6%。

与 2018 年同期相比，2019 年第三季度除对高级工程师的用人需求有所增加外，市场主体对具有各类技术等级或者专业技术职称劳动者的用人需求均有所减少。其中，对具有高级技能、中级技能、高级技师技术等级人员的需求下降幅度较大，分别下降 34.7%、25.8%、19.9%；对具有技术员、工程师职称人员的需求分别下降 10.7%、5.2%。求职人员方面，市场中具有各类技术等级或者专业技术职称的求职人员均有所减少。其中，具有高级技师、中级技能技术等级的求职人数下降幅度较大，分别下降 21.9%、19.0%。具有技术员、工程师、高级工程师职称的求职人数均有所下降，下降幅度分别为 7.0%、1.6%、21.6%。

与 2019 年第二季度相比，市场主体对具有各类技术等级或者专业技术职称劳动者的用人需求均有所下降。其中，用人单位对具有高级技师和初级技能技术等级人员的需求下降幅度较大，分别为 26.4%、21.5%；对具有技术员、工程师、高级工程师职称人员的需求均有所下降,分别为6.0%、11.3%、11.7%。从求职者方面看,市场中具有各类技术等级或者专业技术职称的求职人员均有所减少。其中,具有高级工程师职称,高级技师、高级技能技术等级的求职人数下降幅度较大,分别为34.2%、32%、18%,具有技术员、工程师职称的求职人数分别下降10.4%和8.9%。

6. 从政策层面促进劳动力要素有效配置

为破除妨碍劳动力、人才社会性流动的体制机制弊端,从体制、机制层面推出促进劳动力和人才流动、消除社会结构矛盾的政策措施。中共中央办公厅、国务院办公厅联合印发《关于促进劳动力和人才社会性流动体制机制改革的意见》(以下简称《意见》),围绕创造流动机会、畅通流动渠道、扩展发展空间、兜牢社会底线做出顶层设计和制度安排。

《意见》提出要筑牢社会性流动基础。一是实施就业优先政策创造流动机会。统筹发展资本密集型、技术密集型、知识密集型和劳动密集型产业,创造更充分的流动机会。培育和壮大经济发展新动能,发展新一代信息技术、高端装备、数字创意等新兴产业,实施传统产业智能化改造提升工程,培育智慧农业、现代物流等产业,提供更高质量的流动机会。研究机器人、人工智能等技术对就业影响的应对办法。二是推动区域协调发展促进流动均衡。建立健全城乡融合发展体制机制和政策体系,推进新型城镇化建设和乡村振兴战略实施,引导城乡各类要素双向流动、平等交换、合理配置。统筹区域协调发展,建立区域合作机制、区域互助机制、区际利益补偿机制,支持中西部、东北地区培育优势特色产业,促进区域间流动机会均衡。优化行政区划设置,以中心城市和城市群为主体构建大中小城市和小城镇协调发展格局,拓宽城市间流动空间。三是推进创新创业创造激发流动动力。加强基础学科建设,深化产教融合,加快高层次技术技能型人才培养,开展跨学科和前沿科学研究,推进高水平科技成果转化,厚植创新型国家建设根基。进一步规范行政程序、行政行为和自由裁量权,营造便捷高效、公平竞争、稳定透明的营商环境,压缩企业开办时间,发挥银行、小额贷款公司、创业投资、股权和债券等融资渠道作用,提高民营企业和中小微企业融资可获得性,促进各种所有制经济健康稳定发展。高质量建设一批创业培训(实训)基地、创业孵化基地和农村创新创业园,鼓励劳动者通过创业实现个人发展。

《意见》要求激发社会性流动活力。一是以户籍制度和公共服务牵引区域流动。全面取消城区常住人口300万人以下的城市落户限制,全面放宽城区常住人口300万人至500万人的大城市落户条件。完善城区常住人口500万人以上的超大特大城市积分落户政策,精简积分项目,确保社会保险缴纳年限和居住年限分数占主要比例。推进基本公共服务均等化,常住人口享有与户籍人口同等的教育、就业创业、社会保险、医疗卫生、住房保障等基本公共服务。二是以用人制度改革促进单位流动。加大党政人才、企事业单位管理人才交流力度,进一步畅通企业、社会组织人员进入党政机关、国有企事业单位渠道。降低艰苦边远地区基层公务员招录门槛,合理设置基层事业单位招聘条件,对退役军人、村(社区)干部等可进行专项或单列计划招录招聘。完善并落实基本养老保险关系跨地区跨制度转移接续办法。三是以档案服务改革畅通职业转换。流动人员人事档案可存放在公共就业服务机构、公共人才服务机构等档案管理服务机构,存档人员身份不因档案管理服务机构的不同发生改变。与单位解除劳动关系的大中专毕业生,可凭与原单位解除劳动关系证明、新单位接收证明转递档案。加快档案管理服务信息化建设,推进档案信息全国联通,逐步实现档案转递线上申请、异地通办。研究制订各类民生档案服务促进劳动力和人才社会性流动的具体举措。

《意见》还通过完善评价激励机制,拓展社会性流动空间以及健全兜底保障机制,阻断贫困代际传递等措施进一步畅通人员在不同区域、不同性质单位之间的流动渠道。

二、我国劳动力市场存在的问题和挑战

1.劳动力供需不平衡日益突出

近年来我国劳动力供给一直处于持续下降态势,这无疑加大了劳动力市场的不平衡性。来自国家统计局发布的2019年主要经济社会数据表明,16~59周岁的劳动年龄人口为89640万人,比2018年减少了89万人,占总人口的比重为64%。2012年以来,我国劳动年龄人口以每年三四百万的速度逐年递减,2012—2019年共计减少了2903万人。劳动力供给持续减少一

方面使得人口红利逐渐消失，潜在增长率下降，另一方面也加速了部分地区和行业面临招工难问题，尤其是更难招录到青年劳动力。人口结构变化还体现在老年人口及其占总人口的比例双双保持上升态势。国家统计局发布的 2019 年主要经济社会数据同时显示，60 岁及以上老龄人口由 2011 年 18499 万人（占总人口比重 14.32%）增至 2019 年 25388 万人（占总人口比重 18.1%），其中，65 岁及以上老龄人口由 2011 年 12288 万人（占总人口比重 9.12%）增至 2019 年 17603 万人（占总人口比重 12.6%）。与劳动力供给持续减少形成鲜明对比的是，我国劳动力市场需求端则保持旺盛态势。《2019 年度人力资源和社会保障事业发展统计公报》表明，2012—2019 年我国累计新增城镇就业人员数量 10588 万人。智联招聘发布的 2019 年第四季度《中国就业市场景气报告》显示，2019 年第四季度企业用工需求明显增加，招聘需求人数环比增幅为 23.22%。

同时，我国乡村就业人员数不断减少，城镇单位就业人员数持续增加。2019 年，乡村就业人数为 3.32 亿人，比 2018 年减少 943 万人；城镇就业人数为 4.42 亿人，比 2018 年增加 828 万人。城镇化水平继续提升的同时，吸纳了更多就业人口。从城乡人口结构看，2019 年我国城镇常住人口 84843 万人，比 2018 年增加 1706 万人；乡村常住人口 55162 万人，减少 1239 万人；城镇人口占总人口比重（城镇化率）为 60.60%，比 2018 年提高了 1.02 个百分点。随着我国城镇化进程的加快，我国农村劳动力存量将进一步减少，在一定时期内农村劳动力转移率会不断提高。

2. 劳动力市场结构性矛盾依然突出

劳动力市场结构性矛盾是中国过去十几年一直存在的一个突出问题。一方面，技术技能人才和高端人才依然需求旺盛；另一方面，低端劳动者数量仍然十分庞大，很难实现稳定和高质量就业。同时，与企业技术技能人才严重短缺相对应的是，每年都有一定数量的高校毕业生和低技能劳动者出现就业困难的情况。总体来看，劳动力市场的结构性矛盾，还是体现了我国经济结构转型时期，劳动力市场反应滞后的特征的具体表现。这一矛盾严重制约着转型时期生产力的发展。

第一，农民工数量庞大，但其受教育程度、技能水平与职业化程度均不高的问题。目前，中国城市就业人口约有4亿人，其中农民工占70%左右。从受教育程度来看，这2.9亿名农民工的学历水平普遍较低，按照2019年的统计，初中以下、高中、大专及以上学历的占比分别为72.3%、16.6%、11.1%。根据国家统计局2018年公布的数据，接受过农业或者非农职业技能培训的农民工只占32.9%，其中接受过非农职业技能培训的占30.6%，具备职业技能的农民工数量短缺，农村劳动力技能水平不适应现代产业发展要求的结构性失衡问题十分突出。

第二，第一、第二产业就业人数及比重持续下降，第三产业就业人数比重不断上升。党的十八大以来，我国三大产业就业结构发生显著变化。第三产业吸纳就业能力显著增强，三大产业就业人数占比从2013年的31.4：30.1：38.5调整为2018年的26.1：27.6：46.3，形成了"倒金字塔型"就业结构。产业间就业规模及比重的变化同样符合工业化发展一般规律。现代农业生产技术的进步、土地产权制度改革及农业生产方式转变等，形成了第一产业"就业挤出"的"推力"，第一产业劳动力需求不断减少，大量农村劳动力离开土地和农业。同时，第二产业在资本和技术稀缺的情况下，可以更多发挥劳动力成本低的比较优势，通过大力发展劳动密集型产业，第二产业形成了吸纳农村劳动力的"拉力"。近年来，随着自动化、信息化和智能化等技术进步，实体经济成本不断上升等，又形成了第二产业"就业挤出"的"推力"，制造业由过去的劳动密集型向资本技术密集型转移，第二产业劳动力需求不断减少，大量新生代农民工离开工厂和工业。同时，随着"网络经济""平台经济"及"共享经济"等兴起，第三产业尤其是新业态成为新的就业增长点。

3. 大学毕业生规模庞大与工作能力缺乏问题较为突出

中国自2000年起实行高校扩招，2019年中国大学生有834万人，留学生有50万人左右。大学生群体规模巨大，但是工作能力却严重缺乏。2004年麦肯锡咨询公司通过对上海75家跨国公司人力总监访谈后发现，中国每年培养了160万名年轻工程师，其中只有10%满足跨国公司对人才的实用技能与语言技能要求，而印度的这一比重则是25%。中国就业研究所2010年的一项调查显示，大学生就业难的原因有很多，首要因素是就业能力缺乏。

2019年，麦可思采用美国劳工部技能指标五大类35项指标，对中国本科和高职毕业生的工作能力和岗位要求能力进行评价，发现过去七年毕业生的整体工作能力有所提高，但基本工作能力满足度的提升程度有限，仅为4%。大学毕业生工作能力缺乏导致其就业质量较低，具体表现为大学毕业生平均收入低，且灵活就业比重上升过快。大学毕业生平均收入每年都在增加，但是大学毕业生年平均收入与社会平均工资的比值从2003年的90%以上持续下降到2011年的60%以上。在灵活就业方面，2003年大学毕业生从事自由职业、自主创业和灵活就业的比重只有4%，而到2017年这三项指标加起来的比重超过18%，这其中虽然存在一部分人的自主选择，但也有很多找工作困难的样本被迫灵活就业，待就业的比例从2003年的35.7%下降至9.68%，其中有一部分应当是转向灵活就业。

4. 区域劳动力市场发展不平衡

智联招聘发布的2019年第四季度《中国就业市场景气报告》反映，中国不同行政区域之间的就业市场景气指数差异较大，东部就业情况好得多，中西部稍差，东北问题比较突出。2019年第四季度，就业市场景气指数呈现东部、中部、西部以及东北地区依次递减的趋势，东部1.97，中部1.76，西部1.55，东北0.96。东部和东北地区指数环比上升（2019年第三季度就业市场景气指数，东部地区1.70，东北地区0.90）、同比下降（2018年第四季度就业市场景气指数，东部地区2.12，东北地区1.02），中西部地区则环比、同比均上升（2019年第三季度就业市场景气指数，中部1.53，西部1.22；2018年第四季度就业市场景气指数，中部1.61，西部1.41）。2019年第三、四季度以来，东北就业指数都是小于1，意味着在东北求职者的数量超过了工作职位空缺数量。京津冀地区就业竞争仍然激烈，长三角和珠三角地区的就业形势相对较好。东部沿海地区产业结构升级步伐加快，劳动力成本不断上升，一些纺织、食品等劳动密集型产业加速向内陆转移，随着东部沿海地区第二产业"机器换人"，新的就业岗位对人力资本技能素质要求提高。同时，中西部地区招商引资和经济增长加快，但劳动力成本还有比较优势，在加工制造业产业向中西部转移的同时，过去外出打工的劳动力开始回流，本地就业机会的增加、较低的生活成本和家人团聚等因素有利于劳动力返乡回流。但是，东北地区近年来人口流失等问题比较突出，随着老工业基地转型和企业兼并重组，一些传统就业岗位不断减少，重工业比较高、去产能任务比较重的地区职工安置压力较大。

5. 劳动参与率持续下降

近七年来我国劳动参与率延续了之前 20 多年的下降趋势，从 70.41% 下降到 2018 年的 68.72%。分年龄段来看，16~24 岁青年劳动力的劳动参与率因高等教育的普及而不断降低。青年劳动力的劳动参与率将在 2026 年下降到 33%；25~54 岁壮年劳动力的劳动参与率基本保持不变；55 岁以上老年劳动力的劳动参与率因不断改进退休福利而呈明显的下降趋势。总体来看，劳动参与率的变化会导致经济活动人口的减少，预计将从 2015 年的 7 亿人下降至 2026 年的 5.8 亿人。从结构上看，女性劳动参与率虽然始终低于男性，但变化相对稳定，下降幅度低于男性劳动参与率。各年龄段劳动参与率符合倒 U 型分布，静态看随着年龄上升劳动参与率先升后降，动态看 16~19 岁和 20~24 岁两个年龄段参与率下降幅度明显。我国劳动参与率下降主要原因是人口老龄化，中、高等教育招生规模扩大，以及劳动年龄人口就业意愿的下降。其中，最重要的原因是人口年龄结构老龄化，老年人口劳动参与率很低。其次，我国不同年龄段人口劳动参与率均有不同程度下降，其中 16~19 岁和 20~24 岁两个年龄段人口劳动参与率下降幅度最大。从结构角度看，除了老龄化和青年劳动参与率降低外，男性劳动参与率下降的现象也值得引起重视。按照一般就业理论，男性劳动参与率高于女性，由于传统社会中女性要花费更多时间照顾家庭，因此男性就业占比一般高于女性。男性劳动参与率下降和女性劳动参与率上升，表明就业岗位的性别差异（主要表现为体力差异）降低，第三产业尤其是服务业对女性劳动力需求增加，劳动参与率性别结构变化反映了产业结构和就业岗位特征的重大变化。我国近年来劳动参与率下降是由适龄劳动人口不断减少，同时，经济活动人口也出现减少，且减少幅度大于适龄劳动人口降幅造成的。我国适龄劳动人口比重降低导致劳动力参与率下降。这种劳动力人口出现减少既可能是绝对劳动力人数下降造成的，也可能是结构性的，即进入劳动力市场的人数出现减少。退出劳动力市场的推动因素包括以下方面：一是"退出效应"，由于工资率降低，失业率提高等，造成一部分低技能劳动力退出就业市场，年轻人的劳动力参与率下降；二是"福利效应"，临近退休人员会面临领取退休金或养老保险金的选择，社会保障待遇的提高会使一部分劳动力主动选择退休，从而使老年劳动力供给下降，另一方面，缺乏社会保障的老年人由于劳动能力下降被迫退出就业市场，造成劳动力参与率下降；三是"挤出效应"，在人口总抚养比上升情况下，中青年劳动力养老育儿压力增加，尤其是女性劳动力照顾家庭的时间增加，会减少参与劳动力市场供给的时间。如果上述效应大于工资上升带来的收入效应，那么劳动参与率下降则成为必然。

6. 劳动力市场机制还未完全形成

改革开放 40 年来，劳动力市场的发育和改革促进了就业扩大和劳动力重新配置，成为推动我国经济社会发展的重要动力。然而，由于种种因素，我国还没真正建成一个稳定、高效的劳动力市场，使得一些劳动力资源配置不充分现象依然存在，影响了劳动力市场潜能释放。深化关键领域改革是建成稳定、高效的劳动力市场的关键。其中，加快劳动力市场机制建设是推进劳动力市场领域深化关键领域改革的突破口。劳动力市场机制还未形成的主要原因在于劳动力市场存在制度性分割，且这种制度性分割又进一步促进劳动力资源的不充分配置，继而引发非充分就业问题。有研究通过测评劳动力市场成熟度来进一步探究劳动力市场制度性分割问题，研究结果显示，2000—2014 年，我国劳动力市场成熟度呈现一种正金字塔形的结构，成熟度均值由 2000 年的 32.99 分增至 2014 年 34.26 分，呈现上升趋势，但数值总体偏低。分地区看，经济越发达的省份劳动力市场成熟度水平越高。由东向西属于较高级类型的省份逐渐减少，属于较低级类型的省份逐渐增多。劳动力市场成熟度排名靠前的省份集中在东部地区，排名靠后的省份集中在中西部地区和东北地区，劳动力市场东西条块分割特点明显，这阻碍了劳动力市场机制的发挥。

三、我国劳动力市场的发展趋势

1. 劳动力供给持续下降

2019年年末我国总人口突破14亿人，全年出生人口1465万人，出生率和死亡率分别为10.48‰和7.14‰，人口自然增长率为3.34‰。2019年，我国出生人口比上年减少58万人，与2017年和2018年相比，减少人数分别缩小5万人和142万人。"全面两孩"政策实施四年来，政策累积效应在前两年集中释放，导致生育率呈现先升后降的现象，2018年出生人口下降幅度明显。2018年，我国65岁及以上人口比重达到11.9%，0~14岁人口占比降至16.9%，人口老龄化程度持续加深。从性别结构看，2019年我国男性人口达到7.15亿人，女性人口为6.85亿人，总人口性别比为104.45（以女性为100）。2010年至2019年，男性人口从6.87亿人增加到7.15亿人，年均增幅为0.47%，女性人口从6.53亿人增加到6.85亿人，年均增幅为0.53%。规模上看，2018年男性比女性人口多出3000万人，占比比女性人口高出2.26个百分点。但是，从趋势上看，2010年以来男性人口比重不断降低，从51.27%下降到51.13%，而女性人口比重从48.73%增加到48.87%。人口是劳动力的基数，虽然女性劳动参与率略低于男性，但在劳动力参与率降幅也低于男性的情况下，女性劳动力规模的变化值得关注。2019年年末，我国适龄劳动人口中，16~59岁人口为89640万人，占全部人口的64.0%；60~64岁上人口为7785万人，约占全部人口的5.4%。与2018年相比，16~59岁劳动年龄人口减少89万人，比重下降0.28个百分点。适龄劳动人口规模下降成为劳动力供给不足的重要表现和原因。目前，我国不同年龄段劳动力的劳动时间供给近年来有所上升，尤其是2015年以来，各年龄段劳动时间供给增加的情况比较普遍。出现这种情况的主要原因是，就业市场中工资率上升、工作条件改善等吸引劳动者工作和提高劳动意愿的"拉力"因素在增加，同时也表明在总抚养比上升的背景下，家庭劳动和受教育的机会成本不断加大，推动劳动者"创收"的"推力"因素也在增加。

2. 农村劳动力加快向城镇转移

城乡二元结构是我国经济社会发展的基本国情,改革开放以来,我国农村劳动力不断向城市转移,跨区域的城乡劳动力流动成为我国劳动力市场的一个重要特点。近年来,我国乡村就业人员数不断减少,城镇单位就业人员数持续增加。2019年乡村就业人数为3.32亿人,比2018年减少943万人;城镇就业人数为4.42亿人,比上年增加828万人。城镇化水平继续提升的同时,吸纳了更多就业人口。从城乡人口结构看,2019年我国城镇常住人口84843万人,比2018年增加1706万人;乡村常住人口55162万人,减少1239万人;城镇人口占总人口比重(城镇化率)为60.60%,比2018年提高了1.02个百分点。动态看,我国劳动力流动规模庞大,但流动人口总量在下降。2019年,全国人户分离2.80亿人,比2018年年末减少613万人,其中流动人口2.36亿人,比2018年年末减少515万人。农民工是城乡劳动力转移的主力军,近年来我国农民工总量继续增加,增速有所回落。根据国家统计局《农民工监测报告》,2019年我国农民工总量为29077万人,比上年增加241万人,增长0.8%,增速比上年回升0.2个百分点。农民工流动趋势是区域经济活力的"晴雨表",尤其是在劳动力供给不足、技能工人短缺的情况下,一些地区纷纷出台政策吸引包括农民工在内的劳动者落户。随着我国城镇化进程的加快,我国农村劳动力存量将进一步减少,在一定时期内农村劳动力转移率会不断提高,之后开始出现下降。借鉴转型国家城市化经验与教训,农村劳动力向城市转移将给城市基本公共服务带来挑战,如果城市化与工业化进程相匹配,就能在城市创造充分的就业,吸纳农村就业人口,如果城市化快于工业化,则有可能造成"城市失业人群"和"城市贫困"等问题。如果城市化慢于工业化,则会延缓农村劳动力向市民和产业工人转变,阻碍工业化进程,抑制人力资源活力的发挥。

3. 劳动力市场化需求仍会继续扩大

当前,我国经济进入"新常态",经济增长由高速增长向中高速增长和高质量增长转变,2018年国内生产总值增速为6.6%,2019年增速下降到6.1%,虽有降低但仍明显高于全球经济增速。改革开放以来,我国经济呈现很长一段时期的高速增长,经济总量每增长一个百分点所创造的就业规模是不同的,经济总量越大，每个百分点带动的就业规模越大。2019年国内生产总值增长一个百分点，就业岗位的创造要比十年前多。因此，我国经济增长速度虽然放缓，并不意味着就业就会出现大规模下降，由于我国经济存量、市场规模不断扩大，经济产业结构具有多样性，可以预期我国劳动力市场需求和规模仍将不断扩大。我国目前仍处于工业化中后期阶段，不少部门还处于产业链的中低端，市场中增加的岗位大部分是一线普通工人和服务员，行业也多分布在制造业、服务业等劳动密集型行业。但是，近年来我国人工智能、互联网和自动化技术快速发展，一些企业加快推进"机器换人"，一些重复性、流程性和安全风险高的岗位开始大规模自动化，对低技能劳动力的需求多转向普通操作工、一线客服、物流快递等对受教育和技能要求相对较低的岗位。未来，基于我国供应链、价值链和产业链的升级，第一、二、三产业的岗位结构也将发生深刻变化。从中国就业培训技术指导中心发布的102个定点监测城市公共就业服务机构劳动力市场数据统计来看，2019年第三、四季度的短缺职业主要分布社会生产服务和生活服务人员，其次才是生产制造及有关人员和专业技术人员。以2019年第三季度的短缺职业排名为例，短缺职业主要集中在社会生产服务和生活服务人员，生产制造及有关人员两大类，两个大类的占比达到了78%。营销员、餐厅服务员、保安员、焊工、保洁员、商品营业员和车工7个职业一直稳居劳动力市场需求前10名，特别是营销员一直稳居第一。可以预见，未来一个时期，这些职业的需求依旧会保持比较旺盛的态势。

4. 新一轮技术革命在减少岗位的同时创造就业机会

人工智能等新技术对就业有消极和积极两个方面的影响，在减少一部分就业岗位的同时也会创造新的就业机会。在实体经济领域，2019年我国制造业企业用工下降，城镇制造业的单位就业人员不断减少。根据中国统计年鉴数据，2019年我国制造业从业人员平均人数为9739.4万人，比2018年年末减少214.7万人，下降2.16%。虽然制造业从业人数总体下降，但从业人员在行业间的分布出现了积极变化，逐渐由传统的原材料制造、高耗能行业向先进制造业转移，反映了制造业转型升级、结构调整取得成效。与此同时，以网络经济、平台经济和零工经济为代表的新兴服务业创造了大量新就业岗位，吸纳了大量劳动力。第三产业在1994年和2011年分别超过第二产业和第一产业，成为吸纳就业人数最多的产业。特别是党的十八大以来，服务业蓬勃发展，2013—2019年占就业人员比重平均每年增加1.7个百分点，第三产业从业人员就业占比从2014年的40.6%上升到2019年的47.4%，近6年呈现持续上升趋势。非公经济是服务业的主体，因此非公经济发展对就业岗位创造起到了关键作用，2019年城镇非公有制经济就业人员占比从1978年的0.2%提高到91.59%，城镇私营企业和个体就业人员达到40524.4万人，占城镇就业人员的91.59%。创新和技术进步一直是影响就业形态的重要因素。技术进步会对就业产生"替代效应"，技术进步通过淘汰旧的生产方式，在短期内会对就业产生明显的破坏并造成失业率上升。同时，广义的技术进步也会带来就业的"创造效应"，随着新技术大规模应用，将带来生产率的提高和新产品及中间产品的扩张，会创造新的就业岗位。综合来看，技术进步对就业影响程度取决于两个方面的"净效应"，只要生产扩张带来的就业创造效应大于技术进步带来的替代效应，就不会出现大规模失业问题。从此次以人工智能为代表的新一轮技术变革看，智能化在短期内会替代就业岗位并造成失业率上升，但同时技术进步也会创造新的就业岗位，因此，如同工业革命以来的情况，智能化会引起就业岗位的结构性变化，但不会完全取代人的就业。

四、促进我国劳动力市场发展的意见和建议

1. 创新和完善劳动力市场宏观调控

对于劳动力资源区域配置失衡问题，首先是要继续深化户籍制度改革，给"户口松绑"，稳步推行居民户口登记制度，取消招聘、待遇设定时身份因素限制或歧视。其次是健全各行业相协调的工资增长机制，主动减轻中低收入劳动者税负，严格控制垄断性行业巨额红利和高管年薪。再次是着力改革现有的社会保障体制，增强社会保障的公平性、可持续性和流动性，消除重点群体保障过度和保障不足问题，尽早建成合理兼顾各类劳动者的社会保障待遇确定机制、正常调整机制和转移接续机制。最后是借助"互联网+"建立共享式就业公共服务平台，切实为高校毕业生、城市能人、返乡群体、

退役军人等基层就业创业提供全方位政策支持。对于就业形态不平衡问题，一则需要借助更加积极的就业创业政策，纵深推进商事制度改革，为自雇创业"清障搭台"，着力提升劳动力市场中自雇创业比重。二则通过精细化的就业促进政策，为平台型就业等新就业形式提供厚实的安全就业保障，巩固工资性就业效能，最终形成高效治理非自愿性失业等问题的长效机制。

2. 不断提高劳动参与率

研究出台延迟退休政策，应对随老龄化进程加快和老龄人口增加导致的更多人口退出劳动力市场的情况。研究出台进一步优化生育的政策，应对生育率下降造成的近期和长期影响，避免下一代际劳动力增长率继续降低和青年劳动力供给不足的情况。要健全优化社会保障体系和保障生育的配套政策，应对总抚养比上升导致劳动年龄人口家庭负担加重，女性及青年劳动力供给积极性不足的问题，减少临近退休人员重新进入劳动力市场的后顾之忧。要研究出台保护女性就业的政策。要关注女性进入劳动力市场的原因，这不仅影响到宏观劳动力供给规模，也关系到生育、教育、退休及劳动保护等方面的政策。女性劳动力供给与家庭经济行为密切相关，在研究全面放开生育政策的过程中，应重点研究适龄女性劳动人口的孕期、养育子女及赡养老人等方面的权益保护等问题。要研究出台促进农村劳动力向城市转移流动的配套政策措施。首先是对城市基本公共服务均等化提出更高要求，自由迁徙是基本劳动权益，劳动力的合理流动也是人力资源优化配置的重要方式。但是，目前东部沿海城市尤其是特大城市对异地户籍劳动力的管理服务方式仍很粗放，在子女教育、医疗、社保、住房等方面的基本公共服务供给不足。其次是农民工向现代产业工人转变和农民向市民转变过程中，需要进一步提升劳动技能，加快学习和更新传统知识结构，通过人力资本投资适应工业化、信息化和城市化。最后是要关注农村劳动力流失后的乡村空心化和农业产业转型问题，农村劳动力向城市流动是工业化普遍规律，但是传统农村、农民和农业也是我国基本国情，为实施乡村振兴战略，应通过加快县乡行政改革、现代农业技术开发及农村集体产权改革等措施应对农村劳动力流失。要研究优化人力资本供给结构提升劳动力供给质量的措施。新技术革命呼唤新时代的劳动者。加大人力资本投资水平，深入挖掘人口质量红利，加快教育体制机制改革，提升我国劳动力技能素质水平，是适应我国经济结构调整和产业转型升级需要的必然要求。着力推进职业技能提升行动，扩大中等职业学校、技工院校招生规模，引导社会资源投入职业院校发展，增加技工供给数量。

3. 着力提高就业稳定性

要加强分类瞄准、稳定用策、精准发力，其最终目的在于稳定就业增长。为更好应对科技进步、国际争端、供给侧结构性改革等带来的劳动力市场不稳定，政府需要织密制度网、打好政策组合拳以便更好适应劳动力市场变化，促进稳定就业。首先是为抵御科技进步对典型群体就业替代，应强化对新生代农民工、高校毕业生、退役军人、化解产能过剩转岗人员等就业力、职业精神的塑造与提升，如分别制订不同就业群体的职业技能培训方案，为适应这些群体就业发展需要而加强职业教育、高等教育供给侧结构性改革，为建立一支真正的知识型、技能型、创新型劳动者大军营造良好的政策和制度氛围。其次是政府需对科技产业进行统筹规划，如在积极推进《机器人产业发展规划（2016—2020年）》《国务院关于印发新一代人工智能发展规划的通知》（国发〔2017〕35号）等过程中，需要相关配套预案精准干预，使得就业市场转换更加平缓。再次是应加强完善和创新国际贸易争端解决机制，如设立独立的、专门的国际贸易争端解决机构，增强及时、高效处理国际贸易争端能力，尽早更好规避国际贸易争端对劳动力市场负面传导效应。建立以仲裁为主、政治外交手段为辅的争端解决机制，通过战略贸易协定明确制定仲裁、仲裁程序、时限、裁决规则与执行等具体操作规定，将调解、调停等政治外交手段置于仲裁或其他法律手段之前应用，有效化解贸易就业战风险。再其次是需稳步做好精准就业扶贫。在精准帮扶基础上，结合产业扶贫、电商扶贫等举措，重点推进扶贫车间建设，创设就业扶贫公益性岗位，支持一批能人返乡下乡创业，带动当地贫困劳动力就业。最后是精细推进供给侧结构性改革，加强经济政策、产业政策与就业政策衔接，强化经济增长对更好更多就业岗位的带动作用。

第四章 就业促进与发展

2019年，面对国内外风险挑战明显上升的复杂局面，在以习近平同志为核心的党中央坚强领导下，全党全国贯彻党中央决策部署，坚持稳中求进的工作总基调，坚持以供给侧结构性改革为主线，推动高质量发展，扎实做好"六稳"工作，保持经济社会持续健康发展，三大攻坚战取得关键进展，精准脱贫成效显著，金融风险有效防控，生态环境质量总体改善，改革开放迈出重要步伐，供给侧结构性改革继续深化，科技创新取得新突破，人民群众获得感、幸福感、安全感提升。在经济形势向好的有力推动下，就业形势保持总体稳定发展态势。城镇就业规模持续扩大，失业水平处于调控目标之下，重点群体就业保持稳定；同时，就业形势更加复杂，就业发展面临更多挑战，部分就业指标走势趋弱，就业结构性矛盾依然突出，失业风险有所积聚，稳就业压力有所增加。

一、2019年我国就业总体状况

1. 就业局势总体稳定

2019年年末全国就业人员77471万人，其中城镇就业人员44247万人。全年城镇新增就业1352万人，实现政府工作报告确定的年增超过1100万人的目标，延续就业高增长态势，是2008年以来的第二高位。在劳动年龄人口持续下降的情况下，城镇就业规模持续扩大，比2018年增加828万人。全国农民工总量29077万人，比2018年增长0.84%。其中本地农民工11652万人，比2018年增加82万人，增长0.7%；外出农民工17425万人，比2018年增加159万人，增长0.9%。

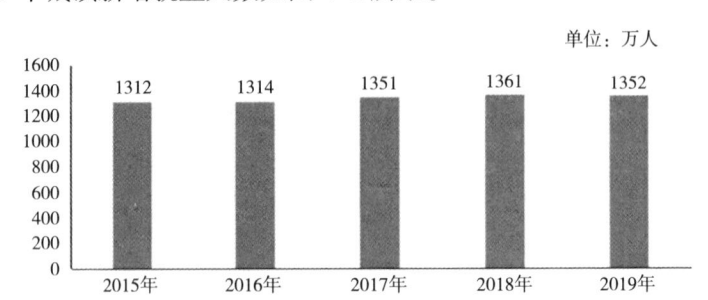

近 5 年城镇新增就业人数如图 4-1 所示。

单位：万人

年份	2015年	2016年	2017年	2018年	2019年
人数	1312	1314	1351	1361	1352

注：数据来源于人力资源和社会保障部。

图 4-1 近 5 年城镇新增就业人数

第三产业就业人数不断增长，"三、一、二"模式基本确立。近五年来，我国第三产业的就业人数不断上升，占总就业人口的比重也逐年加大。至 2019 年，从事第一产业和第二产业的就业人数分别为 19445.2 万人和 21304.5 万人，占总就业人数的 25.1% 和 27.5%；而此时从事第三产业的就业人数为 36721.3 万人，占总就业人数的 47.4%（见图 4-2、图 4-3 和图 4-4）。测算表明，服务业每增长 1 个百分点带动的就业人数大约比第二产业多 20%，服务业的平稳较快发展对保持就业稳定发挥了重要贡献，近 5 年来，我国第三产业就业人员数量及占比不断保持增长状态。

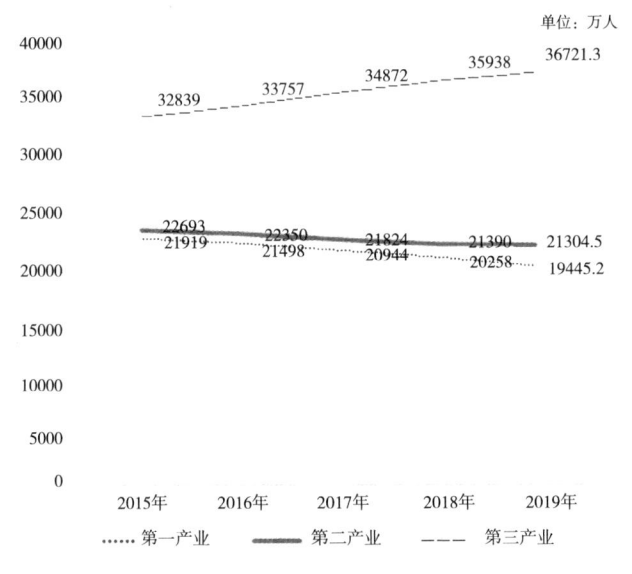

单位：万人

第三产业：2015年 32839，2016年 33757，2017年 34872，2018年 35938，2019年 36721.3

第二产业：2015年 22693，2016年 22350，2017年 21824，2018年 21390，2019年 21304.5

第一产业：2015年 21919，2016年 21498，2017年 20944，2018年 20258，2019年 19445.2

注：数据来源于国家统计局网站数据库。

图 4-2 2015—2019 年三大产业就业人数变化

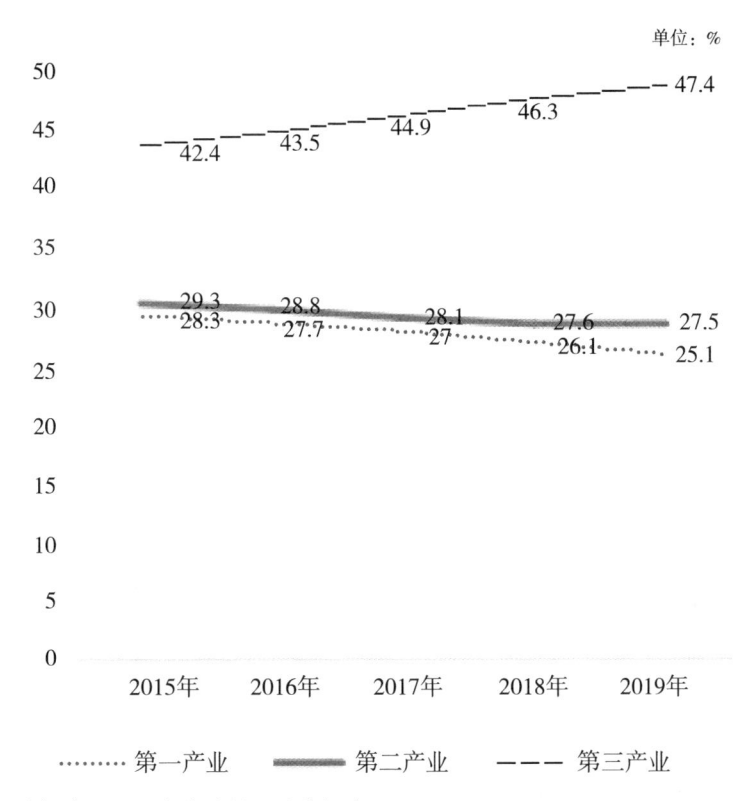

第一部分　企业劳动关系状况

注：数据来源于国家统计局网站数据库。

图 4-3　2015—2019 年三大产业就业比例变化

注：数据来源于人力资源和社会保障部。

图 4-4　近 5 年全国就业人员产业构成情况

中国企业劳动关系状况报告（2019）

从近十年趋势来看（见图4-5），我国城镇人口失业人数稳中有升，2016年达到最高峰982万人，然后失业率稳中有降，且从2018年开始，下降速度增快，但总的来看，尽管近几年国内经济稳步发展，为社会提供了更多的就业机会，但是相较于庞大的待就业群体，新增的劳动岗位无法完全满足社会就业需求。

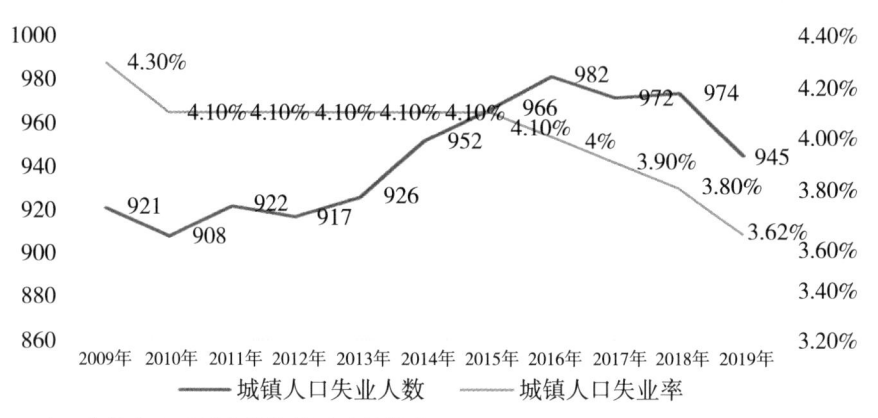

注：数据来源于国家统计局网站数据库。

图4-5 2009—2019年我国城镇登记失业率和失业人数

2019年全国共帮助5.1万户零就业家庭实现每户至少一人就业，并有3.1万名高校学生到基层工作。年末累计帮扶1213万名农村建档立卡贫困户劳动力就业。人力资源服务机构达到3.96万家，相关从业人员67.48万人，2019年全年帮助了2.55亿人次劳动者实现就业、择业和流动。

近5年城镇新增就业人数如图4-6所示。

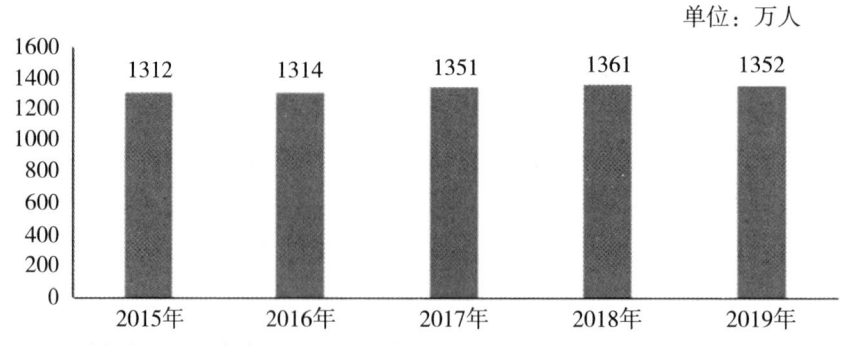

单位：万人

年份	人数
2015年	1312
2016年	1314
2017年	1351
2018年	1361
2019年	1352

注：数据来源于人力资源和社会保障部。

图4-6 近5年城镇新增就业人数

近 5 年城镇失业人员再就业情况如图 4-7 所示。

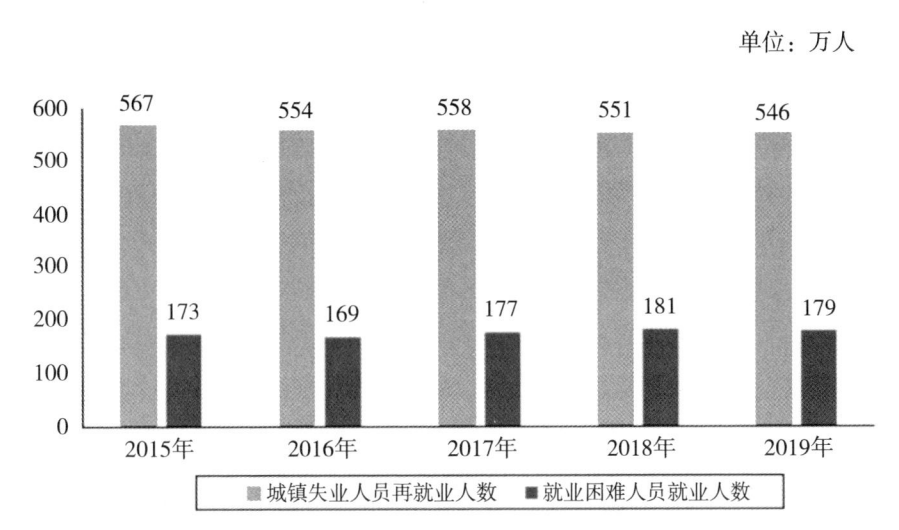

单位：万人

图 4-7 近 5 年城镇失业人员再就业情况

年份	城镇失业人员再就业人数	就业困难人员就业人数
2015年	567	173
2016年	554	169
2017年	558	177
2018年	551	181
2019年	546	179

注：数据来源于人力资源和社会保障部。

图 4-7 近 5 年城镇失业人员再就业情况

近 5 年城镇登记失业情况如图 4-8 所示。

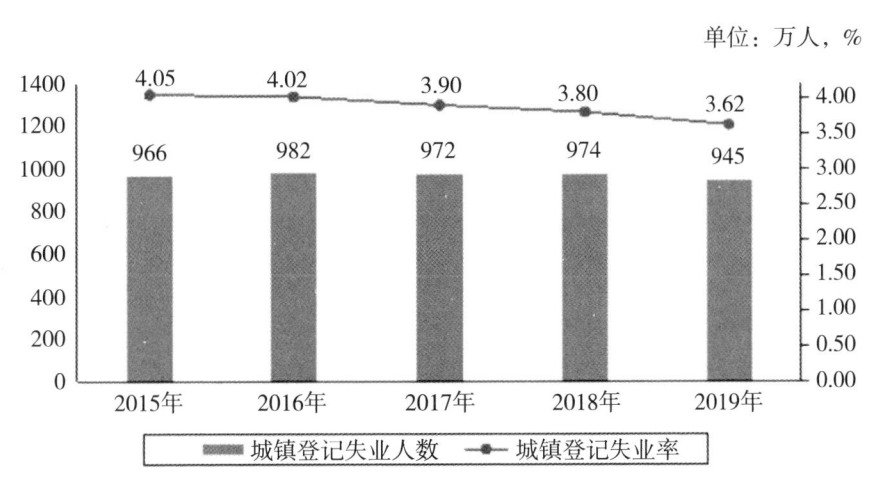

单位：万人，%

年份	城镇登记失业人数	城镇登记失业率
2015年	966	4.05
2016年	982	4.02
2017年	972	3.90
2018年	974	3.80
2019年	945	3.62

注：数据来源于人力资源和社会保障部。

图 4-8 近 5 年城镇登记失业情况

2. 国家和地方高度重视实施就业优先政策

2019 年，在经济下行压力持续加大的趋势下，党中央、国务院高度重视就业问题，持续加大就业政策支持力度，对就业工作做出了一系列决策部署，一系列相关政策措施相继出台实施。

《2019年政府工作报告》（以下简称《报告》）明确将就业政策作为三大宏观政策之一，加强宏观政策的协调配合，同时明确提出就业优先政策全面发力。《报告》指出，首次将就业优先政策置于宏观政策层面，旨在强化各方面重视就业、支持就业的导向。当前和今后一个时期，必须把就业摆在更加突出位置。稳增长首要是为保就业。2019年城镇新增就业要在实现预期目标的基础上，力争达到近几年的实际规模，既保障城镇劳动力就业，也为农业富余劳动力转移就业留出空间。《报告》强调，要多管齐下稳定和扩大就业。扎实做好高校毕业生、退役军人、农民工等重点群体就业工作，加强对城镇各类就业困难人员的就业帮扶。对招用农村贫困人口、城镇登记失业半年以上人员的各类企业，三年内给予定额税费减免。加强对灵活就业、新就业形态的支持。坚决防止和纠正就业中的性别和身份歧视。实施职业技能提升行动，从失业保险基金结余中拿出1000亿元，用于1500万人次以上的职工技能提升和转岗转业培训。健全技术工人职业发展机制和政策。加快发展现代职业教育，既有利于缓解当前就业压力，也是解决高技能人才短缺的战略之举。

为进一步加强对就业工作的组织领导和统筹协调，凝聚就业工作合力，更好实施就业优先政策，国务院决定成立国务院就业工作领导小组，作为国务院议事协调机构。主要职责是贯彻落实党中央、国务院关于就业工作的重大决策部署；统筹协调全国就业工作，研究解决就业工作重大问题；研究审议拟出台的就业工作法律法规、宏观规划和重大政策，部署实施就业工作改革创新重大事项；督促检查就业工作有关法律法规和政策措施的落实情况、各地区和各部门任务完成情况，交流推广经验。

为应对经济因素对就业的影响，国务院于2019年年底出台了《国务院关于进一步做好稳就业工作的意见》（以下简称《意见》），作为当前阶段的综合性就业政策文件。《意见》就稳就业工作提出了六个方面重点举措。一是支持企业稳定岗位。将阶段性降低失业保险和工伤保险费率、失业保险稳岗返还及职工在岗培训补贴政策延续实施1年。加强对民营企业和小微企业的金融支持，引导企业开拓国内市场，规范企业裁员行为。二是开发更多就业岗位。支持社区生活、家政、旅游、托育、养老等吸纳就业能力强的服务业发展。合理扩大有效投资，适当降低部分基础设施等项目资本金比例。研究适时进一步降低进口关税和制度性成本。三是促进劳动者多渠道就业创业。降低小微企业创业担保贷款申请条件。启动新就业形态人员职业伤害保障试点，抓紧清理取消不合理限制灵活就业的规定。对享受灵活就业社会保险补贴或从事公益性岗位政策期满仍未稳定就业的困难人员，政策享受期限可延长1年。四是大规模开展职业技能培训。大力推进职业技能提升行动，扩大技能人才培养培训规模，加强职业培训基础能力建设。组织城乡未继续升学的初高中毕业生、20岁以下有意愿的登记失业人员参加劳动预备制培训，按规定给予培训补贴。五是做实就业创业服务。健全就业信息监测系统，开放线上失业登记入口，实现失业人员基本信息、求职意愿和就业服务跨地区共享。加强重大项目、重大工程、专项治理对就业影响跟踪应对。市级以上公共就业人才服务机构要实现岗位信息在线发布，并向上归集。实施基层公共就业服务经办能力提升计划，建立登记失业人员定期联系和分级分类服务制度。六是做好基本生活保障。及时兑现失业保险待遇，对领取失业保险金期满仍未就业且距离法定退休年龄不足1年的人员，可继续发放失业保险金直至法定退休年龄。对生活困难的失业人员，按规定及时纳入临时生活补助、最低生活保障和临时救助等范围。《意见》强调，要加强稳就业工作组织保障，完善工作组织协调、资金投入保障、就业形势监测、突发事件处置、舆论宣传引导五项机制，推动各地切实履行稳就业主体责任，汇聚稳就业强大合力。

同时，2019年人力资源和社会保障部联合有关部门出台了一系列针对诸如高校毕业生就业创业，化解过剩产能中职工安置，高校毕业生"三支一扶"计划实施，促进妇女就业等重点人群的就业相关的扶持鼓励政策。并开展关于就业政策落实服务落地专项行动。

3.共享经济稳就业的作用继续显现

2019年是我国共享经济深度调整的一年。一方面，市场交易规模显著放缓；另一方面，平台发展理念和行为更加成熟，发展质量逐步得到重视。共享经济总体发展趋势向好。根据国家信息中心《中国共享经济发展报告2020》中的数据显示，2019年我国共享经济市场交易规模约为32828亿元，同比增长约 11.6%,增速较 2018 年出现大幅下降。增速的大幅下滑,意味着共享经济的发展模式正从高速发展逐步走向理性和平稳发展时期。从 2019 年增速来看,除共享住宿与 2018 年大致持平之外,其他领域的增速普遍出现大幅下降。共享住宿和知识技能两个领域增长最快,增速在 30% 以上,交通出行、生活服务两个领域增速最慢,均低于 10%,并且连续两年下降。

2019 年在整体就业形势面临较大压力的情况下,共享经济领域的就业仍然保持了较快的增长速度,对于稳就业发挥了积极作用,《中国共享经济发展报告 2020》提出,共享经济的发展一方面推动了灵活就业、兼职就业、创业式就业等新就业形态的发展;另一方面强化就业支持,为从业人员赋能。2019 年我国共享经济参与者人数约 8 亿人,其中服务提供者约 7800 万人。平台企业员工数约 623 万人,同比增长约 4.2%。由于共享经济灵活用工、弹性就业的特点,使得服务提供者能够以兼职形式获得收入,兼职就业成为共享经济领域具有代表性的就业形式。滴滴平台上兼职司机大约占到九成,78.9% 的兼职司机每天在线时间少于 5 小时;美团平台上 52% 的骑手每天工作 4 个小时以下;爱彼迎平台上近九成的中国房东是兼职。

共享经济平台还为社会特定群体提供了就业渠道。借助于共享平台就业的灵活性、包容性特点,许多残障人士在知识技能共享领域找到了就业机会,成为网络主播、设计师、培训师等。喜马拉雅依托自身平台、内容、技术等优势,开展针对残障人士的主播培训,积极探索就业扶贫新方式。到 2019 年年底,残障人士主播培训已开展 30 期,覆盖 9 个省(区、市),培训 1000 余人,其中 100 余人成为平台签约主播。

除了对直接就业的促进作用之外,共享经济平台还能依托企业自身业务的发展,带动上下游关联产业的间接就业。滴滴平台创造了包括网约车、代驾等在内的大约 1200 万个直接就业机会,还带动了包括汽车生产、销售、加油及维保等在内的 630 多万个间接就业机会。在共享住宿领域,每增加 1 个房东就能带动 2 个灵活就业岗位。

共享经济平台还发挥了重要的赋能和就业支持作用。共享办公平台不仅为创业者提供了低成本的办公场地,而且也提供了订单、人才、资金等资源对接服务,同时还可提供技术、营销、财务法务等咨询服务,有力地促进了创业式就业。

4. 农民工就业规模继续扩大

根据国家统计局《2019年农民工监测调查报告》显示 2019年农民工总量达到29077万人，比2018年增加241万人，增长0.8%（见图4-9）。其中，本地农民工11652万人，比2018年增加82万人，增长0.7%；外出农民工17425万人，比2018年增加159万人，增长0.9%。在外出农民工中，年末在城镇居住的进城农民工13500万人，与2018年基本持平。

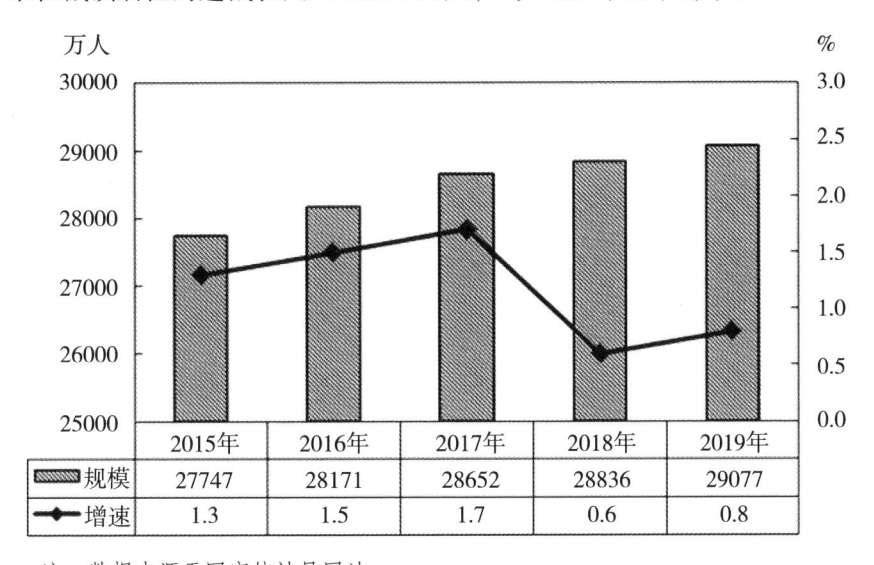

	2015年	2016年	2017年	2018年	2019年
规模	27747	28171	28652	28836	29077
增速	1.3	1.5	1.7	0.6	0.8

注：数据来源于国家统计局网站。

图 4-9 农民工规模及增速

在外出农民工中，在省内就业的农民工9917万人，比2018年增加245万人，增长2.5%；跨省流动农民工7508万人，比2018年减少86万人，下降1.1%。省内就业农民工占外出农民工的56.9%，所占比重比2018年提高0.9个百分点。分地区看，除东北地区省内就业农民工占外出农民工的比重比上年下降3.4个百分点以外，东部、中部和西部地区省内就业农民工占比分别比2018年提高0.1、1.4和1.2个百分点。

全部农民工中，男性占64.9%，有配偶的占80.2%，平均年龄为40.8岁，比2018年提高0.6岁；1980年及以后出生的新生代农民工占总体农民工比重为51.5%，但受教育水平普遍较低，超一半农民工受教育水平为初中。从未上过学的农民工占比1.2%，小学文化程度的农民工占比15.5%，初中文化程度的农民工占比55.8%，高中文化程度的农民工占比16.6%，大专及以上的农民工占比10.9%（见图4-10）。在外出农民工中，受教育水平为大专及以上文化程度的占比13.8%，较2018年增长了0.3%。从就业地区看，农民工主要集中在东部地区就业，有15808万人，占比54.8%，其中，在京津冀地区就业的农民工2188万人，在长三角地区就业的农民工5452万人，在珠三角地区就业的农民工4536万人。从农民工输出地看，东部地区输出最多，为10416万人，占农民工总人数的36%，比2018年增加了0.1%；其次是中部地区和西部地区，分别输出农民工9619万人和8051万人，占农民工总人数的33%和28%，较2018年均有增长；最后是东北地区，输出991万人，占比3%，较2018年增长21万人（见图4-11）。从农民工输入地看，东部地区吸纳15700万人，占总人数的54%，比2018年减少了0.7%。其中，在京津冀地区就业的农民工2208万人，比2018年增加20万人，增长0.9%；在苏浙沪地区就业的农民工5391万人，比2018年减少61万人，下降1.1%；中部地区吸纳6223万人，占总人数的22%，比2018年增长2.8%；西部地区吸纳6173万人，占总人数的21%，比2018年增长3%；东北地区吸纳895万人，占总人数的3%。比2018年下降1.1%（见图4-12）。

注：数据根据《2019年农民工监测调查报告》整理所得。

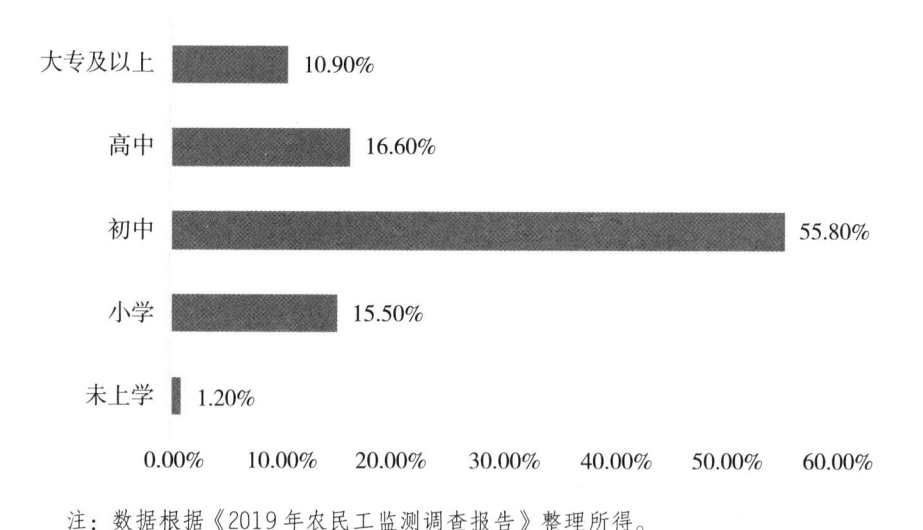

图4-10 2019年农民工受教育水平占比分布情况

第一部分 企业劳动关系状况

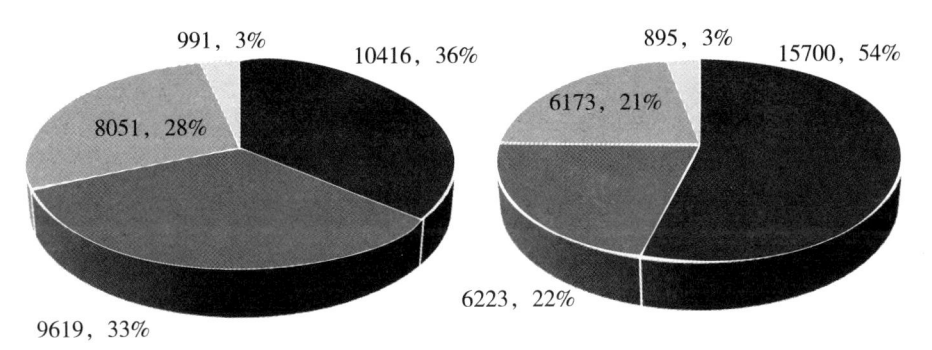

左图数据：991，3%；10416，36%；8051，28%；9619，33%

右图数据：895，3%；15700，54%；6173，21%；6223，22%

■东部地区 ■中部地区 ■西部地区 ■东北地区　　■东部地区 ■中部地区 ■西部地区 ■东北地区

注：数据根据《2019年农民工监测调查报告》整理所得。

图4-11　2019年农民工输出地分布情况　　图4-12　2019年农民工输入地分布情况

农民工从事行业多为建筑、制造、交通运输业。从事第三产业的农民工超农民工总人数的一半，达到了51%，较2018年增长了0.5%。其中，从事交通运输仓储邮政业和住宿餐饮业的农民工较多，比重均为6.9%，分别比上年提高0.3和0.2个百分点。从事第二产业的比重则为48.6%，与2018年相比下降了0.5%。其中，从事制造业的农民工比重为27.4%，比2018年下降0.5个百分点，从事建筑业的比重为18.7%，与2018年相比增长了0.1个百分点（见表4-1）。

表4-1　2018—2019年农民工从事行业分布情况

单位：%、百分点

	2018年	2019年	增减
第一产业	0.4	0.4	0.0
第二产业	49.1	48.6	−0.5
其中：制造业	27.9	27.4	−0.5
建筑业	18.6	18.7	0.1
第三产业	50.5	51.0	0.5
其中：批发和零售业	12.1	12.0	−0.1

续表

	2018 年	2019 年	增减
交通运输仓储邮政业	6.6	6.9	0.3
住宿餐饮业	6.7	6.9	0.2
居民服务修理和其他服务业	12.2	12.3	0.1
其他	12.9	12.9	0.0

注：数据根据《2019年农民工监测调查报告》整理所得。

农民工平均年龄增大，50岁以上所占比例不断提升。据相关报道显示，2019年我国农民工平均年龄达到40.8岁，较2018年增加了0.6岁。从农民工的年龄构成来看，40岁以下占比为50.6%，较2018年下降了1.5%，而50岁以上占比为24.6%，较2018年上升了2.2%，近五年以来该比例是在不断上升（见表4-2）。分就业地来看，在当地就业的农民工平均年龄为45.5岁，其中40岁以下占比为33.9%，50岁以上占比为35.9%；外出就业的农民工平均年龄为36岁，其中40以下占比为67.8%，50岁以上占比为13%。外出就业的农民工比本地务工的农民工平均年龄要低9.4岁，整体偏年轻。

表4-2 2015—2019年农民工年龄占比分布情况

	2015 年	2016 年	2017 年	2018 年	2019 年
16~20 岁	3.7	3.3	2.6	2.4	2.0
21~30 岁	29.2	28.6	27.3	25.2	23.1
31~40 岁	22.3	22.0	22.5	24.5	25.5
41~50 岁	26.9	27.0	26.3	25.5	24.8
50 岁以上	17.9	19.1	21.3	22.4	24.6

注：数据根据《2019年农民工监测调查报告》整理所得。

农民工工资增速较平稳，地区间、行业间增速不同。据相关数据显示，2019年农民工总体平均月工资收入为3962元，较2018年增加了241元，增长率为6.5%，而根据《中国劳动统计年鉴2019》显示，全国在岗职工月均收入为5750元，比农民工平均工资高1788元。分行业来看，制造业行业农民工月均工资为3958元，较2018年增加了226元，增长率为6.1%；建筑业农民工月均工资为4567元，较2018年增加了358元，增长率为8.5%；批发和零售业农民工月均工资为3472元，较2018年增加了209元，增长率为6.4%；交通运输仓储邮政业农民工月均工资为4667元，较2018年增加了322元，增长率为7.4%；住宿餐饮业农民工月均工资为3289元，较2018年增加了141元，增长率为4.5%；居民服务和其他服务业农民工月均工资为3337元，较2018年增加了135元，增长率为4.2%（见表4-3）。分从业地点来看，外出务工的农民工工资收入的增速高于在本地就业的农民工。外出就业的农民工月均工资为4427元，较2018年增加了320元，增长率为7.8%，而在本地就业的农民工月均工资为3500元，较2018年增加了160元，增长率为4.8%，对比来看，外出务工的农民工月均工资比本地就业的农民工工资高927元，且这两年的增速也高3个百分点。分区域来看，在东部地区务工的农民工月均工资为4222元，较2018年增加了267元，增长了6.8个百分点，增速与2018年相比降低了0.8个百分点；在中部地区务工的农民工月均工资为3794元，较2018年增加了226元，增长了6.3个百分点，增速与2018年相比降低了0.8个百分点；在西部地区务工的农民工月均工资为3723元，较2018年增加了201元，增长了5.7个百分点，增速与2018年相比提升了0.6个百分点；在东北地区务工的农民工月均工资为3469元，较2018年增加了171元，增长了5.2个百分点，增速与2018年相比提升了3.8个百分点；地域之间相比，在西部和东北地区就业的农民工月均工资收入增速加快。

表4-3　2018—2019年农民工分行业月均工资增长情况

单位：元、%

	2018年	2019年	增速
合计	3721	3962	6.5
制造业	3732	3958	6.1
建筑业	4209	4567	8.5
批发和零售业	3263	3472	6.4
交通运输仓储邮政业	4345	4667	7.4

续表

	2018 年	2019 年	增速
住宿餐饮业	3148	3289	4.5
居民服务修理和其他服务业	3202	3337	4.2

注：数据根据《2019年农民工监测调查报告》整理所得。

5. 大学生就业稳中有忧

近年来，高校毕业生人数持续增加，2019年达到834万人，占新进入劳动力市场总数的半数以上，较2004年的280万人增加了554万人。毕业生供给在短时间内快速大规模增加，使得人力资源市场难以迅速消化，形成某种程度上的结构性供需不平衡，但是总体来看，由于中国经济发展为高校毕业生提供了更多的就业机会，加上国家将高校毕业生就业放在就业工作的首位，2019年高校毕业生就业总体稳定。但是受就业总量的制约、供需结构性矛盾，以及毕业生自身存在的问题，高校毕业生就业压力仍然很大。

根据我国目前的《普通高等学校本科专业目录（2012年）》显示，我国大学共分为12个学科，其中理科包括4个学科、文科包括8个学科。在总量方面，1997—2019年间文理科专业本科毕业生都有大幅度增加，文理科增长率都呈现先上升后下降再逐渐接近的趋势。相比较而言，2009年是理科毕业生占本科毕业总人数比例下降的转折点，在2009年之前，理科毕业生占比高于文科，至2017年，文科毕业生占比达到52.27%超过了理科毕业生。特别是，在1999年高等教育扩招以后，文科毕业生增长率急剧上升，到2003年首批扩招生毕业时，文科生的增长率为48.78%，成为历年最高。20年来，大学本科理工科招生情况，2004年之前，工科专业招生占比下降明显，2004—2012年基本维持在31%左右，2013年开始有所增加，2019年工科招生比例为34.16%。理科专业在扩招后稍有上升，但变化较为平稳，2013年开始下降，2019年的占比为7%左右，农学和医学则未发生明显的上下波动。从2014—2018年本科不同专业毕业生的就业情况来看（见表4-4），平均就业率为96%，其中工学和管理学学科的就业率比较高。从2014—2019届普通本科不同学科研究生的就业率情况看，工学研究生的就业率最高，且较为稳定；其他学科研究生的就业率均有所波动，尤其是艺术学研究生，相比2014届，2019届就业率上升了3.25%。

表4-4 2014—2018年本科不同专业毕业生就业率

单位：%

学科	2014年	2015年	2016年	2017年	2018年
工学	97.63	97.51	97.52	97.28	96.89
理学	96.37	96.28	97.22	97.36	95.09
人文科学	95.82	96.38	97.17	97.16	95.96
社会科学	95.59	96.15	96.46	95.4	94.17
管理学	97.04	97.52	97.24	97.64	96.54
农、医、军	86.2	95.4	96.01	95.79	95.06
艺术学	95.52	96.77	96.33	97.53	96.17

注：数据来源于北京高校毕业生就业指导中心。

高校毕业生就业去向多聚集于东部地区，中西部地区人才匮乏。在全国范围内，研究显示，大学生去沿海地区就业的比例为45.5%，58.5%的毕业生不愿意到西部地区工作，2019届本科生和高职高专生的就业去向显示（见图4-13），泛长三角地区和泛珠三角地区均是优先选择，这些地区经济发达、产业集中、就业机会多、福利待遇好，因此吸引了大量应届毕业生，形成了人才的集聚效应，与之对应的是，经济欠发达的中西部地区对大学毕业生来说吸引力不强，且人才流失严重，就北京来看，2014—2019届普通本科院校毕业生落实就业地区的分布也呈现相似特征。

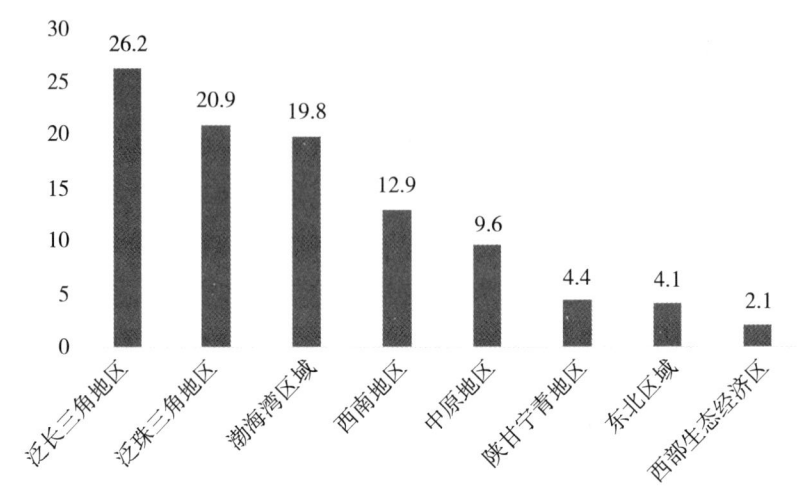

中国企业劳动关系状况报告（2019）

```
30 ┤ 26.2
25 ┤ ■
20 ┤ ■  20.9  19.8
15 ┤ ■   ■    ■
         12.9
10 ┤                  9.6
 5 ┤                       4.4  4.1
                                    2.1
 0 ┼──────────────────────────────────
   泛长三角地区 泛珠三角地区 渤海湾区域 西南地区 中原地区 陕甘宁青地区 东北区域 西部生态经济区
```

注：数据来源于麦可思研究院2019年《中国本科生就业报告》。

图4-13　2019届本科生就业区域流向

据第三方评价机构麦可思的统计数据显示，2019年本科毕业生的平均月工资仅为4376元，为城镇职工月均工资的76%。且增速也远远落后于城镇职工月均工资。且不同专业之间工资收入差距较大，其中最高为信息安全专业，月均工资为5906元，其次是软件工程、网络工程、微电子学和计算机科学与技术，均为理工科专业，而文科专业中月均工资最高的为法语和表演，两者分别为5426元和4714元。总体相比较的话，理科专业本科毕业生的薪资待遇大大高于文科专业毕业生，但目前文科在校生的数量较多，理科在校生的数量较少，更加导致了文科本科毕业生就业市场供过于求、理科本科毕业生就业市场供不应求的现象。

表4-5　2019年本科毕业生按专业划分月收入

本科专业名称	毕业半年后月收入（元）	本科专业名称	毕业半年后月收入（元）
信息安全	5906	电子商务	4689
软件工程	5869	交通运输	4671
网络工程	5600	机械工程及自动化	4658
微电子学	5503	建筑学	4646

续表

本科专业名称	毕业半年后月收入（元）	本科专业名称	毕业半年后月收入（元）
计算机科学与技术	5452	工业设计	4645
法语	5426	交通工程	4639
信息工程	5388	审计学	4623
物联网工程	5363	金融学	4621
电子科学与技术	5147	国际商务	4572
信息与计算科学	5137	水利水电工程	4560
通信工程	5052	保险	4556
电子信息科学与技术	5040	市场营销	4545
信息管理与信息系统	5013	安全工程	4544
材料物理	5011	工业工程	4537
电子信息工程	4999	朝鲜语	4530
数字媒体技术	4949	轻化工程	4526
物流工程	4920	材料科学与工程	4510
金融工程	4876	经济学	4491
自动化	4847	汽车服务工程	4480
数字媒体艺术	4836	广告学	4475
测控技术与仪器	4829	测绘工程	4472
应用物理学	4804	统计学	4450
光信息科学与技术	4786	地理信息系统	4449
表演	4714	城市规划	4427
工程力学	4692	日语	4425
全国本科	4376	全国本科	4376

注：数据根据麦可思研究院2019年《中国本科生就业报告》整理所得。

二、我国当前就业方面存在的问题和挑战

1. 就业压力加大

尽管2019年就业局势保持总体稳定，但也出现了一些新变化，经济下行压力和外部经济环境变化对就业影响有所显现。一些就业指标走势趋弱。

一是就业增长减弱。虽然2019年城镇新增就业达到预期目标，但全年累计较2018年仍减少11万人，减幅为0.81%。从全年各月走势看，只有5个月同比增加，增加月份数明显少于前几年，与2008年和2009年金融危机影响严重时期类似。从地区看，13个省全年城镇新增就业人数出现下降，特别是东部部分用工大省也出现同比下降。这表明就业增长的动力有所减弱。

二是失业水平有所抬升。2019年全国城镇调查失业率保持在目标调控区间，但全年各月均处于5%及以上，其中2月和7月达到5.3%的高点，同比分别较2018年高0.3个和0.2个百分点。2019年年底青年（16~24岁）调查失业率水平同比升高，特别是20~24岁大专及以上学历青年调查失业率上升比例高于其他群体。

三是市场需求有所减弱。受订单下滑、成本上升、预期不稳等多重因素挤压，企业慎招、减招、停招现象增多，市场需求下滑。网络招聘大数据显示，市场招聘需求自2018年第三季度以来连续下降，且环比减幅逐步扩大。公共人力资源市场机构需求人数降幅均大于求职人数。企业新招和减员数据在一定程度上显示企业用工需求总体呈递减趋势。

四是企业稳岗压力持续。2019年企业岗位波动幅度明显增大，显示企业用工稳定性减弱。无论是制造业从业人员指数，还是非制造业从业人员指数均逐步走弱。制造业从业人员指数全面低于48，全年月均为47.2，比2018年低14。其中6月和8月达到2015年以来的最低位，仅为46.9。非制造业从业人员指数全年月均为48.5，比2018年低0.7。这说明在多重经济因素影响下，无论制造业还是非制造业企业，其用工均呈持续收缩状态。

五是部分行业和地区就业压力加大。制造业等行业用工可能持续减少。受内、外需增速同时放缓的叠加共振影响，制造业用工形势面临严峻挑战。2019年PMI总体弱于2018年，从业人员指数长期处于50的荣枯线以下，且

持续下滑。尤其是汽车、计算机通信和其他电子设备制造、化工、家具及家电等传统重点产品行业增速明显放缓，用工规模进一步缩小。与此同时，新动能拉动就业能力或有所减弱。在经历了前期高速发展和扩张后，以互联网数字经济为代表的新动能进入新一轮的盘整期。在资本退热、监管加强、成本上升等多重因素作用下，部分大型平台企业增速放缓，企业招用工规模有所缩减。从区域看，东北地区城镇调查失业率处于较高位，叠加国企改革、厂办大集体改革等历史遗留问题，矛盾风险更加突出。此外，受中美经贸摩擦影响，结构调整进一步深化，产业链和供应链调整加速进行，东部地区就业市场出现波动，用工需求下降，城镇新增就业增速放缓，监测企业岗位持续流失。同时受监管趋严、城市房租和生活成本高企等一些因素影响，部分劳动者返乡就业创业，就业区域结构调整继续深化，就业压力在一定程度上向中西部地区传导。

2. 大学毕业生存在"结构性"失业现象

2019年的毕业季，很多应届大学毕业生称之为"最难就业季"，甚至出现毕业即失业的现象，大学毕业生的"结构性"失业的现象愈演愈烈，究其原因和类型，可以分为学历"结构性"失业、区域"结构性"失业和行业"结构性"失业三种。

一是学历"结构性"失业。学历"结构性"失业的核心在于较少的中高端岗位需求和过剩的大学生之间的矛盾。据第三方专业机构麦可思公司撰写的《2020年中国大学生就业报告》（以下简称《报告》）显示，2019年我国高校毕业生达到834万人，其中考研人数为290万人，但研究生录取名额仅为70万人，剩下700多万人将进入劳动力市场。《报告》显示2019届本科毕业生自主创业比例为1.6%，高职毕业生自主创业比例为3.4%，剩下的应届毕业生们都不得不选择用人单位就业，但目前市场是中高端岗位数量有限，更多是需要蓝领工人，据新浪媒体报道，我国蓝领工人缺口超过2000万人，但高学历使得毕业生们转向其他行业就业或者选择多次考研，为维持社会稳定，扩大高素质人才，教育部也实行了扩招的政策。但随着学生数量的高速增长，师生比不断下降，教学质量令人担忧。据搜狐报道，在普通高校专任老师中，博士占比仅为15.1%，非985、211的普通学校占比更低，教师平均学历也更低。

二是区域"结构性"失业。大学生就业时区域不平衡导致区域"结构性"失衡。据相关报告显示，2019 年大学毕业生就业地区多集中在长三角和珠三角地区，其中长三角地区就业本科生占应届本科生总数的 25.8%，高职就业生占总毕业数的 22.9%，珠三角地区就业本科生占总应届本科生数的 21%，高职就业生占总应届高职生毕业生的 20.4%。总的来看，长三角和珠三角地区吸引人才的能力最强，而东北和中原地区的人才吸引能力较弱。这就导致了长三角和珠三角地区劳动力市场上大学生供过于求，而东北和中原地区劳动力时长大学生供不应求，形成了区域间的"结构性"失衡。同时，同一地区的城市间也存在供需不平衡导致"结构性"失衡。2019 年，留在一线城市就业的本科生比例为 20%，较四年前下降了 6 个百分点，高职毕业生占比为 15%，较四年前下降了 4 个百分点；而留在新一线城市就业的本科生和高职毕业生比例分别为 26% 和 23%，较四年前分别增长了 4 个百分点和 7 个百分点。总的来看，近一半的应届毕业生们选择留在了一线城市和新一线城市，而同样地区的二线城市、三线城市则相对较少，造成了同一地区间不同城市的供需失衡问题，导致"结构性"失业。

三是行业"结构性"失业。不同行业间的供需不平衡也导致了行业"结构性"失衡。据《2020 年中国大学生就业报告》（就业蓝皮书）数据显示，2019 年应届本科毕业生就业最多的行业是"中小学教育"，就业占比达到了 10.1%，其次是"财务/审计/税务/统计"，就业占比为 7.7%；"行政/后勤"就业占比 6.9%；"互联网开发及应用"就业占比 6.0%。而传统的制造、工程等行业就业占比较小，仅为 5.9%（见图 4-14）。目前我国正处于经济转型时期，但短期内我国经济结构还是以第二产业为主，由此产生的就业缺口和第三产业过多的大学生劳动力造成了行业间的"结构性"失衡。同时，由北京师范大学劳动力市场研究中心推出的《2019 中国劳动力市场发展报告》也指出，大学生就业市场中，文科毕业生就业较困难，但理科毕业生人才短缺。

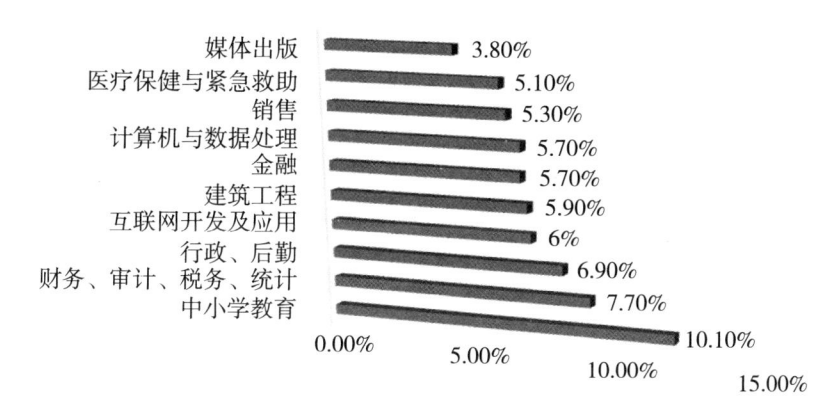

职业	百分比
媒体出版	3.80%
医疗保健与紧急救助	5.10%
销售	5.30%
计算机与数据处理	5.70%
金融	5.70%
建筑工程	5.90%
互联网开发及应用	6%
行政、后勤	6.90%
财务、审计、税务、统计	7.70%
中小学教育	10.10%

注：数据来源于《2020年中国大学生就业报告》。

图 4-14　2019 届本科毕业生从事的十大主要职业分布情况

3. 促进农民工就业还存在一些制度性障碍

一是农民工异地就业面临子女上学难、费用高的问题。当前，农民工子女中 3~5 岁的随迁儿童入园率和义务阶段儿童在校率都有所提高，但在部分大城市，随迁儿童上学、升学难、费用高问题仍然很突出。据《2019 年农民工监测调查报告》的数据显示，3~5 岁儿童入园率为 85.8%，较 2018 年提升 2.3%，其中有 25.2% 的儿童在公办幼儿园，35.7% 的在民办幼儿园。义务教育阶段的随迁儿童在校率达到了 99.5%，较 2018 年增长了 0.6%，其中，小学阶段有 83.4% 的随迁儿童在公办学校上学，较 2018 年增长了 1.2%，有 11.9% 的随迁儿童在政府资助的民办学校上学，较 2018 年增长了 0.3%；初中阶段有 85.2% 的随迁儿童在公办学校上学，较 2018 年增长了 1.1%，有 8.8% 的随迁儿童在政府资助的民办学校上学，较 2018 年回落了 1.2%。虽然随迁儿童的入学率有所提升，但也还有大部分农民工面临着上学难、升学难和费用高的问题，特别是东部地区和大城市。在农民工监测调查的统计中，高达 50.9% 的农民工反映随迁子女在城市上学上面临难题。在义务教育阶段随迁儿童群体，认为升学难、费用高的农民工占比分别为 34.2% 和 28.9%，比 2018 年分别提高了 7.5% 和 1.7%。另外异地高考也是另一个忧心的问题，有 14.3% 的农民工认为随迁子女在本地参加高考对子女教育不利，较 2018 年提高了 4.3%。尤其是东部地区，有 44.9% 的农民工认为随迁子女升学难，有30.1%的农民工认为随迁子女上学费用高,有21.3%的农民工认为随迁子女在本地无法参加高考,较2018年分别上升了14.1%、3.6%和7.8%,与其他地区相比明显较高。另外,从城市规模看,规模越大的城市升学难、费用高和异地高考问题越突出,尤其是人口规模在500万人以上的大城市。

二是进城农民工难以融入当地社会。虽然进城农民工对所在城市的归属感有所提高,参加各类组织活动积极性提高,但在人均居住面积和基础设施方面还需进一步提高。根据国家统计局相关调查显示,已有40%的农民工认为自己已经成为就业城市的"本地人",较2018年增长了2%,从他们对当地生活的适应情况来看,农民工基本能适应当地的生活,高达80.6%的农民工认为在当地生活非常适应和比较适应,其中有20.8%的农民工认为非常适应,该比例较2018年增长了1.2%,仅有1.1%的农民工认为不太适应和非常不适应。调查还发现,农民工的城市归属感和认同感与城市规模相关,两者之间呈现负相关关系,城市的规模越大,农民工的城市归属感和认同感越弱,在该城市生活的适应难度也越大。同时,调查还显示进城务工的农民工参加活动的积极性更高,有27.6%的农民工参加过务工居住地的社区组织的各种活动,较2018年上升了1.1%,其中有3.9%的农民工是经常参加,23.7%的农民工是偶尔参加;并且有13.4%的农民工加入了工会组织,较2018年上升了3.6%,在已经加入工会组织的农民工中,有84.2%的参加过工会活动,较2018年上升了1.9%。但在人均居住面积和住房设施方面还需要有所提升,2019年进城务工农民工的人均居住面积为20.4平方米,较2018年增加了0.2平方米;其中,在人口规模为300万~500万人的城市,人均居住面积为19.7平方米,较2018年增长了0.3平方米;而在人口规模达到500万人的大城市,农民工人均居住面积更小,仅为16.5平方米,较2018年增长了3.77%(见图4-15)。虽然在大城市的农民工人均居住面积增长较快,但目前实际居住面积仍然很小,仍需改善。

第一部分　企业劳动关系状况

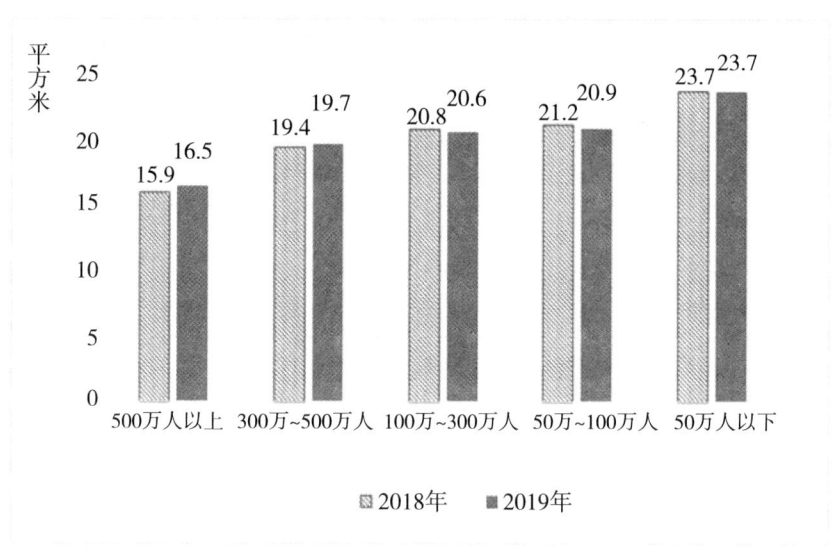

注：数据来源于《2019年农民工监测调查报告》。

图4-15　2018—2019年按城市规模划分农民工人均居住面积情况

4.复转军人再就业问题突出

军人转业再就业问题突出主要表现在退役士兵较多、普遍学历较低、行业选择受限、士兵退役后对工作期望值较高、政策法规滞后且执行可操作性不强及协调难度逐渐增大等方面。

一是经济化、市场化程度加深，转业军人更多需要自谋职位。随着政治、经济的不断发展，行政手段安排工作的方法越来越不适用。据相关数据显示，仅有12.3%的退伍军人是计划安置分配工作，高达80.4%的军人需要自主就业，每年都有大量的退伍军人涌入就业市场（见图4-16）。但随着我国产业升级和经济转型，企业也由劳动密集型向依靠科学技术型转化，再加上由于产业升级和技术进步退出的劳动者特别是相同就业面的农民工数量增多，就业市场已经达到供过于求的局面，就业竞争异常激烈，大大提高了转业军人再就业的难度。

中国企业劳动关系状况报告（2019）

注：数据来源于搜狐报道。

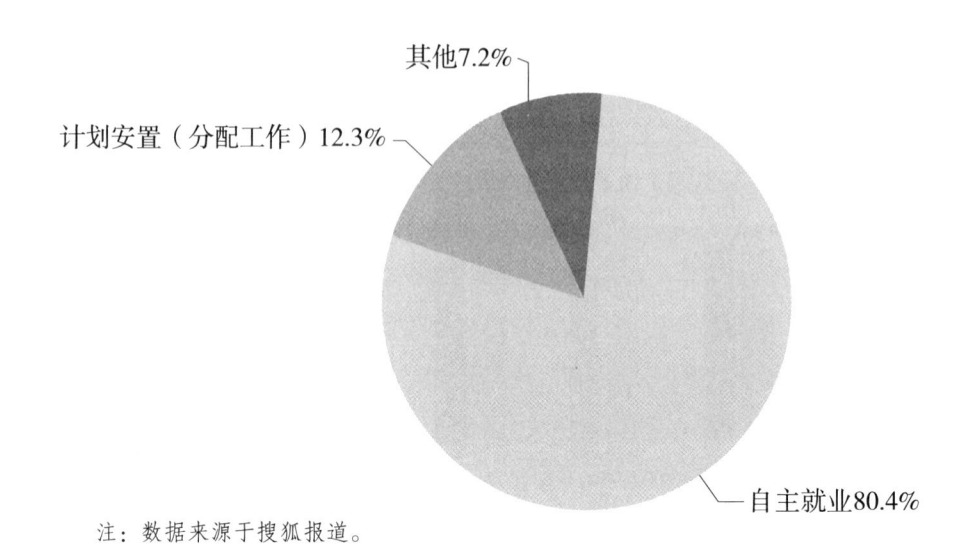

图 4-16　2019 年专业军人就业渠道分布情况

二是转业军人的文化水平普遍偏低，可选择就业渠道窄。退伍军人的文化程度普遍偏低，国家提供了很多政策优待，为退伍军人再入学提供了便利，但转化率不高，2019 年退伍巨人再入学成为在校学生的比例仅为 7.8%，更多地选择了私企就业，达到了 30.9%，其次是待业和政府事业单位就业等，所占比例分别为 24.5% 和 23.8%（见图 4-17）。从具体职业来看，从事比例最高的前五名为销售、驾驶员、辅警、保安和警察（见图 4-18），其中第一名销售入职门槛低，竞争压力较大。文化水平的制约使得转业军人可选择就业岗位只能是专业性程度不高的职业，但入伍后的军人再就业时对工作的期望值更高，而这更加加剧了就业难度。

注：数据来源于搜狐报道。

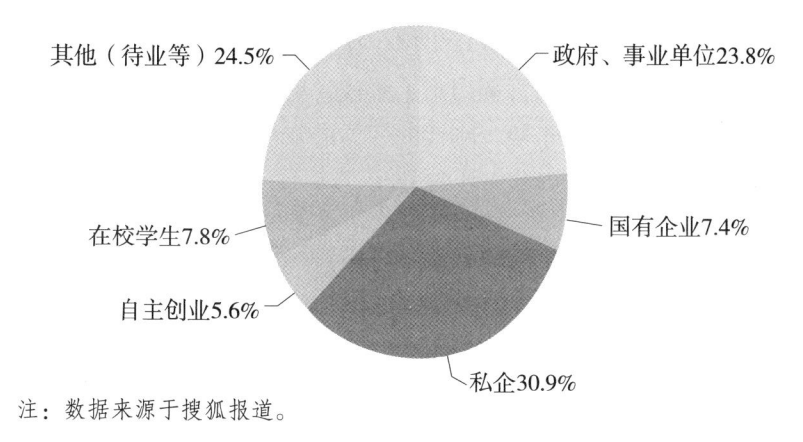

图 4-17　2019 年专业军人就业去向分布情况

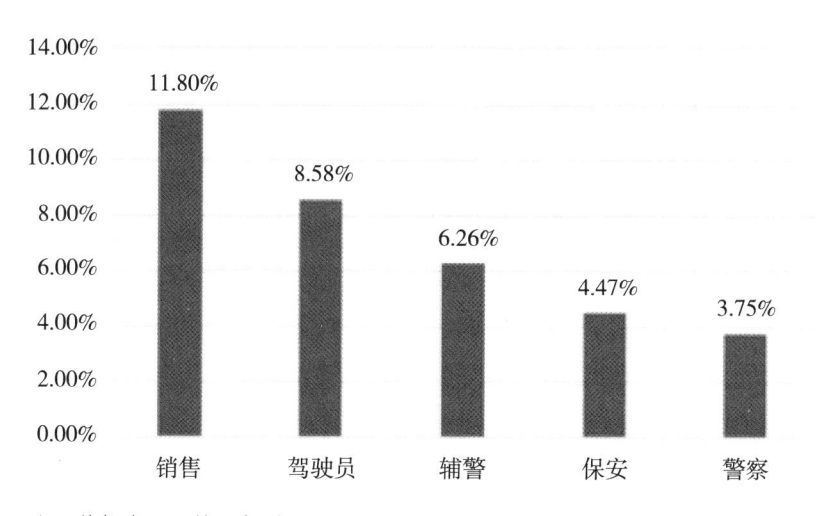

图 4-18　2019 年专业军人再就业五大就职去向

注：数据来源于搜狐报道。

三是政策法规滞后，缺乏可操作性，协调难度较大。虽然国务院、中央军委有明确的规定，不论是事业单位、国有企业还是私企等，都必须要完成县、市分配下来的退伍军人安置任务，任何单位都不得以任何理由拒绝接受安置任务。但在实际中，事业单位难以进入，企业自主经营为了降低用人成本也无法创造岗位再安排退伍军人进入，各种原因造成了政策落实难、执行力度不强的局面。同时，协调的难度也在逐步增大，目前拖延或者婉拒安置任务的都是一些没有人事权的省直单位,在当地政府协调时,由于接收单位没有人事权,而上级业务主管部门不了解接受单位的岗位空缺,而使得协调难度大大提高。此外,由于缺少刚性的惩罚措施和具体的行政执法主体,导致转业军人的安置任务难以落实执行。

5. 平台灵活就业人员的社会保障有待加强

共享经济的崛起催生了一大批以网约车司机、外卖小哥、网络主播、网约家政服务员等为代表的灵活就业人员。这一群体的就业具有工作场所流动化、工作时间弹性化、用工关系零工化等特征。灵活就业群体虽然对社会做出了巨大贡献,但其社会保障普遍不足,原因主要有以下几点:一是与灵活就业相适应的社会保险体系建设严重滞后,难以满足共享经济新业态的发展需要。一方面,现行的社会保险体系基于正式的劳动合同关系,但共享经济平台上的灵活就业人员与平台之间大多是劳务合作关系或自我雇用形式,与传统的法定劳动关系性质不同,而且普遍存在"多平台同时就业"情况,难以满足现行社会保险体系的参保条件,成为这一群体参加社会保障的制度性障碍。另一方面,目前关于灵活就业人员以个人缴费方式参与养老、医疗等社会保险,虽然已经有了制度化通道,但由于申报手续复杂、个人缴纳费用高、最低缴费年限长、异地转移接续关系困难等问题,导致灵活就业人员参保意愿严重不足,并未发挥应有的社会保障作用。二是在社会保险力度和范围不足的同时,商业保险的保障力度也存在严重不足。调研发现,多数企业都在积极探索以商业保险的形式加强灵活就业人员的社会保障,但平台企业之间、行业与行业之间保障力度存在较大差异。以工伤保障为例,在当前以劳务众包为主的共享平台上,灵活就业人员大多是农民工群体,其工作环境复杂、强度大、工伤高发,对工伤保障需求迫切。由于参加现行社会工伤保险存在障碍,灵活就业人员大多通过商业意外险进行保障,但商业保险存在保障范围有限、保障标准较低、缴费偏高、理赔难等问题,难以有效保障他们的工伤风险。三是如何界定政府、平台企业和灵活就业人员等各方主体在社会保障方面的权责关系,也是一个巨大的挑战。诸如平台企业和灵活就业人员之间用工关系性质的界定、与平台企业合作的第三方劳务公司应该承担的责任、如何更好地发挥社会保险与商业保险的互补作用等问题,都需要进一步研究和明确。

三、我国近期的就业趋势

1. 人口红利结束给就业市场带来冲击

据国家统计局数据显示,我国劳动人口逐年减少。2019年劳动人口数量仅为89640万人,占总人口比例的64.02%,较2018年减少了89万人,0.28个百分点。随着我国生育率的下降,劳动人口总数将持续减少,不可避免地会造成"老龄化"现象严重,给我国的职业教育、产业转型带来新要求。2016—2019年劳动年龄人口变化趋势如图4-19所示。

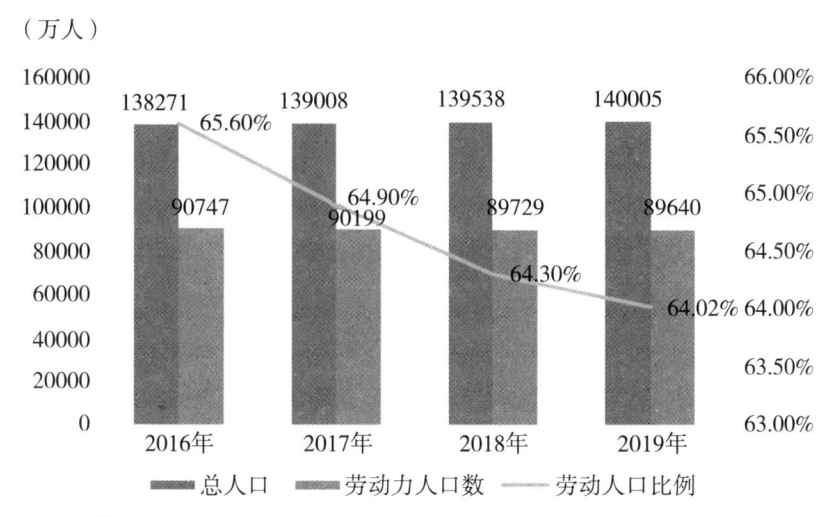

注:1.数据来源于国家统计局。
　　2.劳动年龄人口在我国是指16~59周岁的青壮年劳力。

图4-19　2016—2019年劳动年龄人口变化趋势

一是对职业技术教育提出新挑战。人口红利的结束导致了我国就业市场的转变,劳动力就业结构发生变化,据新浪媒体报道,我国传统蓝领工人缺口达到200万人。在劳动力不足的情况下,也存在大量劳动人口失业的风险,预计到2030年将有5000万人低技能人口失业。在对我国现有的劳动力供给结构分析中可以看到,低技能劳动力年供给超过了30%,这其中包含了辍学流入市场的劳动力;中职劳动力占比为28%,高职劳动力占比约为42%。虽然中职和高职劳动力加起来约占市场总供给的70%，但长远来看，难以补齐10亿人规模的劳动力存量在产业升级淘汰下的缺口（见图4-20）。为调节"结构性"失业，这对职业技术教育提出了新挑战。据搜狐媒体报道，由目前在校生的数量可以推测得出学历职教市场的潜在规模为3500亿元，且以公办职教为主，规模为2800亿元，覆盖率约为80%，剩下20%为民办职教，规模为700亿。目前，据腾讯课堂与艾瑞咨询发布的数据显示，2019年我国职教规模为2688.5亿元，其中，在线职教市场规模仅为393.3亿元，还有很大的发展空间，这对我国职教的师资、设备提出了不小的挑战。

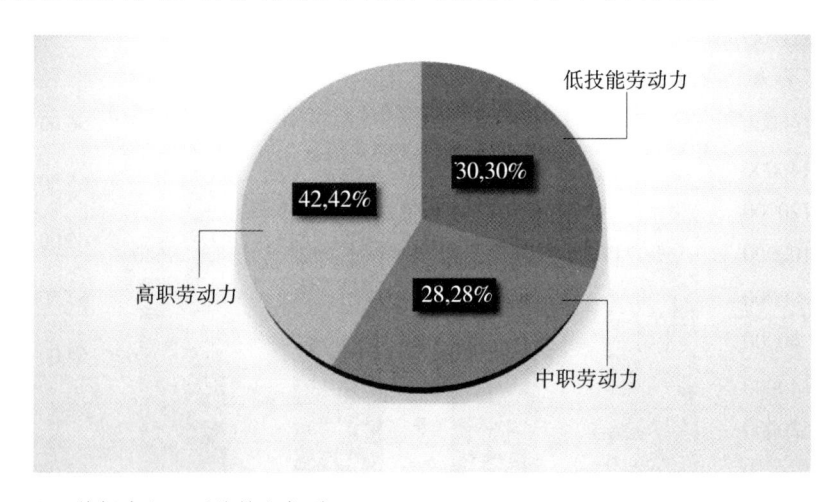

注：数据来源于网络搜狐报道。

图4-20 2019年劳动力供给结构

二是是对产业转型提出新要求。人口红利代表的高比重劳动力人口和高劳动参与率为我国产业的发展提供了充足的劳动力，特别是劳动密集型产业，以我国东部沿海地区的制造业为例，低廉而充足的劳动力为当地乃至整个社会的经济发展提供了动力。但随着刘易斯拐点的到来，人口红利消失，也推动着我国产业升级。在全球产业链中，我国作为发展中国家，总体处于产业链的上游，特别是制造业，往往是位于低端位置。承担发达国家产业转移的任务为我国第二产业的发展提供了巨大的市场，但随着我国劳动力总体数量的下降、劳动力成本的上升，难以竞争过印度、越南等人口结构更为年轻的发展中国家，不可避免地需要推动产业升级步伐。根据人社部发布的《2019

第一部分　企业劳动关系状况

年度人力资源和社会保障事业发展统计公报》数据显示，截至2019年年末，我国就业人员达7.7亿人，其中第一、第二产业就业人员占比分别为25.1%和27.5%，第三产业就业人员占比大大提高，达到了47.4%，但相较于发达国家70%的占比率，还有较长的路需要走。

　　三是"老龄化"现象严重。人口红利消失不可避免地会带来"老龄化"社会问题。据《2019中国人口和就业统计年鉴》数据显示，近五年来，我国65岁以上老年人口不断增长，2019年达到了17599万人，比2018年增加了941万人，增长了5.65%。同时，老年抚养比达到了17.8%，比2018年增长了1个百分点，这意味着每100个劳动力要抚养17.8位老人。据有关报道，我国老年抚养比将继续增长，至2039年有所下降，但在2050年又会逐年上升，在2059年达到峰值，为45.2%。"老龄化"现象为我国的就业和养老带来了极大的挑战，同时我国在步入"老龄化"社会时，还有两个不可忽视的特征。一是未富先老，我国步入"老龄化"社会时，人均GDP刚刚超过1000美元，相较于同期西方国家的5000～10000美元，差距较大，这也说明目前我国社会及个人财富积累有限，难以维持老龄化带来的挑战；二是未备先老，除了上述的人均GDP不足，我国的养老制度、养老基础设施等也未系统准备好，这给我国妥善解决"老龄化"问题提出了不小的挑战。

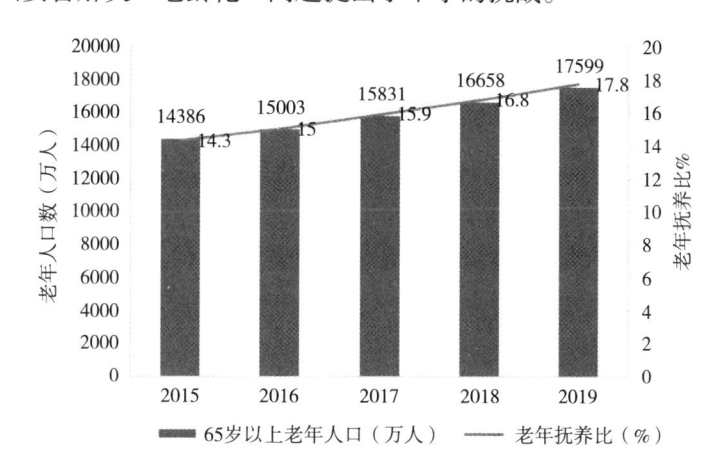

注：数据来源于国家统计局。

图4-21　2015—2019年我国老年人口及老年抚养比情况

2.高校毕业生就业总量压力与结构性矛盾将继续并存

尽管高校毕业生总体就业率相对较高,但由于高校毕业生数量巨大,加上经济社会、人口结构等各个方面的影响,其就业也存在一些突出问题。由于经济总量的限制,经济发展提供的就业岗位具有局限性,在经济活动基础上能够提供适合高校毕业生的就业岗位是有限的,从而在结构上产生了就业总量大与毕业生就业岗位不足的矛盾。毕业生供给在短时间内快速大规模增长,使得毕业生就业压力加大。同时结构性矛盾还体现在:一是就业观念还有偏差。在高等教育的"英才教育"已经转向"大众教育"的过程中,社会大众化就业供需和个别毕业生的择业观相冲突。根据《2019年海峡西岸高校毕业生就业趋势报告》反映的情况,一部分高校毕业生在用工目标、社会供需、经济发展、择业理念等方面存在模糊认知,故在求职就业时仍存在一定的困难。从社会就业整体结构来说,高校毕业生就业形势仍然不容乐观,某些地区、某些行业的高校毕业生结构性供求就业难问题较为突出。部分高校毕业生就业愿景难以落实,主要原因是期望值较高,脱离客观现实需求,造成就业困难。高校毕业生在毕业后首先选择到大城市、大机关、大公司等社会层次较高的单位工作,然而一些边远地区、中小城市,以及艰苦行业的基层一线单位还缺乏人才。二是难以满足用工单位的就业需求。一部分高校毕业生的就业素质跟市场经济的用工要求、社会发展的生产趋势之间存在一定差距,还不能满足一些行业的劳动用工生产需求,呈现社会就业素质偏弱的问题。部分高校毕业生在求职过程中受求职经验、实践阅历、职业技能等方面的影响,在从"学校"到"社会"的过程中还受一定程度的摩擦性失业等因素的影响。一些地区高校毕业生失业率较高,使其成为社会劳动者群体中的失业主体。部分高校毕业生缺乏工作经验而用人单位不愿接受缺乏工作阅历的毕业生,造成毕业生毕业后难以即时就业。个别高校毕业生的工作能力职业素质与用人单位的需求目标还存在较大差距。用人单位对高校毕业生的敬业精神、职业行为、思想道德和能力素质都提出越来越高的要求,那些动手能力强、综合素质高、有敬业精神和各种特长的毕业生越来越受用人单位的欢迎。三是专业设置和教学培养与社会需求之间存在不匹配。根据中国劳动和社会保障科学研究院有关调查显示,目前,高校毕业生工作与专业相关度约为66%。由于专业不对口,学校所学知识滞后于社会需要等原因,一些新兴发展行业所需专业人才供不应求，有的用人单位甚至直接到学校"一锅端"，而一些专业却人才过剩明显，造成这些专业的毕业生在求职道路上四处碰壁。四是大学生"慢就业""不就业"现象更加普遍，一些大学生毕业后既不马上就业也不继续深造，而是慢慢观察、思考、决定自己今后的职业发展道路，其中一些人会因长期找不到工作而对就业失去信心，退出劳动力市场，或没有目标规划而茫然地窝在家里无所事事。这类毕业生数量的增加，无疑会给劳动力市场释放负面信号。而年轻人脱离劳动力市场时间越长，越会出现难以走入职场的恶性循环。五是就业质量有待提升。首先离职率相对较高，2018届、2017届和2016届高校毕业生在毕业半年内的离职率分别为33%、33%和34%，说明高校毕业生工作不够稳定。另外，高校毕业生就业满意度相对较低，2018届、2017届和2016届高校毕业生的就业满意度分别为67%、67%和65%，特别是收入低和发展空间不够是高校毕业生认为最不满意的两个方面。

3. 农民工就业问题将继续引发关注

农民工就业问题一直是社会的热点问题，涉及当前的就业与福利问题，还有农民工数量减少带来的就业问题，特别是新业态蓬勃发展带来的新生代农民工就业问题。

一是当前农民工的就业与福利问题。农民工由于整体受教育水平偏低，在与用人单位的交涉中往往处于不利地位，饱受合法权益受到侵害等问题。据国家统计局相关数据，2019年我国农民工中，超过一半仅为初中文化水平，此外，从未上过学的为1%，小学文化水平的为15.3%，高中文化水平为16.6%，大专及以上仅为11.1%。较低的受教育水平使得农民工对《劳动法》相关法律不甚知晓，对自己的合法权利了解有限，在与用人单位的谈判中往往处于弱势地位。同时，由于农民工就业主要集中在建筑、制造、交通运输业和餐饮业，2019年交通运输、仓储邮政业和住宿餐饮业的从业率达到了13.8%，较2018年上升了0.5个百分点；制造业的从业率为27.4%，较2018年下降了0.5个百分点，建筑业的就业比为18.7%，较2018年增长了0.1个百分点。这些行业往往流动性较大、可替代性极强，特别是建筑业由于资金问题，极易出现拖欠农民工薪资的问题。据全国检察机关数据，2019年共受理审查起诉 3555 件 4012 人，共批准逮捕涉事拒不支付劳动报酬犯罪案件 1599 人，为农民工追缴工资 2.5 亿元。

二是新业态下新生代农民工的就业及福利问题。据北京统计局发布的数据显示，新生代农民工已经成为主力，在农民工总数中占比达到 50.6%，且月均工资相较于老一代农民工也有了较大的提高，2019 年为 5850 元，比老一代高了 896 元，其中 60% 左右的新生代农民工月工资在 5000 元以上，比老一代农民工高 16.1%；30% 的新生代农民工月工资在 4000~5000 元，比老一代农民工高 6.6%。但是，在新生代农民工就业形势如此向好的情况下，也存在着从事新业态的新生农民工个人保障问题。在新业态高速发展的今天，催生了网约工这一新的岗位，如美团外卖的骑手、滴滴打车的网约车司机等。据国家信息中心发布的《中国共享经济发展年度报告（2019）》显示，2018 年有 7500 万劳动者参与到了共享经济，其中有 68.57% 户籍为农村，且年龄在 35 岁以下的占比 73.47%，即可证明从业者多为新生代农民工。然而，在实际工作中，网约工面临着不签合同、补缴社会保险、不管安全保障的"三不"现象，关于网约工与互联网平台的劳动争议案件也层出不穷。

三是农民工数量减少带来的就业结构问题。近年来，受人口红利消失影响，我国农民工的数量也不断减少，同时农民工的老龄化程度也在加深。据国家统计局发布的《2019 年农民工监测调查报告》显示，2019 年我国农民工总数有 29077 万人，其中平均年龄为 40.8 岁，比 2018 年增长了 0.6 岁，40 岁以上的农民工占比为 49.4%，比 2018 年上升了 1.5 个百分点，50 岁以上的农民工占比为 24.6%，较 2018 年上升了 2.2 个百分点。其中，在外出的农民工中，平均年龄为 36 岁，40 岁以上的占比为 32.2%，50 岁以上占比为 13%。从长期来看，我国就业比重将会逐步转移到第三产业，退出"世界工厂"舞台，但目前来看农民工退出带来的缺口大学生难以弥补，虽然每年新增的大学生数量远远超过新增农民工数量，意味着我国劳动力受教育水平的提高，但也意味着大学生技能与农民工岗位的不匹配，造成农民工行业就业的结构性失衡（见图 4-22）。

注：数据来源于中泰证券研究所。

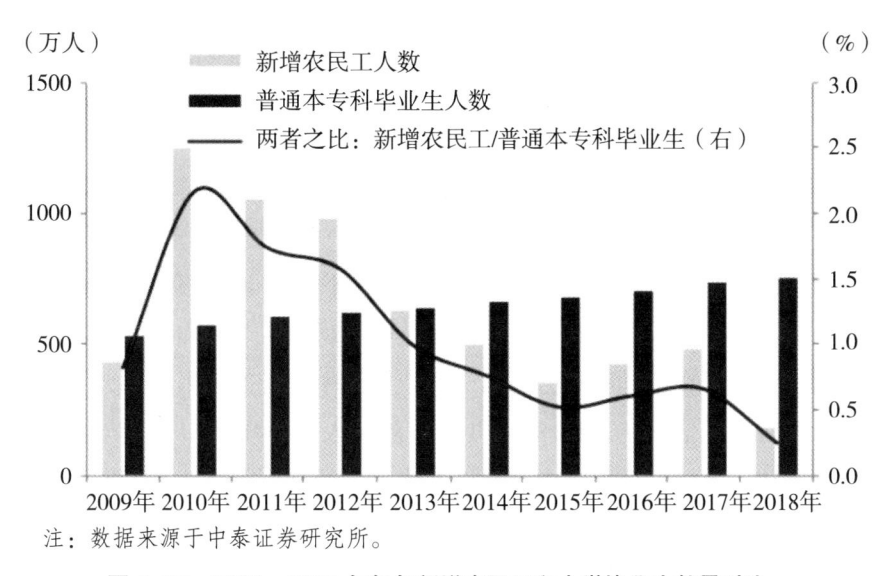

图 4-22　2009—2018 年每年新增农民工和大学毕业生数量对比

4. 中美贸易摩擦对就业市场带来冲击

中美贸易摩擦对我国的就业市场产生了极大的冲击，且持续时间较长，涉及多个产业，影响深远。首先是劳动密集型产业，随着贸易战的升级，冲击到高新技术产业，同时由于我国产业分布的地域差异，对我国不同地区的就业冲击有所差距，较严重的地方较高的失业率易引发其他社会问题。

一是中美贸易摩擦对我国就业规模的冲击。在中美贸易摩擦中由于美国加大对我国的出口关税，导致我国出口产业萎缩，出口就业规模缩小。2019 年我国货物进出口对经济增长的贡献率为 11%，拉动我国宏观经济增长了 0.7 个百分点，带动就业约 1.8 亿人。按照贸易就业系数可测算中美贸易摩擦将影响到我国 3500 万个就业岗位。中国国际金融公司（CICC）发表报告表示，自 2018 年 7 月以来，中国制造业总就业人数减少约 500 万人，其中有 180 万人到 190 万人与中美贸易摩擦相关。500 万个岗位流失占全口径制造业就业的 3.4%，占全国总就业人数的 0.7%。在美国对我国加收征税的 500 亿美元商品中，主要集中在制造业，涉及企业和行业来自《中国制造 2025》，根据数据推算将会影响到 290 万个就业岗位。2018 年我国年末城镇调查失业率为 4.9%，至 2019 年为 5.2%，增长了 0.3 个百分点。如果美国继续按照 1000 亿美元的商品加税，则可能将导致我国就业岗位减少 580 万个，城镇失业率继续上升 0.9~1.4 个百分点。如果中美贸易摩擦规模继续扩大，对就业规模的影响也将进一步加大。

二是中美贸易摩擦对我国劳动力就业结构的冲击。中美贸易摩擦对我国就业市场的影响刚开始主要集中在劳动力密集型产业，随后转向高新技术产业，对我国就业结构产生了冲击，不利于我国产业升级及劳动力素质的提升。我国对美国贸易顺差的主要产业有电子、电气设备、纺织服装和机械等，贸易逆差的主要产业有农产品、运输设备、废旧材料、油气和矿产品等。从产业来看，都集中在劳动密集型的第二产业，其中，受关税影响最大的制造行业是计算机和通信设备，2018 年 11 个月就业人数净减 4.9%，这与美国对中国科技公司（包括电信巨头中兴通讯和华为）的严格审查有关。另外，橡胶塑料行业的就业下降 3.8%，电气机械行业下降 2.8%，金属行业下降 2.6%。我国目前劳动力众多的第二产业和发展极为迅猛的高新技术产业再就业方面都受到了极大的负面影响，将会引起行业内短期的自我调整，这对我国产业调整极为不利，高新技术产业的就业吸引力降低，将不利于我国劳动力素质的提升。

三是中美贸易摩擦造成不同地区的就业冲击，引发其他社会问题。根据外贸依存度和就业结构的不同，中美贸易摩擦对我国不同地区造成的就业冲击不同，严重的地方因为高失业率易引发社会治安等其他社会问题。我国东部沿海地区以劳动密集型产业为主，销售方式以外贸出口为主，外贸依存度较高。如东莞、深圳等的外贸依存度均在 70% 以上，其中对美国的出口额约占城市总出口额的 20% 左右，中美贸易摩擦对其就业规模和就业质量均产生了较大的冲击。2019 年东部地区吸收就业超 40% 以上，高失业率不仅会影响了当地的社会治安，还影响我国居民部门杠杆率和负债收入比。据国家金融与发展实验室国家资产负债表研究中心于发布的《2019 年度宏观杠杆率报告》告显示，我国居民部门杠杆率达到了 55.8%，比 2018 年增长了 3.7 个百分点，居民负债收入比达到 111.34%。过高的杠杆和负债比，不利于刺激消费、维持社会稳定。

5. 新技术将对就业产生进一步的影响

在数字化过程中失业的工人，在不经重新培训和学习的情况下，难以胜

第一部分　企业劳动关系状况

任新产生的岗位，现存的许多工作岗位都很可能被自动化、软件、人工智能和机器人取代，被取代工人们不一定能满足新兴就业岗位的需求。2016年一项对42000名雇主进行的调查中，40%的受访者表示，他们很难填补那些需要有技能的贸易、IT、销售、工程和技术岗位的空缺。同时，数字技术的发展速度更快，技术的快速发展变革加剧了技能不匹配的风险。另外，数字技术革命不仅会严重影响劳动密集型的制造业，还将影响传统意义上的高技能服务业，如法律、金融、教育和医疗等行业。多个经济部门都将受到影响，这会使得吸收失业人员变得更加困难。

一是新技术淘汰落后就业岗位。从一开始，人类发明机器的目的就在于替代工作场所的人力劳动。捷克作家卡雷尔·恰佩克(Karel Capek)于1920年创造了机器人这一词语，他使用斯拉夫语中表示工作的词语"Yobota"来明确指出这些机器的用途。数字技术的进步，将推动传统产业转型升级，接管一部分原本由人执行的工作，带来就业市场的变化，给一部分人带来阵痛。现在尚无法准确计算数字化削减的工作岗位的具体数量，这取决于技术发展、经济状况、作用时间、政策作用等各方面因素的影响。数字技术对各行业就业的影响大小也不同，与各行业特点有关。

二是新技术创造新的岗位。2019年4月，人力资源和社会保障部、国家市场监管总局、国家统计局发布13个新职业信息。具体包括：人工智能工程技术人员、物联网工程技术人员、大数据工程技术人员、云计算工程技术人员、数字化管理师、建筑信息模型技术员、电子竞技运营师、电子竞技员、无人机驾驶员、农业经理人、物联网安装调试员、工业机器人系统操作员、工业机器人系统运维员。除农业经理人外，其他12个职业都是由数字技术所创造的。根据中国信息通信研究院的测算，数字技术拉动就业作用十分显著。2018年我国数字经济领域就业人数达到1.91亿人，占当年总就业人数的比重为24.6%，同比提升2.5个百分点。数字经济新增就业作用正在不断加强，数字经济新增就业人数由2012年的215万人增加至2017年的552万人，占当年新增就业比例由17.0%提高至40.9%。新技术的广泛应用，给许多人的生活带来更多选择与便利，通过包容、效率和创新，数字技术为贫困及弱势人口提供了以前无法企及的机会；女性、残障人士和边远居民都能受益。从就业方式来说，就业者可以摆脱时间、空间束缚，获得更大自由。就业场所可能不再是工厂企业,而是虚拟网络组织;就业组织形式也可能不再是项目制团队、合伙人制,而是自由职业的形式,人的个体价值被更自由地激发、流动和共享。

四、促进就业的意见和建议

1. 进一步加强就业扶持力度

要在各项经济社会发展政策中进一步体现就业优先战略,完善就业政策体系,加大政策对就业的扶持力度。一是要抓住新一轮科技革命和产业变革机遇,多渠道、多方式鼓励民营企业、中小企业和劳动密集型企业发展。加快数字经济、AI 经济等新动能产业发展,促进高端装备和制造业数字化转型升级。同时,大力发展现代养老、托幼、文体教育、家政服务等服务性行业,进一步提升传统行业就业岗位的质量。推动社会公共服务领域社会化、市场化,不断拓展就业创业新空间。要加大援企稳岗政策实施力度。落实降低社会保险费率综合方案,切实降低企业用工成本。加大失业保险稳岗返还力度,支持企业不裁员、少裁员。落实社保补贴、税收减免、担保贷款等政策措施,鼓励企业吸纳就业。促进重点群体实现稳定就业。

2. 要继续加强高校毕业生就业促进工作

着力发展智力密集型产业、现代服务业以及各类新业态、新模式,开发更多适合高校毕业生的高质量就业岗位,完善落实就业创业支持政策,拓宽多元就业空间。要将发展民营经济、支持中小微企业与鼓励高校毕业生创业和就业政策结合起来,给予到民营企业和中小微企业的毕业生与到机关、国企、事业单位的毕业生在落户、职称评定等方面的同等待遇,实施更加公平的政策,多方拓宽毕业生就业渠道。推进高校毕业生基层成长计划,引导更多毕业生到中西部、艰苦边远地区就业;扩大国有企事业单位和基层服务项目招聘规模;强化见习培训;深入实施高校毕业生就业创业促进计划。要深化教育供给侧改革,鼓励学校根据行业市场发展需求,灵活调整专业结构和课程设置。在课程设计中,明确设定要培养的核心能力及指标,加强对高校毕业生的就业指导。引导高校进行专业结构、课程设计、教学内容、教学方法等的改革,进一步使毕业生的知识、能力、素质与社会真实需求更加匹配。

3. 要加强农民工就业指导

从体制,政策和工作体系入手,完善农民工就业工作体系,建立健全就业组织体系、职业培训体系、公共就业服务体系等,从扩大就业的角度去关注农民工就业问题,从解决就业的方式、渠道去发掘缓解农民工就业压力的渠道,一方面要加强职业培训,提高农民工就业能力,根据社会经济发展的要求,统筹职业教育和技能教育,以劳动力市场需求为导向,以促进就业和提高经济效益为目的,加强对农民工的职业技能培训,提高农民工总体受教育程度、文化素质和就业技能,使其更好地与岗位需求相比。另一方面,要按照经济增长方式转型升级产业结构,调整优化劳动力资源供给和结构,在不断增加就业机会的同时,着眼于农民工群体劳动权益的保障和就业质量的提升,帮助其实现充分就业、稳定就业、可持续发展和高质量就业。要按照新型工业化新型城镇化进程阶段特征以及经济增长方式的转变,统筹制订和完善农民工就业政策体系,建立完善统一的人力资源市场,加强就业公共服务能力建设,实现就业公共服务均等化,进一步细化针对农民工群体的政策设计。积极引导农村劳动力有序转移就业。结合推进新型城镇化建设和乡村振兴战略实施,推动城乡政策融合和要素融合,提高土地、资本、技术、劳动力要素配置效率,拓宽劳动者城乡就业创业空间。

4. 探索建立提高复转军人就业质量的有效机制

坚持将促进复转军人就业作为就业优先政策的重要内容之一,加强财税、金融、产业投资等经济政策与复转军人就业政策的衔接。建立适应复转军人发展的就业政策窗口。要形成有利于复转军人就业的人才培养技术创新和产业发展的良性生态,促进和提高复转军人高质量就业,在制订产业规划,引入投资项目的政策时,应综合评价其对复转军人就业产生的影响,发挥产业发展、经济增长和扩大复转军人就业的联动效应,加快培育有利于复转军人就业的技术创新新模式和商业模式,培育经济发展新动能,大力发展吸纳复转军人就业能力强的产业。注重引进知识、技术和劳动密集型产业,注重引领新经济、新业态的发展,深入实施创新驱动战略,大力推动数字经济与实体经济融合发展,鼓励复转军人岗位发展,推动创造新的岗位,实现复转军人高质量就业。

5.加强对新业态就业的规范引导

一是多措并举推动其可持续发展。实施有利于创业创新的宏观政策,加大财政引导资金投入,实施普惠性减税降费,加大创业担保贷款政策力度,鼓励多层次、多形式的融资支持创业创新和实体经济。加快土地、知识产权等要素领域改革。优化政府监管治理方式,坚持包容审慎原则,引导零工经济、地摊经济、夜间经济发展,扩大灵活就业、新就业形态空间。二是要将支持就业的各类政策延伸并覆盖新就业形态人员,真正做实稳就业工作,不断完善促进各类灵活就业和新就业形态发展的政策和服务,制定适应灵活就业和新就业形态人员特点的社会保险政策,鼓励平台企业在解决困难群体就业贫困人口就业等方面发挥作用,引导企业灵活用工,增强劳动力市场的灵活性。激发市场活力,降低企业管理运营成本,创造就业机会,惠及民生,进一步鼓励各类在职人员创业创新,最大限度激发社会创新创业能力。加强对人力资源服务行业的支持,依靠现代科技手段,提高服务能力,为劳动者提供就业信息、就业指导及职业技能培训,提高人力资源市场匹配效率。做好数字化的政策和技术服务,完善灵活就业相关保障制度和政策。三是建立适应人工智能发展的教育培训制度,创新技能人才培养模式,构建劳动者终身职业技能培训体系,建立健全覆盖城乡全体劳动者,贯穿劳动者从学习到工作各个阶段,适应劳动者多样化需求差异化的终身职业技能培训体系,持续开展职工技能提升和转岗转业培训,引导企业用好用户教育培训经费。四是完善行业监管,保障劳动者权益,构筑托底保障机制,创造更好的就业环境,扩大就业治理创新监管方式,政府和社会组织协同,建立弹性灵活模式管理框架,以维护转型中的劳动力市场稳定有序,保障劳动者权益。适应新技能需求的快速发展和多样性,关注信息自由工作者的经济数据和利益诉求,明确新就业形态,岗位创造和变化的标准和依据,建立健全市场、政府、法律等对灵活就业人员养老医疗等社会保障的托底保障体制。

第五章　企业劳动用工管理

2019年是中华人民共和国成立70周年，我国经济社会发展取得辉煌的成就，综合国力显著增强，人民生活持续改善，国际地位不断提升。在经济下行压力持续加大、结构调整深入推进的背景下，我国持续加大简政放权和行政审批改革力度，就业形势保持总体平稳，企业用工管理在政策法律等宏观层面不断规范，劳动合同及有关制度不断完善。面对复杂多变的国际经济环境，国内经济面临多种矛盾相互交织的新挑战，企业劳动用工也呈现一些新变化、新动向和新问题，劳动用工管理面临较大挑战，应积极采取各项应对措施。

一、劳动用工政策法规不断完善，执行效果明显

中华人民共和国成立70年以来，我国劳动关系法律法规体系逐步健全、构建中国特色劳动关系体制机制框架基本确立、协调劳动关系三方机制进一步完善、预防化解劳动关系领域突出矛盾取得明显成效、工资收入分配制度改革不断推进、农民工权益得到更好保障。

为防范劳动关系领域系统性区域性风险，各级人社部门积极做好劳动关系形势分析研判，加强劳动关系风险监测预警和防范工作，加强劳动关系重大舆情监测和处置。2019年，应党中央国务院要求，全国人力资源和保障系统成立国务院根治拖欠农民工工资工作领导小组，出台《保障农民工工资支付条例》，开展省级政府保障农民工工资支付工作考核，加大拖欠农民工工资案件的督查督办力度，在全国范围内开展根治欠薪夏季专项行动和冬季攻坚行动。1—11月，人社部门共查处工资类违法案件5.1万件，为73.5万名

劳动者（主要是农民工）追偿被拖欠工资等待遇67.9亿元。

企业民主管理是构建和谐劳动关系的重要内容，对建立完善科学有效的利益协调、诉求表达、矛盾调处、权益保障机制具有重要作用。为适应全面深化改革的新要求和劳动关系发展变化的新趋势，深入推动新时代企业民主管理工作创新发展，全国厂务公开协调小组办公室制定和发布了《2019—2023年全国企业民主管理工作五年规划》。当前，我国发展仍处于并将长期处于重要战略机遇期，在新技术、新业态、新模式下，劳动用工呈现许多新特点，劳动关系出现许多新情况、新问题，对构建和谐劳动关系带来新的挑战。《2014—2018年全国厂务公开民主管理工作五年规划》实施以来，各级厂务公开协调领导机构采取有效举措，认真落实规划要求，取得了积极成效，企业民主管理工作进一步深化发展。但还存在区域行业发展不平衡、覆盖面不充分、总体质量不够高等主要问题。以上海为例，截至2019年，上海市全市已建工会的国有、集体及控股企事业单位职代会单独建制10241家，实行厂务公开制度的10281家；非公有制企业职代会单独建制27790家，实行厂务公开制度的27856家；建立区域（行业）职代会7163家，覆盖非公有制企业111487家，实现了国有企事业单位普遍建制、非公有制企业动态建制率保持在85%以上的目标，在维护职工合法权益、推进基层民主政治建设、构建和谐劳动关系方面取得了积极成效。

新业态劳动用工管理不断规范。近年来，网约车、网络送餐等新业态经济蓬勃发展，在增加就业的同时，一些劳动用工问题显现。许多地区加强研究并出台了针对性较强的措施。例如，2019年浙江省人社厅发布了《关于优化新业态劳动用工服务的指导意见》，明确要求尊重新业态劳动用工的市场规律，建立健全新业态劳动用工管理制度，有效保障新业态从业人员休息休假。既要维护新业态企业依法享有经营管理的自主权，又要维护广大新业态从业人员的合法权益。对于难以直接适用现行劳动保障法律法规的新业态从业人员，企业应积极履行社会责任，与当事人协商签订书面协议，明确双方乃至多方的权利义务。

国家三方出台新冠肺炎疫情期间的劳动用工面的政策，推动特殊时期劳动关系和谐稳定。面对突如其来的新冠肺炎疫情，2020年2月7日，人力资源和社会保障部联合中华全国总工会、中国企业联合会/中国企业家协会、中华全国工商业联合会发布了《关于做好新型冠状病毒感染肺炎疫情防控期间稳定劳动关系支持企业复工复产的意见》，明确指出，要灵活处理疫情防控期间的劳动用工问题，鼓励协商解决复工前的用工问题，协商处理疫情防控期间的工资待遇等。2020年5月，人力资源和社会保障部、中华全国总工会、中国企业联合会/中国企业家协会和中华全国工商业联合会等部门联合下发《关于应对疫情影响进一步做好集体协商工作的通知》（以下简称《通知》），要求各级协调劳动三方发挥集体协商协调劳动关系作用，努力做好"六保"工作，保障职工权益，助力企业发展。《通知》要求，要针对企业经营发展现状和职工的现实诉求，着力围绕稳定劳动关系开展协商。对复工复产难度大、订单大幅减少、生产经营较困难的企业，突出协商稳岗位保企业，通过协商调整薪酬、灵活安排工作时间、轮岗轮休、组织培训等方式稳定工作岗位，尽量不裁员或少裁员；不得不裁员的企业要在裁员方案制订和实施中充分听取职工意见，依法充分协商方能实施。对受疫情影响企业延迟复工、职工待岗、工作时间调整等期间的工资待遇，引导双方依法依规协商确定；对受疫情影响的企业，根据企业经济效益情况，依法适度协商调整工资水平；对暂无工资支付能力的企业，协商约定依规合理延期支付工资；对效益较好生产经营正常的企业，协商合理确定工资增长幅度。将复工后的工作方式、时间安排、带薪休假使用、劳动保护措施、女职工特殊权益保护等涉及职工切身利益问题作为协商内容。据了解，自国家协调劳动关系三方下发的有关政策出台以来，全国已有27个省级三方转发或提出具体实施意见，16个省级工会就做好疫情期间集体协商工作下发专项通知。河北、天津、黑龙江、浙江、福建、河南、山东、陕西、海南、宁夏回族自治区、新疆维吾尔自治区等开展以"同舟共济、共渡难关"为主题的集体协商集中要约行动。受疫情影响，当前众多企业特别是中小企业生产经营困难增多、职工权益保障面临许多新情况、新问题。为此，各地劳动关系三方将集体协商工作作为疫情期间协调和稳定劳动关系的重要机制，指导企业和职工运用集体协商机制，协商处理劳动合同、劳动报酬、休息休假等问题，妥善应对处理疫情防控期间及企业复工复产前后劳动用工和职工权益保障问题，为劳动关系和谐稳定保驾护航。

二、劳动用工管理和实践取得新进展

2019年，尽管企业经营发展环境出现了很大困难，但在政府、社会各界和企业的共同努力下，企业劳动用工管理进一步规范，制度建设取得积极成效。劳动合同签订率保持稳定，集体协商和集体合同制度进一步普及，企业人力资源管理更加重视和强调人的全面开发和人力资源的合理利用，劳动生产率稳步提升，劳动力价值进一步提高。

1. 劳动合同签订率稳步提升，员工权益得到有效维护

2019年度人力资源和社会保障事业发展统计公报显示，2019年全国企业劳动合同签订率达90%以上。年末全国报送人力资源社会保障部门审查并在有效期内的集体合同累计175万份，覆盖职工1.49亿人。经各级人力资源社会保障部门审批且在有效期内实行特殊工时制度的企业8.4万户，涉及职工1480万人。继续开展企业薪酬调查工作，合理调整最低工资标准。

全年全国各级劳动保障监察机构共主动检查用人单位135.1万户次，涉及劳动者5140.8万人次。书面审查用人单位160.6万户次，涉及劳动者6621.9万人次。全年共查处各类劳动保障违法案件11.2万件。通过加大劳动保障监察执法力度，为83.1万名劳动者追发工资等待遇79.5亿元。共督促用人单位与78.6万名劳动者补签劳动合同，督促0.5万户用人单位办理社保登记，督促1.6万户用人单位为17.9万名劳动者补缴社会保险费6.7亿元。加强人力资源市场监管，依法取缔非法职业中介机构2601户。

2. 新就业形态就业规模呈扩大趋势，企业劳动用工管理不断变革

近几年来，随着大数据、人工智能、云计算等新技术在我国广泛应用，以互联网平台为代表的新模式、新业态对我国就业增长贡献巨大。平台经济带动出现的新就业形态成为我国新增就业的重要组成部分，不仅创造了大量就业岗位，也增加了劳动者收入，提升了就业质量。国民经济和社会发展统计公报显示，2019年实物商品网上零售额比2018年增长19.5%，占社会消费品零售总额比重达20.7%。以外卖送餐为代表的本地生活服务平台更是促

进了生活服务业数字化。

国家信息中心分享经济研究中心发布的《中国共享经济发展报告(2020)》显示，初步估算，2019年我国共享经济市场交易规模约为32828亿元，同比增长11.6%，增速较2018年出现大幅下降，共享经济的发展模式正在从追求规模和速度的粗放模式向更加注重发展质量和效率的集约模式转型。

《中国共享经济发展报告(2020)》显示，2019年我国共享经济参与者人数约8亿人，其中服务提供者约7800万人。平台企业员工数约623万人，同比增长约4.2%，共享经济对稳就业起到了促进作用。由于共享经济灵活用工、弹性就业的特点，使得服务提供者能够以兼职形式获得收入，兼职就业成为共享经济领域具有代表性的就业形式。此外，由于共享平台具有灵活性、包容性特点，许多残障人士在知识技能共享领域找到了就业机会。

在各个类型的共享服务中，网约车发展态势良好。测算表明，2019年，网约车客运量占出租车总客运量的比重达到37.1%；在线外卖收入占全国餐饮业收入的比重达到12.4%；共享出行服务支出占城镇居民交通支出的比重为11.4%；共享住宿收入占全国住宿业客房收入的比重达到7.3%；共享物流收入占公路物流总收入的比重达到1.65%；共享医疗服务支出占个人医疗卫生服务支出的比重达到5.9%。

在线外卖在人均餐饮消费支出中占比最高。从人均支出消费情况来看，餐饮和出行占比相对较高；从主要领域共享型服务支出占比来看，2019年在线外卖人均消费支出为425.4元，在人均餐饮消费支出中占比最高，达到12.4%；其次是网约车，人均消费支出约316.4元，占人均出行消费支出的11.4%。2020年共享经济增速将因疫情影响而出现一定幅度的回落，预计在8%~10%之间；2021年和2022年增速将有较大回升，预计未来三年间共享经济的年均复合增速将保持在10%~15%的区间。

淘宝直播相关数据显示，直播已催生超100种新职业，仅2019年带动就业超400万人。欢聚时代旗下的YY直播平台近20万活跃主播人均收入近3万元，即使在疫情期间，平台也为数十万主播提供了稳定的收入。

3. 劳动人事争议处理效能建设和公信力取得"双丰收"

2019年，全年全国各级劳动人事争议基层调解组织和仲裁机构共处理劳动人事争议案件 211.9 万件，涉及劳动者 238.1 万人，涉案金额 489.7 亿元。全年办结争议案件 202.3 万件，调解成功率为 68.0%，仲裁结案率为 95.5%。终局裁决 17.7 万件，占裁决案件数的 41.2%。

在劳动人事争议多元处理格局基本形成的同时，调解仲裁制度机制建设也逐步健全，初步形成了调解仲裁法律政策体系。在制度性框架健全之后，调解仲裁效能建设提速进入"快车道"。协商调解、"互联网＋调解"等调解手段都呈现出高效率，仲裁准司法制度优势进一步体现、裁审衔接不断加强，仲裁终结率显著提高、前置作用进一步发挥。人力资源和社会保障部会同最高人民法院等部门联合下发了《关于实施"护薪"行动全力做好拖欠农民工工资争议处理工作的通知》，劳动人事争议调解仲裁效能显著提升。

2019 年 3 月，网络媒体出现国内某大型二手车交易平台欠薪、变相裁员等问题的报道，涉及 183 名职工，其中农民工 97 名。北京市人力资源和社会保障局立即与企业方和职工方联系核实相关情况。该局主动约谈企业人力资源部负责人，并当场发出《仲裁建议书》，与企业建立群体性事件定期汇报机制。183 名职工与企业就解除劳动关系达成一致，这起群体性事件得到妥善处理。协商调解在其中发挥了基础性作用。在发挥仲裁准司法制度优势方面，人力资源和社会保障部修订并重新发布《劳动人事争议仲裁办案规则》，细化了终局裁决的适用范围，明确了标的金额单项计算，有效增强终局裁决的可操作性；新增"仲裁调解""简易处理""集体劳动人事争议处理"等内容。2019 年上半年，全国仲裁案件终结率达到 67.6%，越来越多的争议案件在仲裁阶段实现"案结、事了"。效能提升的同时，通过加强仲裁机构和队伍建设，夯实调解仲裁基础建设，调解仲裁的公信力也得到进一步提升。这可以通过一组数字来证明：目前，全国 300 人以上大中型企业劳动争议调解委员会组建率超过 50%，多层次劳动人事争议调解组织网络进一步建立健全；全国乡镇（街道）劳动就业社会保障服务所（中心）设立的调解组织组建率超过 93%。

4. 国有企业经营管理改革不断深入，各项措施得到有效实施

随着我国社会主义市场经济的发展，现代薪酬制度在企业管理中的重视程度越来越大。2019 年 1 月 1 日，国务院国资委发布的《中央企业工资总额管理办法》(以下简称《办法》)正式实施。该办法的实施对中央企业工资总额决定机制和管理制度体系进行全面改革,事关中央企业改革发展,事关广大企业职工切身利益,事关收入分配和谐有序,涉及面广、政策性强、影响力大。中央企业工资总额管理,既要与国有企业工资决定机制改革的总体方向保持一致,又要充分体现中央企业自身的经营发展特点。此次出台的《办法》,一是明确提出按中央企业功能定位对工资总额实行分类管理。此次改革的重要创新点之一就是分类管理,将工资总额预算备案制管理的实施范围,扩大到全部主业处于充分竞争行业和领域的商业类中央企业,由企业董事会依法依规自主决定年度工资总额预算,国资委由事前核准转变为事前引导、事中监测和事后监督。二是明确提出了对中央企业工资总额实行分级管理。国资委负责管制度、管总量、管监督,中央企业负责管内部自主分配、管预算分解落实、管具体操作执行,国资委与中央企业权责清晰、各司其职。三是进一步完善中央企业工资总额与经济效益挂钩决定机制。《办法》围绕建立健全"一适应、两挂钩"工资决定机制的目标要求,进行了一系列重大创新。《办法》明确企业同口径增人不增工资总额、减人不减工资总额的有关规定,鼓励中央企业提高用人效率。四是进一步强调深化企业内部分配制度改革。《办法》在宏观层面完善国家、企业和职工三者工资分配关系的同时,强调企业作为内部分配的责任主体,应当持续深化内部三项制度改革,构建形成企业内部管理人员能上能下、员工能进能出、收入能增能减的市场化劳动用工和收入分配管理机制,切实承担起搞好、搞活企业内部分配的职责。五是进一步强调工资总额管理的监督检查,明确界定企业的违规责任。如明确对于实施备案制管理的企业,出现严重违反国家和国资委关于收入分配有关规定的,将其工资总额预算管理方式由备案制调整为核准制,确保做到权责对等。同时,《办法》明确将企业工资总额管理情况纳入各项监督检查范围,与审计、巡视等工作形成合力,切实保证监管到位。

2019年8月初,国务院国有企业改革领导小组办公室印发了《关于支持鼓励"双百企业"进一步加大改革创新力度有关事项的通知》。各中央企业和地方国资委要按照分级分类管理的原则,对"双百企业"及所出资企业实施更加灵活高效的工资总额管理方式,"双百企业"依法依规自主决定内部薪酬分配。支持鼓励各中央企业和地方国资委对商业一类"双百企业"实行工资总额预算备案制管理。支持鼓励各中央企业和地方国资委对"法人治理结构健全、三项制度改革到位、收入分配管理规范"的商业二类"双百企业",实行工资总额预算备案制管理。对行业周期性特征明显、经济效益年度间波动较大或者存在其他特殊情况的"双百企业",实施工资总额预算周期制管理,周期原则上不超过3年,周期内的工资总额增长应当符合工资与效益联动的要求。各中央企业和地方国资委要指导推动"双百企业"全面推行经理层成员任期制和契约化管理;支持鼓励"双百企业"按照"市场化选聘、契约化管理、差异化薪酬、市场化退出"原则,加快建立职业经理人制度,对市场化选聘的职业经理人实行市场化薪酬分配机制,并采取多种方式探索完善中长期激励机制。

三、企业劳动用工方面存在问题和面临的挑战

1.就业结构性矛盾,造成重点人群的劳动用工面临挑战

当前,劳动力供给与需求的总量矛盾依然存在。从供给看,"十三五"期末,16至59岁劳动年龄人口仍将保持在9亿人左右。"十三五"时期年均需在城镇就业的新成长劳动力在1500万人以上,加上近千万的城镇登记失业人员,需在城镇就业的劳动力年均约2500万人,与"十二五"时期基本持平。同时随着城镇化加速推进,"十三五"时期每年还会有近300万人的农业富余劳动力需要转移就业。从需求看,受国际、国内各种因素影响,企业生产经营面临困难,加之技术进步和"机器换人",生产方式变革和劳动生产率提高,这些都会直接或间接导致劳动力需求相对减少。供给不减,需求下降,我国劳动力总量压力依然很大。

劳动用工结构性矛盾更加凸显。一段时期内,人岗不匹配的结构性矛盾仍将成为就业领域的主要矛盾,"招工难"与"就业难"并存。一方面,随着产业转型升级和技术进步,高层次人才和技能人才短缺问题会更加突出。而企业效益下滑也使工资增长、福利提升受到影响,在劳动者预期不变的情况下,一线普通工人和服务员特别是苦、脏、累、险岗位的吸引力进一步下降,招工难问题仍将持续。另一方面,一些低技能劳动者和部分高校毕业生就业困难。特别是随着供给侧结构性改革力度加大,势必造成一大批职工转

岗就业，其中不少人年龄偏大，技能和经验趋同，转业转岗能力差，就业难问题将更加突出，结构性和摩擦性失业或将增多。

青年就业任务艰巨。青年就业是世界各国面临的共同难题，我国也不例外。"十三五"时期我国高校毕业生规模将持续增加，年均达到770万人左右。目前，市场上适合的岗位还不充足，企业招聘意愿有所下降，加之高校毕业生教育结构、就业观念与市场需求脱节的结构性矛盾仍然突出，就业压力仍然很大。同时，新生代农民工比重大幅增加，他们的文化水平和技能素质总体不高，但对就业岗位有更高的要求，对融入城市有更强的诉求，一旦经济下滑出现大规模失业，他们很难回到农村。

结构调整中的职工安置任务繁重。"十三五"时期是我国经济结构调整的攻坚期。目前，化解钢铁、煤炭行业过剩产能工作已全面推进，如果再考虑到其他过剩产能行业的经营困难企业及"僵尸企业"出清，职工安置任务更加繁重。特别是在资源型城市、老工业基地等去产能重点地区，受产业结构单一、再就业门路狭窄等因素制约，失业人员再就业面临更大困难。同时，一些长期生产经营困难企业，降薪甚至欠薪、欠保等问题多发，由此引发的劳动关系矛盾可能也会增多。

不过，现实中仍存在一些导致拖欠农民工工资的问题，需要进一步解决：一是建设项目资金不到位。除社会投资项目外，政府投资项目也存在拖欠工程款的现象，与拖欠农民工工资问题相互交织。二是工程建设领域欠薪。建设市场秩序不规范，存在违法分包、层层转包、挂靠承包等违法违规行为，增加了治理拖欠农民工工资的难度。三是施工企业劳动用工不规范。工程建设领域利益链条过长，管理不规范，加剧了处于末端环节的农民工工资拖欠问题。拖欠农民工工资问题原因复杂，根治这一问题必须多管齐下。在深入分析农民工欠薪根源、梳理现有治理农民工欠薪政策落实情况、总结治理欠薪实践经验基础上，制定专门行政法规，以法治手段推动根治欠薪问题，是十分必要的。

2.新业态用工管理面临诸多新问题和挑战

新就业形态的快速发展，在带来诸多经济和就业积极效果的同时，也面临着许多新情况、新问题、新挑战。

一是一些平台企业运营风险较大，影响新就业形态从业人员稳定就业和劳动权益。近年来，许多平台企业的业务发展和日常运营主要靠风险投资，尚未找到成熟的商业模式或盈利路径，一旦投资中断，难逃倒闭厄运。一份《关于北京地区快递从业人员职业伤害保护调研报告（2019）》显示，劳动保护缺失问题突出，工作伤害以交通事故为主。根据调研结果，劳动保护的缺失成为非正规就业者工伤事故多发、伤害结果重大的重要原因。

二是传统就业方式与新就业形态之间存在着摩擦和冲突。互联网在拓展市场需求空间、创造新就业形态岗位的同时，也在一定程度上改变了利益分配格局和分配方式，引发了不同就业群体间的矛盾和冲突。

三是相关法律关系不清晰，劳动争议较多。新就业形态多依赖平台企业生存，由此派生出平台、用户、劳动者及劳务派遣机构等多方利益主体，构成复杂，责权利不够清晰，纠纷增多。

四是现行就业创业政策在一定程度上不适应新就业形态发展需要。目前，新形态就业创业人员的总体数量、分布结构、专业技能等基本情况底数不清。新就业形态缺乏行政管理上的统一规范界定，难以在同一标准口径下进行数量统计和情况分析，也难以规定和掌握政策边界。

五是社会保险制度在一定程度上不适应新就业形态发展需要。现行的社会保险体系主要是根据"工业社会""单位用人"的特点设计的，许多方面不适合新就业形态人员的需要。新就业形态从业人员普遍"无单位"，有的只能以个人身份参保，没有单位为其缴费，因而个人承担了更高的缴费比例；有的有多个雇主，为每个雇主工作的工时不等，但少有哪个雇主为其缴纳社保费。

六是劳动关系调整机制政策不适应新就业形态发展需要。现行的劳动关系调整机制和基本政策主要是基于"工业化""标准就业""单位用工"的特点设计制定的。随着平台经济、共享经济等新就业形态的蓬勃发展，其从业人员工作方式和用工形式更加灵活多元，而现行劳动关系调整机制稍显力不从心。

七是相关专业技能人才短缺，人力资本支撑不足。新就业形态从业者因其平台就业的特点，导致以往依托企业对本单位职工开展职工教育和技能培训的制度无法发挥作用。相关专业技能人才的教育、职业技能培训政策，有待进一步加强和完善。调查中，以网约工为主体的非正规就业者一般会接受公司的安全培训教育，但是存在职业安全培训时间频次不够的问题，45.8%的人从业期间只接受了一次培训。此外，针对交通事故这样一种常见的职业安全风险，相应的用具配备缺失、交通工具缺少维护等平台企业并没有采取相应的措施，给予相当程度的劳动保护。调查中，头盔、护膝、手套等劳动保护用具等多数都由劳动者自己配备。不管是劳动者还是平台公司都缺乏对交通工具的定期维护，只有47%的受访者会对电动车进行定期维护。

3. 当前企业民主管理工作仍面临新情况、新问题

由于经济社会形势深刻的变化，劳动关系趋向复杂多元化，企业民主管理工作也面临着许多新的情况和问题亟待研究解决。

一是企业民主管理领导体制弱化倾向需引起高度关注。虽然近年来各地都努力通过各种方式维持原有企业民主管理组织机构不散、规格不降、力度不减，但调研中发现，各地普遍反映由于成员单位机构改革、纪检职能调整等原因，企业民主管理工作推进力度受到很大影响，工作淡化、组织领导弱化趋势明显，迫切需要加强顶层设计，引起有关各方特别是党政主要领导对此项工作的重视和支持，高起点谋划和推动工作落实。

二是应对经济发展新常态发挥企业民主管理作用需深入研判思考。当前我国经济发展进入新常态，经济运行稳中有变、变中有忧，经济下行压力加大，增速放缓，国际贸易摩擦加剧，外部环境严峻复杂，产业结构调整任务艰巨，这些宏观因素对企业生产经营和劳动用工带来深刻影响，直接关系到劳动关系的和谐稳定。如何及时研判劳动关系的新动向、新特征和新问题，更好地发挥企业民主管理"润滑剂""协调器""稳定阀"作用，积极预防化解劳动关系矛盾，需要我们深入研究思考，积极有效地应对。

三是非公有制企业民主管理工作需对标补短、破解难题。总体而言，国有企业民主管理工作建制率较高，运行较为规范，作用发挥较好。但非公有制企业民主管理建制难，操作随意性大，工作流于形式问题依然突出，非公有制企业重大改革调整中群体性劳资矛盾易发高发。新修订的《上海市职工代表大会条例》要求所有企事业单位改革调整事项必须向职工公开、涉及职工切身利益事项应当履行职代会审议程序，但在执行过程中还存在较大障碍，

对非公有制企业要不要搞民主管理,社会上还存在很多认识误区,需要创新思路补齐工作短板,突破薄弱环节。

四是新技术、新产业、新业态、新模式下企业民主管理制度创新需加紧探索。伴随互联网经济、平台经济、数字经济的迅猛发展,以物流快递员、网约送餐员等为典型代表的新型就业群体大量涌现,成为推动经济社会发展的一支重要力量。但这类群体对用工主体的组织依附性和就业稳定性相对较弱,劳动法律关系较为模糊,劳动经济权益维护缺乏有力的制度保障,给企业民主管理带来全新的挑战。灵活用工普遍化、用工形式多样化、劳动关系复杂化,企业民主管理该如何破题前行,增强适用性、针对性和有效性。

4. 新冠肺炎疫情对企业用工带来重大影响和冲击

疫情在全球暴发并迅速蔓延以来,企业的生产经营普遍受到冲击,但我国广大企业迎难而上,在危机中求变,为我国经济注入强大的韧性。目前虽已全面复工,但市场需求减少、资金链紧张等问题使各企业经营与发展仍面临严峻的挑战。

在疫情防控下,存在大量的用工管理问题,如风险人员管理、灵活的用工安排、工资调整、劳动安全保护等。所有这些都需要与员工沟通、协商和实施,而且因各种原因不能正常提供劳动的员工都需要分类处理。但往往很多企业的人力资源管理相对粗放,规章制度不完善,人力资源管理人员缺乏应对复杂用工管理的能力和经验,容易引发劳动争议。除了前面说的用工需求增长领域外,其他领域普遍存在人员冗余情况,因疫情影响,业务经营受限,员工工作量不饱和,在采取一系列措施后,部分企业还是可能存在部分员工冗余,需要进一步制订和实施员工安置或减员方案。疫情也导致员工情绪受影响,容易无心向工,工作效率低下。

四、完善劳动用工制度的基本思路和对策建议

1. 不断完善和健全新业态劳动用工相关劳动法规,加大政策落实力度

建议不断完善新业态用工领域的法律制度,加强对其运行的指导服务。要对新业态从业人员的劳动保障权益做专门规制。结合新业态用工的性质和

特点，探索制定符合我国实际情况的法律法规政策，统筹处理好新业态发展与劳动者基本权益的关系，防止产生泛化劳动关系和去劳动关系化的倾向，保护新业态从业人员的权益。要规范新业态从业人员的用工关系。界定劳动用工的不同类型，厘清新业态从业人员的用工性质，合理确定劳用双方的责权利，分类施策，动态管理，促进新业态的健康蓬勃发展；制定并完善新业态行业规范和标准，强化行业自律，引导企业履行社会责任，给新业态从业人员最低限度的保护。同时，建立适应新业态从业人员特点的社会保障制度。指导新业态企业根据不同用工形态和从业人员特点，灵活选择、优化组合参保方式，减轻新业态企业负担、维护从业人员合法权益，适时将新业态企业参加社会保险情况纳入征信管理。

另外，建议适当放宽对解除劳动合同的保护，降低解雇成本，利于企业维持经营，渡过难关。有研究发现，我国在解雇理由、解雇费、不公平解雇赔偿金、不公平解雇主张的时效和复职程度五个方面高于国际水平，但在解雇程序、解雇通知期等方面低于他国，实践上"虚严宽实"。在经济下行期，如何放宽解雇保护制度，针对不同解雇保护主体适度区分对待，对平衡企业与员工利益甚为重要。

2. 高度重视，全民推进，开创企业民主管理工作新格局

建议一是要提高思想认识，进一步完善企业民主管理工作格局。要从加强基层民主政治建设、夯实党执政的阶级基础和群众基础、构建社会主义和谐社会的高度，充分认识企业民主管理工作的重要性、紧迫性，使地方党政领导和企事业单位经营管理者真正树立起全心全意依靠职工办企业的理念。全国厂务公开协调小组要强化顶层设计，高起点谋划工作思路，着力扭转当前对企业民主管理认识不足、组织机构弱化、工作发展不平衡的局面，充分发挥各成员单位的职能优势和合力作用，使企业民主管理领导体制和工作机制更加坚强有力、充满活力、运转顺畅、执行高效。二是要明确工作重点，进一步强化企业民主管理工作分类指导。要指导国有企业继续巩固、规范和深化民主管理工作，持续提高职代会运行质量，使企业民主管理更好地为促进企事业单位改革发展服务，充分调动职工的积极性、主动性、创造性。在非公有制企业大力宣传和强化民主法治观念，引导企业与职工形成利益共同

体、事业共同体、命运共同体，找准非公有制企业民主管理的"痛点堵点"，针对非公有制企业规模、管理模式、职工队伍、工作基础等多样性、差异性的特点，因企制宜、分类指导、精准施策，循序渐进地推进非公有制企业民主管理规范化建设，促进企业劳动关系的和谐和职工队伍的稳定。三是要坚持问题导向，进一步加强对企业民主管理新情况、新问题理论研究与实践探索。认真研究经济结构、产业结构调整和产权制度改革给企业组织形式、管理模式、用工方式及职工行使民主权利的影响问题，企业民主管理与法人治理结构有效融合问题，新型就业群体劳动关系标准认定和合法权益维护问题等，切实加强对新情况、新问题的研究破题力度。组织专家学者和基层工作者从理论和实践层面开展专题研究和讨论，不断探索解决问题的思路和办法，力求在一些关键问题、难点问题、焦点问题上取得新突破，推动制度创新和工作创新，与时俱进全面提升企业民主管理工作整体水平。四是要运用法治思维和法治方式，进一步推进企业民主管理法治化进程。目前全国已经有28个省（区、市）出台了35部企业民主管理的地方性法规，国家层面的立法已经具备了比较成熟的理论和实践基础。全国厂务公开协调小组应认真梳理总结地方立法经验和工作中的瓶颈问题，借鉴国外一些成熟的企业民主管理经验做法，与全国人大和相关部委加强联系、密切配合，积极开展企业民主管理立法调研，提出立法建议，推动启动立法程序。推动修改完善《中华人民共和国公司法》等有关条款，为推动全国企业民主管理工作提供强有力的法治保障。

3. 不断加大新冠肺炎疫情常态化下的劳动用工管理

当前，我国新冠肺炎疫情防控工作取得举世瞩目的重大成就，生产生活秩序全面恢复，劳动关系总体保持稳定。后疫情时代，世界经济下行风险加剧，劳动关系领域将面临更复杂的挑战，企业要从各方面不断加大劳动用工管理。

一是持续密切关注优惠政策，用足纾困扶持政策。目前为了更好地帮助企业渡过难关，各级政府相继出台了有关政策和措施。国家及各地方政府出台了社保、税收或金融等相关的优惠政策支持，帮助企业尤其是中小企业共克时艰。企业需要密切关注当地政府部门网站和通知，积极争取政策及资金方面的扶持，充分利用好社保减免、适岗培训补贴、稳岗补贴、失业保险返还、税费减免、信贷帮扶等一系列优惠政策。例如，疫情期间，人社部、财政部

第一部分 企业劳动关系状况

及税务总局为解决企业社会保险费压力，联合发布了《关于阶段性减免企业社会保险费的通知》（以下简称《通知》）。根据《通知》规定，自 2020 年 2 月起，各地中小微企业可根据受疫情影响情况和基金承受能力，免征基本养老保险、失业保险、工伤保险（以下简称三项社会保险）单位缴费部分，免征期限不超过 5 个月；大型企业等其他参保单位（不含机关事业单位）三项社会保险单位缴费部分可减半征收，减征期限不超过 3 个月。《通知》同时明确，受疫情影响生产经营出现严重困难的企业，可申请缓缴社会保险费，缓缴期限原则上不超过 6 个月，缓缴期间免收滞纳金。

二是应加快数字化转型，提升效率。企业要抓住疫情出现的转型突破口，补齐短板，加快数字化转型，可以通过大数据、人工智能移动、互联网、云计算等新技术提升管理能力和竞争力，企业要不断采用线上线下相结合的形式，通过电子邮件、OA 系统、腾讯会议等形式进行沟通，降低营业成本，优化资源配置，加快人力资源数字化转型，最大限度地提高员工动能，提高效率。

三是不断改变用人结构、降低成本、抵御风险。灵活用工以降低人力成本、高质量交付工作成果、打破用工地域和时间限制等综合用工模式越来越受到企业青睐。以更灵活的用工周期、更多样的岗位，快速、及时、弹性和节约地满足企业用工需求。随着 5G 时代的到来，企业需要更加积极地拥抱灵活的用工模式，改变用人结构，更好地抵御风险，降低成本，可多与专业的人力资源服务外包公司做沟通和交流，为企业找到适合的、合规的、降低成本的用人模式。

四是不断规范用工管理，加强用工保障。特殊时期，企业应规范用工管理，保障员工合法权益。员工可能会因为企业延迟支付奖金、延迟复工、裁员等操作情绪受影响，建议企业加强对员工的情绪观察与疏导，依法做好员工的工资待遇保障，对于确需裁员的员工要给予经济补偿，及时化解劳动纠纷，打造稳定和谐的劳动关系。构建以集体协商为基础，形式并存、灵活多样的劳资协商机制，根据企业实际存在的问题，相机抉择采用不同的柔性、灵活的协商沟通方式进行处理。对于个别职工的待遇支付问题、"三期"女职工特殊劳动保护等问题，企业要加强与此类职工沟通、协商，充分听取劳动者的意愿，并妥善安排。打好各种协商机制的"组合拳"，提高沟通协商的效率。

第六章　企业工资分配

本章通过采集分析国家统计局、人力资源和社会保障部等多个来源统计数据,结合第三方研究报告,分析 2019 年全年的工资收入与分配情况。总体而言,2019 年,我国经济运行总体平稳、稳中有进,就业形势保持稳定,全国城镇单位就业人员平均工资稳步增长。工资增速稍快于经济增长速度。工资收入的城乡、地域间差距进一步缩小,但不同地域、行业、岗位间的工资差距依然显著。

一、2019 年我国企业工资收入与分配的现状

1. 工资收入稳步增长

第一,工资增速快于居民人均可支配收入增速及 GDP 增速。2019 年,全国居民人均可支配收入 30733 元,扣除价格因素影响,比 2018 年实际增长 5.8%,增速较 2018 年下降 0.7 个百分点,实际增速比人均 GDP 增长快 0.1 个百分点,比 GDP 增长慢 0.4 个百分点。从居民收入结构看,工资、经营和转移 3 项收入均加快增长,只有财产收入增速有所下降。其中,全国居民人均工资性收入 17186 元,占可支配收入的比重为 55.9%,增长 8.6%,增速比 2018 年上涨 0.3 个百分点,快于居民人均可支配收入增速及 GDP 增速。

国家统计局发布的 2019 年就业人员收入数据显示,2019 年全国规模以上企业就业人员年平均工资为 75229 元,比 2018 年名义增长 10%;全国城镇非私营单位就业人员年平均工资为 90501 元,比 2018 年增加 8088 元,名义增长 9.8%,增速比 2018 年回落 1.1 个百分点(见图 6-1)。扣除价格因素,2019 年全国城镇非私营单位就业人员年平均工资实际增长 6.8%。城镇私营

单位就业人员年平均工资为 53604 元，比 2018 年增长 8.1%，扣除价格因素，实际增长 5.2%。

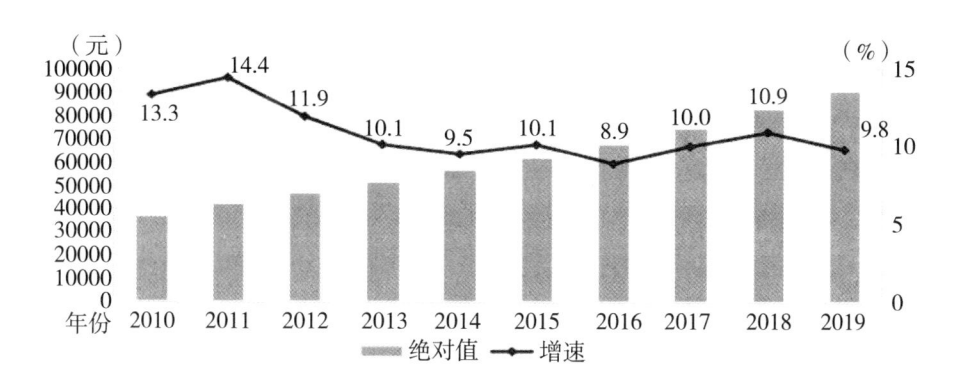

图 6-1 2010—2019 年城镇非私营单位就业人员年平均工资及增速

第二，多省份重点关注一线职工，工资基准线站上 7%。据不完全统计，截至 2019 年年底，全国已有 17 个省（区、市）调整了工资指导线。从各省（区、市）已公布的 2019 年企业工资指导线情况来看，17 个省（区、市）中，除了宁夏回族自治区 6.5%、吉林 6.0%、上海 5%~6%、新疆维吾尔自治区 5%，其余 13 省（区、市）的基准线都在 7% 以上。北京、江西、山西和辽宁基准线均站上 8%，其中，北京以 8%~8.5% 的基准线居于首位。

在基准线方面，与 2018 年相比较，2019 年辽宁、青海对基准线进行了上调，北京、山西、甘肃、天津、陕西、宁夏回族自治区、上海、新疆维吾尔自治区 8 省（区、市）对基准线进行了下调，其余省（区、市）则未做调整（除了贵州 2018 年企业工资指导线不明确）。在上线方面，2019 年北京、江西、上海都未设上线，辽宁、内蒙古自治区对上线进行了上调，山西、甘肃、宁夏回族自治区、吉林和新疆维吾尔自治区 5 省（区、市）对上线进行了下调。在下线方面，内蒙古自治区 2019 年未设下线，云南和宁夏将下线上调，北京、陕西、上海、新疆维吾尔自治区 4 省（区、市）则对下线进行了下调。此外，山东从今年起，不再发布企业职工货币工资增长上线和下线。

2018—2019 年部分省（区、市）工资指导线如表 6-1 所示。

表 6-1　2018—2019 年部分省（区、市）工资指导线

企业工资指导线							
序号	地区	2019 年			2018 年		
^	^	上线	基准线	下线	上线	基准线	下线
1	北京	未设	8%~8.5%	3.5%	13%	8.5%	4%
2	上海	未设	5%~6%	2%~3%	未设	8%	3%
3	天津	12%	7%	3%	12%	7.5%	3%
4	山东	未设	7%	未设	11%	7%	3%
5	山西	12%	8%	4%	12.5%	8.5%	4%
6	江西	未设	8%	3%	未设	8%	3%
7	贵州	12%	7.5%	3%	不明确	不明确	不明确
8	陕西	12%	7%	2%	12%	7.5%	3%
9	内蒙古自治区	11%	7.5%	未设	10%	7%	1.5%
10	云南	11%	7%	3%	11%	7%	2%
11	新疆维吾尔自治区	8%	5%	2%	10%	7%	3%
12	吉林	9%	6%	3%	10%	6%	3%
13	宁夏回族自治区	12%	6.5%	3%	13%	7%	2.5%
14	辽宁	12%	8%	4%	10%	7%	4%
15	海南	8.9%	7.1%	3.4%	8.9%	7.1%	3.4%
16	青海	12%	7%	3%	12%	6%	3%
17	甘肃	12%	7%	4%	14%	8%	4%

注：数据来源于各地人力资源和社会保障部门、公开数据。

中新经纬客户端在梳理各省（区、市）2019年企业工资指导线时发现，多省（区、市）对一线职工"重点关注"，明确提出着力提高一线职工工资水平。如北京市人力资源和社会保障局表示，各类企业应当合理确定企业内部薪酬体系，消除不合理的收入分配差距，积极开展工资集体协商，着力提高工资水平偏低、工资增长缓慢的普通职工，特别是生产一线及技术工人岗位人员工资水平。江西人力资源和社会保障厅相关负责人指出，企业应正确处理按劳分配与按生产要素分配的关系，在坚持按劳分配原则的前提下，努力提高一线职工特别是技术工人、农民工的工资水平，使一线职工工资增长不低于本企业平均工资的增长。贵州人力资源和社会保障厅提出，企业在确定工资增长时，应着力提高工资水平偏低的生产一线岗位职工工资水平。同时，要妥善处理、合理确定企业经营者与职工的工资分配关系及收入比例，职工工资不增长的，企业经营者的工资不得增长。宁夏人力资源和社会保障厅表示，企业应建立和完善内部工资分配的自我约束机制，加强人工成本管理，发挥市场在人力资源配置中的决定性作用，正确处理按劳分配与按生产要素分配的关系，在坚持按劳分配的前提下，在工资分配时向关键岗位、生产服务一线岗位和急需紧缺岗位人才倾斜。上海市人力资源和社会保障局提出，工资分配应向关键岗位、生产服务一线岗位和紧缺急需岗位的人才倾斜，工资水平偏低的一线职工工资增长幅度应当不低于本企业职工工资的平均增长幅度，企业高管的工资增长幅度应低于本企业职工工资的平均增长幅度。

第三，各地经济发展情况不一，最低标准存在差异，"含金量"不尽相同。截至2019年年底，全国共有9个省（区、市）调整了最低工资标准。调整后，上海、北京、广东、天津、江苏、浙江等地月最低工资标准超过2000元。其中，上海月最低工资标准为2480元，为全国最高。经济较为发达地区华东有三个省市超过2000元标准，分别是上海、江苏、浙江，北上广包括天津也已全面超过2000元标准。不难看出经济越是发达地区，消费越高相对应的最低工资保障就越高，这种分配也将更好地提高当地居民的生活水平。调整后各地月最低工资标准如表6-2所示。

表 6-2　调整后各地月最低工资标准

序号	地区	标准执行日期	第一档（元/月）	第二档（元/月）	第三档（元/月）	第四档（元/月）
1	上海	2019-04-01	2480	—	—	—
2	深圳	2018-07-01	2200	—	—	—
3	北京	2019-07-01	2200	—	—	—
4	广东	2018-07-01	2100	1720	1550	1410
5	天津	2017-07-01	2050	—	—	—
6	江苏	2018-08-01	2020	1830	1620	—
7	浙江	2017-12-01	2010	1800	1660	1500
8	山东	2018-06-01	1910	1730	1550	—
9	河南	2018-10-01	1900	1700	1500	—
10	新疆维吾尔自治区	2018-01-01	1820	1620	1540	1460
11	吉林	2017-10-01	1780	1680	1580	1480
12	四川	2018-07-01	1780	1650	1550	—
13	内蒙古自治区	2017-08-01	1760	1660	1560	1460
14	湖北	2017-11-01	1750	1500	1380	1250
15	山西	2017-10-01	1700	1600	1500	1400
16	福建	2020-01-01	1800	1720	1570	1420
17	黑龙江	2017-10-01	1680	1450	1270	—
18	江西	2018-01-01	1680	1580	1470	—
19	广西壮族自治区	2018-02-01	1680	1450	1300	—
20	贵州	2019-12-01	1790	1670	1570	—
21	陕西	2019-05-01	1800	1700	1600	—

第一部分 企业劳动关系状况

续表

序号	地区	标准执行日期	第一档（元/月）	第二档（元/月）	第三档（元/月）	第四档（元/月）
22	海南	2018-12-01	1670	1570	1520	—
23	云南	2018-05-01	1670	1500	1350	—
24	宁夏回族自治区	2017-10-01	1660	1560	1480	—
25	河北	2019-11-01	1900	1790	1680	1580
26	西藏自治区	2018-01-01	1650	—	—	—
27	辽宁	2019-11-01	1810	1610	1480	1300
28	甘肃	2017-06-01	1620	1570	1520	1470
29	湖南	2019-10-01	1700	1540	1380	1220
30	安徽	2018-11-01	1550	1380	1280	1180
31	重庆	2019-01-01	1800	1700		
32	青海	2017-05-01	1500	—	—	—

注：数据来源于各地人力资源和社会保障部门。

由于各地经济发展情况不一，各地最低工资标准存在差异。以各地第一档最低工资标准为例，上海以2480元/月居首位，青海最低为1500元/月，安徽次低为1550元/月。不过，需要指出的是，各地最低工资标准的"含金量"不尽相同。

首先，对于是否包括职工本人缴纳的各项社保和住房公积金，各地规定不一。据安徽人力资源和社会保障厅消息，全国发布的最低工资标准，北京、上海、安徽不包含个人缴纳的社会保险费和住房公积金，其他地区发布的均包含个人缴纳的社会保险费和住房公积金。

另外，由于各地经济发展情况不一，居民人均可支配收入及生活成本等方面均存在差异。以第一档最低工资标准与居民人均可支配收入简单对比可以发现，部分省份最低工资标准超过居民人均可支配收入，部分省份两者差距则较大。

2. 东部地区工资最高，涨幅最大，东北地区仍然垫底

从四大区域看，2019年城镇非私营单位就业人员年平均工资由高到低依次是东部、西部、中部和东北地区，分别为104069元、81954元、73457元和71721元，比2018年分别增长11.7%、8.2%、6.5%和9.6%。最高和最低地区的平均工资之比为1.45，与2018年基本持平（见表6-3）。城镇私营单位就业人员年平均工资由高到低依次是东部、西部、中部和东北地区，分别为59471元、46777元、43927元和39861元，比上年分别增长7.7%、6.7%、7.0%和7.5%。

表6-3 2019年城镇非私营单位分地区就业人员年平均工资

单位：元，%

地区	2019年	2018年	增长速度
全部	90501	82413	9.8
东部地区	104069	93178	11.7
西部地区	81954	75755	8.2
中部地区	73457	68969	6.5
东北地区	71721	65411	9.6

3. 外商投资企业年平均工资稳居首位

年平均工资最高的是外商投资企业106604元，为全国平均水平的1.18倍。年平均工资最低的是集体单位62612元，为全国平均水平的69%。

从增长速度看，其他内资单位年平均工资的增速最高，增长15.7%；集体单位增速最低，增长3.2%。除国有、有限责任公司、股份有限公司、其他内资和港澳台商投资企业以外，其余类型单位的平均工资增速均低于全国平均水平。

4. 行业红火带动工资上涨，新兴行业工资上涨有潜力

（1）信息传输、软件和信息技术服务业工资最高，金融业、科学研究

和技术服务业位居前三。在城镇私营单位中，年平均工资最高的三个行业分别为信息传输、软件和信息技术服务业85301元，金融业76107元，科学研究和技术服务业67642元。城镇非私营单位中，则分别是信息传输、软件和信息技术服务业161352元，科学研究和技术服务业133459元，金融业131405元。在非私营单位中，共有6个行业年平均收入超过10万元。除了上述三个行业，还包括卫生和社会工作，电力、热力、燃气及水生产供应业，文化、体育和娱乐业。

（2）随着供给侧结构性改革不断深化，"三去一降一补"成果进一步巩固，带动相关行业平均工资保持较快增长态势。这在采矿和制造领域表现明显。2019年，采矿业就业人员在城镇非私营单位和城镇私营单位年平均工资分别增长11.8%和12.7%。制造业就业人员在城镇非私营单位和城镇私营单位年平均工资分别增长8.4%和7.3%。高技术相关制造业和一些短板领域就业人员平均工资也实现较快增长。城镇非私营单位中，医药制造业及铁路、船舶、航空航天和其他运输设备制造业就业人员年平均工资分别增长13.0%和10.3%，土地管理业和水利管理业就业人员年平均工资分别增长23.4%和13.3%。

（3）与公共服务和消费升级相关的行业平均工资较快增长。随着人民生活水平提高，文化事业和文化产业加快发展。2019年城镇非私营单位中，广播电视电影和录音制作业、新闻和出版业就业人员年平均工资分别增长13.7%和13.4%。居民生活消费相关服务业就业人员平均工资持续增长。2019年城镇非私营单位中，与民生和消费密切相关的机动车电子产品和日用产品修理业、居民服务业、邮政业就业人员年平均工资分别增长16.6%、10.8%和10.4%。

科教、信息和交通等新兴行业工资水平呈现可观潜力。数据显示，2019年全年研究与试验发展经费支出比上年增长10.5%，城镇非私营单位中，研究和试验发展、科技推广和应用服务业、高等教育就业人员年平均工资分别增长15.9%、10.2%和13.2%，分别高于全国平均工资增速6.1、0.4和3.4个百分点。

信息技术广泛渗透，也为一批就业人员带来不错的收入。一方面，网上零售快速发展。2019年全国实物商品网上零售额比上年增长19.5%，相应地，城镇非私营单位中批发和零售业就业人员年平均工资增长 10.5%，高于全国平均工资增速 0.7 个百分点。另一方面，互联网应用不断拓展。城镇非私营单位中，信息传输、软件和信息技术服务业中的互联网和相关服务业就业人员年平均工资增长 13.6%；城镇私营单位中，信息传输、软件和信息技术服务业就业人员年平均工资增长 11.8%，增速均比 2018 年加快。

同时，随着交通基础设施改善，人流物流增加，交通领域就业人员平均工资稳步提升。2019 年城镇非私营单位中，航空运输业和铁路运输业就业人员年平均工资分别增长 11.5% 和 10.0%。

二、2019 年我国企业工资收入与分配存在的主要问题

改革开放以来，特别是近年来，我国按照市场机制调节、企业自主分配、平等协商确定、政府监督指导的原则，积极推进企业工资制度改革，初步形成了符合我国国情特点、与社会主义市场经济体制相适应的企业工资分配制度，但我国企业工资收入分配也存在较突出的问题。

1. 收入分配的差距不断扩大，贫富分化加剧

收入分配的差距体现在很多具体问题上，例如个人收入问题、行业收入问题、城乡收入问题、地区收入问题等。首先在个人收入方面，主要是因为不同地域经济发展水平不同，使得人们受教育的程度不同，在经济较为发达的地区，人们普遍受教育程度比较高，学成后具有先进的知识和过硬的本领，能够胜任高层次的工作，收入自然会比经济欠发达地区的没有接受过良好教育的人高，所以这就导致了社会中个人收入的不均衡；其次在行业方面，第二、第三产业中的某些行业利用其先天优越的生产条件创造出巨大的利润，相比较农业生产等效率不高的行业，自然会导致行业收入不均。例如电力、石油、金融等垄断性行业的职工工资远远高于传统非垄断行业职工的工资。而且垄断行业企业之间及企业内部的收入差距也在扩大；再有由于地理位置的不同产生了地域经济发展不均衡的问题，就如我国东部凭借其沿海这一先天优越的地理条件广泛进行对外贸易，与其他国家和地区进行交流，促使东部地区的经济迅猛发展，与其相反的西部地区地处偏远，水资源匮乏，致使其经济

发展相对缓慢，落后，再加上政府还经常给予东部地区一些政策上的优惠，更使得东西部发展不均，收入自然会产生极大的差距。

基尼系数是国际上通用用来分析贫富差距的指标。基尼系数介于0~1之间，越接近1，表示不平等程度越高。警戒线的数字是0.4。从近十几年的数据我们可以看出，中国的基尼系数一直在0.4~0.5之间徘徊，最高的时候在破5的边缘跃跃欲试。中国不平等程度的最大增长发生在20世纪80年代中期至21世纪前10年中期，近年来已趋于稳定。2018年中国的基尼系数为0.474。但世界银行的数据则显示，2016年中国人均财富基尼系数已高达0.789，已大大超过警戒线，明显高于日本、韩国、新加坡等经济转型较为成功的经济体。

2. 企业的奖酬机制正在逐渐无法满足内部和外部的期望

对于员工来说，奖酬不仅仅意味着金钱，他们在寻找满足自身需求的个性化的薪酬与激励。然而大多数公司都一直在猜测，却并不知道他们的员工想要的或看重的东西是什么。与此同时，财富的两极分化和经济的增长带来的红利也在一定程度上使企业面临越来越大的社会压力，这意味着更多的企业需要思考自己的奖酬体系如何满足员工和社会愈发广泛的期望。在学习、领导力、团队合作和发展等诸多领域里，奖酬机制也必须进行调整来促进预期成效的达成。奖酬机制在各个方面都产生了差距并遭遇越来越多的挫折。

3. 收入分配结构存在不合理性

总的来看，随着经济的发展，目前收入分配的积极因素是，分配正在向科技含量高的行业和新兴产业倾斜，脑力劳动者、技术密集领域的劳动者，以及资本密集型产业的劳动者的收入正在迅速增长，人民生活水平正在以前所未有的速度提高。这些积极因素有力地支持了经济社会的持续快速健康发展。但同时收入分配领域确实还存在着诸多问题，整体收入分配结构仍不合理，突出的问题主要表现为：一是工资收入结构不合理，制度内工资低，制度外劳动报酬高，项目繁多，未纳入工资内；二是按多种要素分配的收入比重不大，与中央关于"允许和鼓励资本、技术、管理等要素参与收益分配"的要求尚且还有偏差。不同收入群体分布形态不够理想，低收入群体所占比重很大。再分配还不适应形势发展的需要。与世界接轨存在距离。我国城镇居民按多种要素分配的格局还远远没有真正调整到位，其他要素参与分配还需要进一步增加比重。

4. 教育红利变窄，导致阶层固化

近几年来，我国就业市场结构性失衡问题较严重，一方面是应届大学生毕业即失业高呼就业难，另一方面是用人单位难招工呈现"民工荒"现象。在这种现象下，可以看到大学生的工资增速低于农民工的增速，受教育程度提高带来的工资红利紧缩，导致阶层固化，社会阶层流动性降低。

教育是构成人力资本的重要因素，以往随着受教育水平的提升往往可以带来工资水平的大幅增长，但现在受教育水平提升带来的工资福利明显下降。据麦可思研究院发布的大学生就业蓝皮书及国家统计局数据可以看到，应届毕业大学生与农民工的月均收入之比明显呈现下降趋势。在2009年，两者之比尚可达到1.7，截至2018年年底，只有1.4（见图6-2）。且分行业来看，部分行业的农民工工资已经高于应届毕业大学生，2018年国家统计局调研的交运仓储行业的农民工平均工资为4624元，而麦可思数据发布的文化教育大类中应届毕业大学生平均月工资仅为3621元。农民工工资收入增速在赶超大学生，高等教育带来的工资溢价红利不断减少，阶层固化。

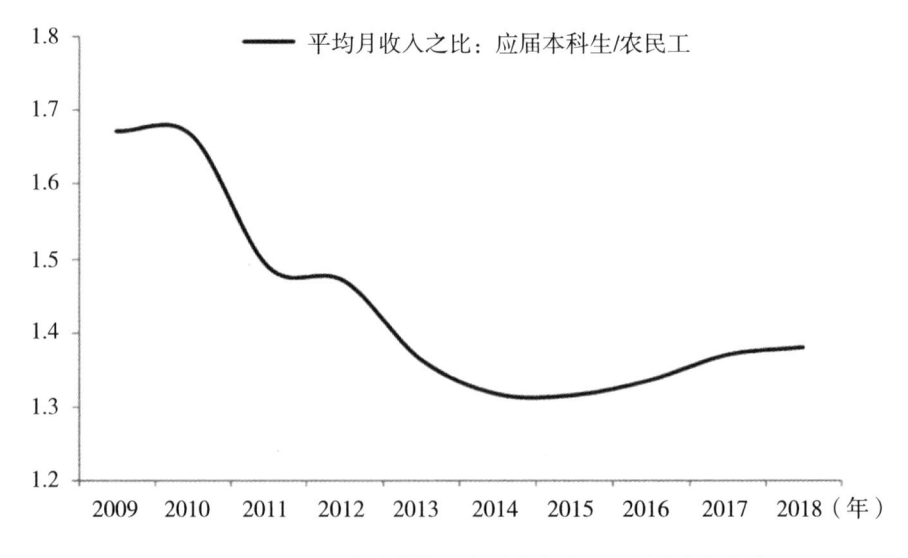

图6-2 2009—2018年应届毕业本科生和农民工月均收入之比

三、我国企业工资收入与分配的发展趋势

1. 行业见工资分配差距有所抬头

"十三五"期间,信息传输、软件和信息技术服务业取代金融业,成为工资水平最高的行业,比全部行业的平均工资高出80%左右;工资水平较低的行业仍然是农林牧渔业、住宿和餐饮业这两个行业。2019年这两个行业的平均工资仅相当于全部行业平均工资的43.5%、55.6%。

最高和最低行业工资差距连续扩大,2019年绝对额相差12万元以上,最高和最低工资之比停留在4以上,整体上高于发达国家2或不超过3的水平。行业工资差距与行业间劳动生产率差异的关联度不高,但呈现固化的特点,垄断行业收入畸高的问题未得到有效解决。

2. 不同群体工资分化的态势略有扩大

城镇非私营和私营两类单位就业人员的工资水平和工资增长不断分化。2019年私营单位就业人员平均工资虽然比"十二五"期末增加了1.4万元,但是仅相当于同期非私营单位就业人员平均工资的59.2%。在工资增速上,私营单位也日渐落后,使得二者差距继续扩大。

3. 岗位间的收入差距拉大也表现出固化的趋势

根据国家统计局每年5月发布的数据,企业中五个主要非农岗位的工资水平呈现高工资、高增长的态势。工资水平较高的"专业技术人员",工资年均有两位数的增长。"中层及以上管理人员"平均工资在五类人群中最高,年均工资增长也较快,达到8%。而"生产制造及有关人员"等基层岗位不仅工资水平低,工资增速也较低,与其他岗位的工资差距有所拉大。

四、我国企业工资收入与分配的对策建议

1. 完善企业工资宏观调控体系

(1)加强对企业内部分配工作的引导和服务。发布企业薪酬调查数据,

提升对企业工资分配信息服务和引导功能，指导分配主体对不同类型的劳动者进行科学合理分配；支持用人单位打破学历、资历等限制，将工资分配、薪酬增长与岗位价值、技能素质、实际贡献、创新成果等因素密切挂钩。

（2）完善随地工资标准调整的评估机制，引导各地建立最低工资标准调整的启动机制，提高最低工资和工资支付保障立法层次，加强对低工资群体的保障托底。鼓励行业组织、产业工会制订和发布行业工资指导线，促进工资增长与行业发展、人才队伍建设、劳动生产率提高、经济效益改进的协同发展。

2. 促进企业工资集体协商机制建设

吸收一些地区在工资接替协商立法上的经验做法，在国家层面确立工资集体协商的法律效力，回应和解决集体协商工作面临的实际问题。根据行业特点和企业性质，分类推进科学的工资水平决定机制与正常增长机制建设。继续大力推行行业性、区域性工资集体协商，促进小微企业、非公企业劳动者工资增长与劳动生产率增长的协调性。

3. 提高收入分配治理的法制化水平

工资分配至今没有一部完整的专项法律，既不能适应社会主义市场经济体制下工资分配正常运行和合理规范的需要，也不能适应工资分配的有效调控和不断推进发展的需要。现在已有的工资分配相关立法层级较低，系统性不强，针对性和可操作性不足，使得工资分配在实际运行和调控、监管中出现的问题难以依法规范。20世纪80年代初，我国经济体制改革是以工资制度改革委突破口的，经过30多年的改革进程，工资收入分配的体制机制发生了重大变化，适应市场经济发展需要的工资收入分配制度趋于形成，为制定法律创造了有利条件。我们要在借鉴国际经验和总结我国改革实践的基础上，明确立法目标，做好立法规划，抓紧出台工资法律，尽早形成以劳动法、劳动合同法、工资法等为主要框架的工资分配法律体系。通过法制建设规范收入分配秩序，推进收入分配制度改革的不断深化。

第七章 社会保障与福利

我国社会保障和福利制度不断完善，发展趋势向好，覆盖范围持续扩大，保障水平稳步提高。尤其是 2019 年社保费率下调给劳动者带来了实惠。随着老龄化问题的加剧，养老金制度可持续发展的问题引发关注。对于职场福利方面，大多数劳动者表示不满。本章通过采集分析国家统计局、人力资源和社会保障部等多个来源统计数据，结合第三方研究报告，分析 2019 年全年的社会保障制度改革及运行情况，以及员工福利情况等。

一、2019 年我国企业社会保障与福利的现状

1. 社保费率正式下调

自 2019 年 5 月 1 日起，为了降低企业负担，企业的社保费率由原来的 20% 降低为 16%，个人还是维持在 8%，缴费的平均工资的计算方式则是以城镇非私营单位就业人员平均工资和城镇私营单位就业人员平均工资加权计算全口径城镇单位就业人员平均工资，并根据这个结果来确定缴费的上下限。统计方式的改变会使平均工资有所降低，同时也会使工资低于缴费基准的人每个月少缴纳一些费用，一般缴费基准的上限为平均工资的 3 倍，下限为平均工资的 60%。

此次社保费率下调主要是为了减轻企业社保缴费的比例，为了维持良好的劳动关系，促进企业和劳动者良性发展，在下调费率的同时，不会放松阶段性失业和工伤保险费率的政策，并且对劳动密集型企业加大社保补贴力度，切实减轻企业在用人福利及社会保险方面的成本，并维持劳资关系继续向好。有专家预测，此次下调将会给企业减轻 8000 亿元的社保缴费负担。同时，

该举措也可以促进社保缴费工作的更好开展,在一定程度上杜绝由于缴费高而带来的漏缴、拒缴现象。并且此次下调是针对社保费率高于16%的地区下调至16%,可以促进区域之间的企业公平竞争,促进区域间职工待遇平等,进一步促进人才资源的区域分布更加合理和均衡。

2. 社保覆盖范围广且有结余,其他配套社会保障齐全

(1)我国社保覆盖范围较广,参保人数逐渐增多。2019年我国基本养老保险、失业保险、工伤保险三项社会保险基金收入合计59130亿元,与2018年相比增加了2040亿元,增长了3.6个百分点;支出合计为54492亿元,与2018年相比增加了5285亿元,增长了10.7个百分点。且参保人数不断增多,城镇职工基本养老保险参保人数达43482万人,较2018年增长1633.94万人,增长了3.9个百分点;城乡居民基本养老保险期末参保人数为53266万人,较去年增加了874万人,增长了1.67个百分点;失业保险参保人数为20543万人,较2018年增加了899万人,增长了4.58个百分点;工伤保险参保人数为25478万人,较2018年增加了1604万人,增长了6.72个百分点(见表7-1)。

(2)社保支出有结余,进入良性发展循环。据人社部相关数据显示,2019年年末城镇职工基本养老保险、城乡居民基本养老保险、失业保险和工伤保险年内收入分别为52063.1亿元、4020.2亿元、1284亿元和819亿元(见表7-1)。截至2019年年底,全国领取失业保险金的有228万人,累计支出1333亿元,工伤保险支出817亿元。在人力资源社会保障部四季度发布会上,人力资源社会保障部发言人卢爱红给出统计数据,2019年年内三项社会保险基金总收入为5.82万亿元,年内总支出55.41万亿元,年底三项基金累计结余6.85万亿元,进入良性发展。

表 7-1　2019 年我国社保缴费统计

保险	统计指标	单位	数量
城镇职工基本养老保险	期末参保人数	万人	43482
	基金收入	亿元	52063.1
	基金支出	亿元	48783.3
城乡居民基本养老保险	期末参保人数	万人	53266
	基金收入	亿元	4020.2
	基金支出	亿元	3113.9
失业保险	期末参保人数	万人	20543
	基金收入	亿元	1284
	基金支出	亿元	1333
工伤保险	期末参保人数	万人	25478
	基金收入	亿元	819
	基金支出	亿元	817

注：数据来源于人力资源和社会保障部。

（3）社会保障相关配套齐全。除了三大社会保障基金，还有生育保险参保人数增多，2019年参保人数达21432万人，较2018年增长了997万人。截至2019年年末，全国有861万人享受到了城市最低生活保障，3456万人享受到了农村最低生活保障，其中有439万人享受到了农村特困人员救助供养；全年救济站临时救助了918万人，门诊和住院救助了6180万人，资助了7782万人参加了基本医疗保险，抚恤和补助退役军人等861万人。据国家统计局相关数据显示，截至2019年年底，全国共有养老机构3.4万个，养老服务床位761.4万张，儿童服务机构663个，儿童服务床位9.7万张，社区服务中心2.6万个，社区服务站16.7万个。

3. 养老金制度可持续问题引发关注

随着老龄化问题的加剧,社会养老金制度可持续发展问题引发多方关注。根据国家统计局相关数据显示,2018年我国60岁以上人口较2017年增加了859万人,而2019年增加的数额为439万人,仅为2018年增加部分的一半。2018年老龄化率较2017年增加了0.6个百分点,2019年增加了0.2个百分点,为2018年增速的三分之一。虽然增速有所下降,但老龄化问题依然严重,2009—2019年十年间,老龄人口比例由12.5%上升至18.1%,增长了5.6个百分点(见图7-1)。

注:数据来源于国家统计局数据。

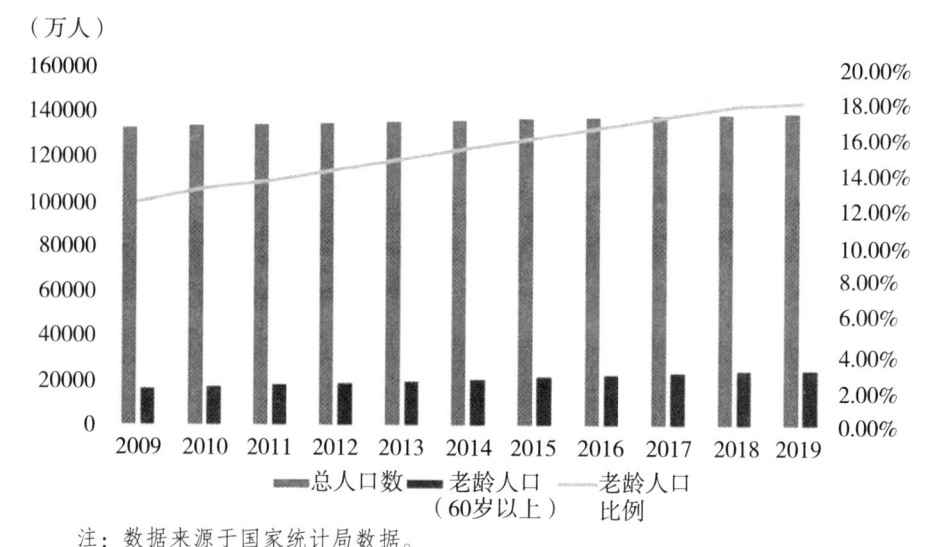

图7-1 2009—2019年我国老龄人口增长趋势

从老龄人口年龄层次来看,65岁以上老龄人口增长较快。2019年65岁以上老年人口增加了945万人,是十年来增长最快的一年,较2018年的增长部分多120万人,且65岁以上老龄人口增长的速度高于全国老龄人口增长的速度。据《中国社会保障发展报告(2019)》数据显示,预计到2020年,我国60岁以上的老年人口将增长至2.55亿人,占总人口比例达到17.8%,其中,高龄人口可能将达到2900万人,独居和空巢老人可能达到1.18亿人,由此带来高老年抚养比,可能将达到28%。

4.基本社会养老保险占据主要地位

从我国养老保险的构成来看,基本社会养老保险占据主要地位。2019年,全国社会基本养老保险基金收入为56083.3亿元,其中城镇职工基本养老保险基金收入为52063.1亿元,城乡居民基本养老保险基金收入为4020.2亿元;企业年金缴纳近18000亿元;普通寿险和分红寿险收入为30284亿元(见图7-2)。总体来看,我国社会基本养老保险基金收入远远超过企业年金和个人储蓄、养老保险规模,在我国养老制度中占据最主要的地位。

类别	金额(亿元)
商业寿险	30284
企业年金	18000
城乡居民基本养老保险基金	4020.2
城镇职工基本养老保险基金	52063.1
社会基本养老保险基金	56083.3

注:数据来源于国家统计局。

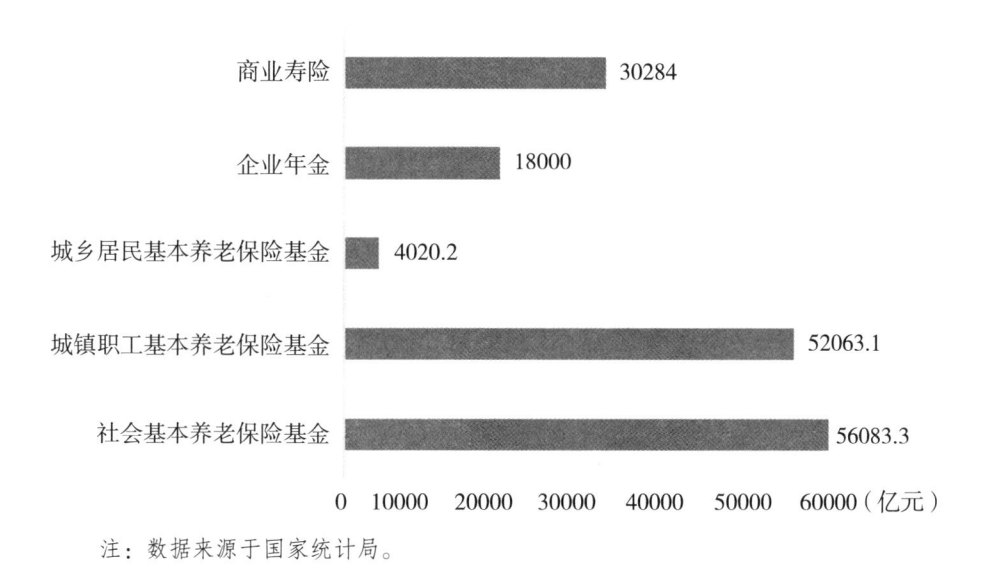

图7-2 2019年我国各种类养老保险收入情况

二、2019年我国企业社会保障与福利存在的主要问题及风险

1.社会保险尚未实现人群全覆盖

我国虽然已经实现城乡居民基本养老保险和基本医疗保险的制度全覆盖,但并不等于对所有人群实现全覆盖。由于城乡居民基本养老保险和基本医疗保险遵循自愿参保原则,仍有部分人群由于经济能力、个人意愿等多方面原因而游离于社会保险体系之外。如2018年上半年,基本养老保险参保人数为9.5亿人,据测算尚有1亿人未被覆盖。在已经参保的城乡居民当中,

不少人选择最低档缴费,造成待遇水平偏低。同时,失业、工伤和生育保险参保率仍然较低。未参保的人群多数是低收入者,健康状况、就业能力偏弱,最需要通过社会保险的再分配功能来改善自己的生活状况。这批人群游离于社会保险之外,影响了社会保险收入再分配功能的发挥。

2. 企业用各种手段削减人力成本,劳动者权益受损害

在劳动力成本越来越高的今天,部分企业往往会通过各种手段侵害劳动者权益,以达到削减人力成本的目的。主要的表现形式有以最低参保标准为职工缴纳社会保障基金、高强度的"996"工作制,以及通过降薪、无薪长假等方式变相裁员。

(1)企业以最低参保标准为职工参保。

企业按照城市的最低标准给员工缴纳社会保险现象普遍且隐性,严重侵犯了员工的合法权益。其主要形式有:一是与员工签订虚假合同,合同上工资低于员工实际所得工资,并欺骗员工这样做是为了少缴纳个人所得税,以达到按最低标准缴纳社保的目的;二是调整工资结构,将其分为两部分,一部分是当地最低收入标准的底薪,另一部分是较高的绩效工资,在缴纳社保时按照较低的底薪工资来计算社保标准。

按最低标准缴纳社保,相当于大大减少了员工本应得的福利待遇。一是退休后养老金的领取问题,按照最低标准,累计到退休的养老金总额很低,每月能领取的金额远低于正常缴纳社保的人;二是工伤待遇问题,工伤保险的赔偿金按照企业为员工申报的缴费工资来计算,如果发生意外,则只能领取到按最低标准缴纳的少额的赔偿金。

(2)实行高强度的"996"工作制。

随着马云、刘强东和搜狗周小川公开为"996"工作制发声,以及程序员在 GitHub 社区上为抵制互联网行业的频繁加班恶习而创建的 996.ICU 项目,"996"工作制逐渐走进大众视野,"996"工作制已被公认是互联网行业不正常的常态。

"996"工作制对员工的身体健康、心理健康和社会的经济发展带来极大的负面影响。一是员工身体健康受到损伤。据有关调查显示,北京地区有 61.6% 的人进入过劳死的"红灯预警期",其中,处于过劳死"红灯危险期"的有 26.7%。据 2018 年武汉科技大学劳动经济研究所发布的"关于职场行

为与疲劳状况"调查报告显示，超过80%的劳动者承受着一般或更高的精神压力和身体压力，工作压力导致我国每年过劳死的人数达到180万人，超过日本成了过劳死数量最多的国家。二是给员工的心理健康带来了负面影响。过高的工作强度使得员工心理健康问题突出，据世界卫生组织报告显示，截至2019年，中国有超过5400万人患有抑郁症，占总人口的4.2%，其中，20~50岁的中青年是抑郁症的高发群体，而这个年龄段的人群正是职场人群的主力。三是不利于社会经济的发展。较长的工作时间会减少员工的个人休息和消费时间，抑制员工消费。在经济增长的三驾马车中，因为中美贸易摩擦导致投资和出口暂缓，倘若消费再走弱，则不利于我国宏观经济的增长。

（3）利用各种手段变相裁员。

部分公司为了免赔经济补偿金，在裁员时往往通过各种方式逼迫员工自行离职，其主要手段有：一是降薪，以公司效益不佳或员工个人表现不佳等为理由降薪；二是不合理调岗，将员工调到完全不熟悉、不合适的岗位以逼迫员工主动离开；三是制订不可能完成的KPI任务，让员工自身工作信心受挫从而离职；四是孤立员工，伙同或压迫其他员工孤立想要裁员的员工，使其因难以接受的工作氛围主动离职；五是直接威胁，HR直接谈话中透露公司想要裁员的意向，威胁员工自己提出离职申请；六是无薪长假等，直接给员工放假并不提供薪水，逼迫其在经济压力下辞职。

3. 我国基本社会养老基金区域之间收支不平衡，大部分地区存在收不抵支的问题

根据人力资源和社会保障部相关数据显示，2019年我国基本社会养老基金收入为56083亿元，但区域间收入和支出不均衡。从收入来看，广东缴纳最多，为741.6亿元，其次是江苏和山东，分别缴纳了478.8亿元和338.6亿元，收入排名靠前的均为东部沿海地区大省，与东部地区产业聚集、就业劳动者较多相关，而西藏社会基本养老保险基金收入仅为6.4亿元，还有很多省份收入不足100亿元，省与省之间差距较大。从支出来看，支出最高的是江苏省，2019年年内支出371.2亿元，其次是四川和辽宁，分别支出375亿元和346.8亿元，支出最少的同样为西藏自治区，支出6.4亿元，与收入相平。但总体上来看，我国社会基本养老基金的收入大省和支出大省不一致，2019年全国仅有7省当年收支有结余，其中结余最多的为广东，当年收支结

余474亿元,其次是北京,当年收支结余262.8亿元,除开收支相抵的3个省,其余22个省均为收不抵支,当年无结余。我国社会基本养老保险基金区域间差距较大,整体上收不抵支年内无结余(见表7-2)。

表7-2 2019年我国社会基本养老基金收入和支出分省情况

地区	上缴	下拨	缴拨差额
广东	741.6	267.6	474
北京	394	131.2	262.8
浙江	381.8	273.2	108.6
江苏	478.8	371.2	107.6
上海	330.4	228	102.4
福建	157.8	71.4	86.4
山东	338.6	259.8	78.8
云南	74.6	74.6	
贵州	72.6	72.6	
西藏自治区	6.4	6.4	
新疆维吾尔自治区	49.2	51.8	-2.6
青海	12.2	16.8	-4.6
海南	24.4	30.2	-5.8
宁夏回族自治区	19.2	26.4	-7.2
天津	84.6	96.4	-11.8
新疆生产建设兵团	18	31	-13
河南	168.4	183.4	-15
陕西	85.4	103.2	-17.8
甘肃	41.4	62	-20.6
安徽	108.8	138	-29.2
广西壮族自治区	73	102.2	-29.2
江西	101.2	133.4	-32.2
山西	65.4	100.6	-35.2
重庆	130.4	169.4	-39
河北	116.4	176	-59.6
内蒙古自治区	55	116	-61
湖南	106.4	175.2	-68.8
湖北	153	245.4	-92.4
吉林	59	157.2	-98.2
四川	197.2	375	-177.8
黑龙江	68.4	252.2	-183.8
辽宁	131	346.8	-215.8

注:数据来源于国家统计局。

4. 养老金制度无法满足老龄化及农民工的需求

一是随着老龄化问题的加剧，我国养老制度还需要进一步立法完善。截至 2019 年年末，据人力资源和社会保障部发布的《2019 年度人力资源和社会保障事业发展统计公报》显示，全国参加基本养老保险 96754 万人，总收入 57026 亿元，总支出 52342 亿元，结存 62873 亿元。但从我国人口增速和人口结构来看，老年人口逐步增多，新生人口增速较缓，我国养老金的"收支差"将逐渐变窄。据中国社科院世界社保研究中心发布的《中国养老金精算报告 2019—2050》显示，若企业保持缴费率 16% 的基准，到 2028 年我国城镇企业职工基本养老保险基金将首次出现赤字，达到 -1181.3 亿元（见图 7-3）。

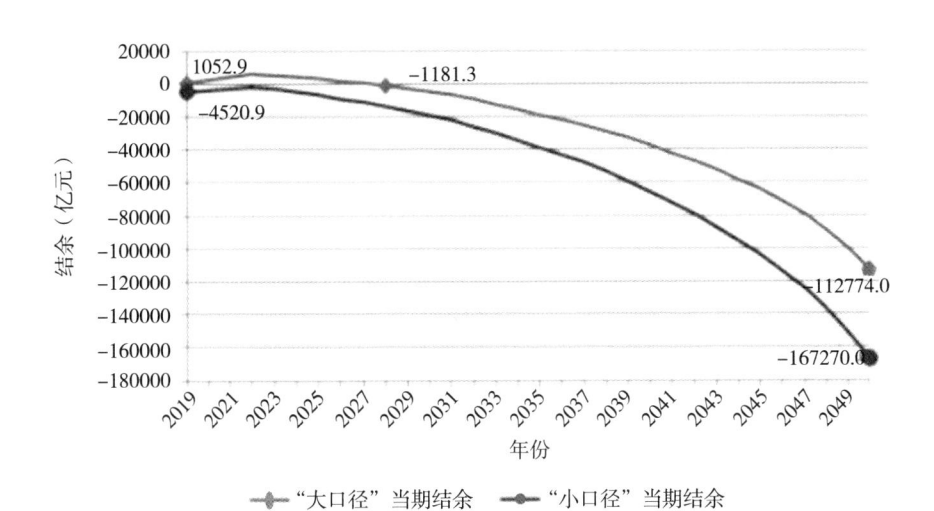

注：数据来源于《中国养老金精算报告 2019—2050》。

图 7-3 2019—2050 年全国企业职工基本养老保险基金当期结余预测

三、我国企业社会保障与福利的发展趋势

1. 基本养老保险参保人数和基金收入虽有增加，但基金支出呈现出更高的增长趋势

2010 年我国全国基本养老保险基金收入是 13873 亿元，年内支出为

10755亿元,而2018年收入和支出分别为55006亿元和47550亿元,据人力资源和社会保障部数据,2019年收入和支出的数字分别为56083亿元和51897亿元,与2018年相比,基金支出的增速有所上升,基金收入的增速有所下降,收入和支出的差额进一步缩小,养老金可持续发展制度令人担忧。

2. 职业市场"中年危机"现象再次引发关注

由于近年来,职业知识与技术更新速度明显加快,尤其在新兴互联网企业中,竞争十分激烈,人力资本贬值现象尤为严重。部分中年员工由于自身知识体系相对落后,和加班能力不足,导致互联网企业对此类职工群体存在隐形歧视,沦为了"低价值员工"。根据美国调查机构 PayScale 的数据显示,截至2018年年底,苹果员工平均年龄31岁,谷歌员工为30岁,Facebook和领英为29岁。相比于国外科技公司,中国公司的年龄层次还要更年轻一些,腾讯和华为员工平均年龄只有28岁左右,而今日头条平均年龄还不到27岁。

2019年,由于"996福报"引发了社会广泛关注,"35岁退休""35岁被裁员"等又被推上了舆情的高位。网友普遍认为政府应该出台相关法律法规,有效遏制企业变相裁减老员工的倾向。

四、我国企业社会保障与福利的对策建议

1. 提高社会保险统筹层次

完善养老保险基金中央调剂制度,积极推动实现职工养老保险全国统收统支,进一步厘清中央和地方责任,解决地区间基本养老保险基金收支不平衡问题。健全参保缴费激励约束机制,根据社会经济发展状况积极推进职工基础养老保险全国统筹。养老保险全国统筹要坚持"统筹基金而非统筹待遇",保证各地养老保险缴费水平和待遇水平与当地经济社会发展水平相适应。

2. 积极扩大社会保障覆盖面

积极适应产业结构、就业形态变化,调整完善社会保障制度,重点支持农民工、灵活就业人员、老少边穷地区居民等弱势群体,通过缴费补助或代缴费用等形式促进低收入者参加社会保险,推进城乡社保统筹发展,尽早实

现"人人享有社会保障"。

3.改革现行社会养老保险制度的管理体制，真正实现行政管理机构与基金投资运营机构，执行机构与监督机构的分设

在保持必要的政府监管的前提下，可以考虑将投资机构交给市场，选择多种投资方式，确保社会养老基金的保值增值。

4.加强医疗保险制度的建设和整合

针对2020年新冠肺炎疫情中暴露出来的问题，建立健全重大疾病医疗保险和救助机制、医保异地即时结算制度。统筹城乡基本养老保险和基本医疗保险制度，逐步缩小城乡之间的待遇差距。

要根据条件，逐步把城镇所有用人单位，包括企业、机关、事业单位、社会团体、民办非企业单位及其职工、乡镇企业及其职工、城镇个体经济业主及其从业人员都吸收到基本医疗保险里来。扶持商业医疗保险的发展，真正形成多层次的医疗保险体系。同时可以根据国家的有关规定，在确保基金安全性的前提下适当进行投资，使基金得到不断增值。

5.积极发展居家、社区和互助式养老，推进医养结合，提高养老院服务质量，应对人口老龄化

完善政府购买服务政策，引进民间资本，健全社区养老、长期护理、残障人士和困境儿童看护照顾等领域的机构和服务体系。

第八章 劳动争议处理

劳动关系是重要的社会关系之一，劳动关系的和谐稳定是事关全国经济发展和社会发展大局的重要因素。2019 年，世界经济在缓慢减速中度过了不平凡的一年。进入相持阶段的中美贸易关系，与产业结构调整、企业经营困难等因素叠加，国内企业经营压力不断增大，企业注销或搬迁现象频繁，经济社会矛盾交织，面对复杂的国际、国内环境，我国经济依然保持了平稳运行，发展质量稳步提升，劳动关系总体和谐稳定。岁末突然暴发的新冠肺炎疫情导致局部地区出现停滞状态，对社会生产、劳动者就业等都带来了一定的影响，给防范劳动关系风险带来新的挑战。

一、我国劳动争议处理现状及特点

（一）劳动争议调解仲裁的基本情况

根据人力资源和社会保障事业发展统计公报显示，全年各级劳动人事争议基层调解组织和仲裁机构共处理劳动人事争议案件 211.9 万件，同比增加 16%，相比 2018 年增加 29.3 万件。涉及劳动者 238.1 万人，比 2018 年增长 20.3 万人，同比增加 9.3%，增幅与 2018 年保持基本持平。涉案金额 489.7 亿元，比 2018 年增长 87.1 亿元，同比增长 21.6%，这是劳动争议案件涉案金额近三年来的首次上升。全年办结争议案件 202.3 万件，调解成功率为 68.0%，仲裁结案率为 95.5%。其中，终局裁决 17.7 万件，占总裁决案件数的 41.2%。终局裁决比 2018 年增加了 4.1 万件，以终局裁决结案的比例提高了3%。全年全国各级劳动保障监察机构共主动检查用人单位135.1万户次，涉及劳动者5140.8万人次。采用书面审查形式160.6万户次，涉及劳动者6621.9万人次。2019年全年共查处各类劳动保障违法案件11.2万件。通过加大劳动保障监察执法力度，为83.1万名劳动者追发工资等待遇79.5亿元。共督促用人单位与78.6万名劳动者补签劳动合同，督促0.5万户用人单位办理社保登记，督促1.6万户用人单位为17.9万名劳动者补缴社会保险费6.7亿元。加强人力资源市场监管，依法取缔非法职业中介机构2601户。

根据2019年人力资源和社会保障统计快报显示，从劳动人事争议处理仲裁机构立案情况来看，2019年，全国仲裁机构立案受理案件总数为107万件，比2018年增长17.6万件，同比增加19.7%；涉及劳动者人数127.4万人，比2018年增加16.4万人，同比增加14.8%；当期审结案件数106.8万件，当期结案率比2018年提高了1%。

2019年劳动人事争议处理及劳动保障监察情况如表8-1所示。

表8-1 2019年劳动人事争议处理及劳动保障监察情况

	序号	统计指标	2019年	单位
劳动人事争议处理	1	立案受理案件总数	107.0	万件
	2	立案受理案件涉及劳动者人数	127.4	万人
	3	当期审结案件数	106.8	万件
劳动保障监察	4	劳动保障监察案件结案数	11.2	万件
	5	主动检查用人单位户数	135.1	万户
	6	督促补签劳动合同	78.6	万人
	7	追发工资等待遇金额	79.5	亿元
	8	督促缴纳社会保险费金额	6.7	亿元

注：数据来源于人力资源和社会保障部2019年人力资源和社会保障统计快报。

综上所述，2019年处理劳动违法与争议案件数量、涉案劳动者和涉案总金额均有较大幅度增加，但劳动案件的处理效能进一步提高，终局裁决结案率大幅提升，劳动争议调解仲裁和劳动监察效果显著。

（二）劳动争议诉讼的基本状况

我国劳动争议与协调数量持续上升，从案由来看，传统的劳动合同纠纷还是占据主要位置，但随着新业态灵活用工的兴起，由此引发的劳务合同纠纷也在进一步增长，同时，可以看到劳动争议与协调的区域性、行业性特征明显。

1. 劳动争议与协调数量上升

据中国裁判文书网的数据显示，2019年与劳动争议相关的案件判决共有480857起，较2018年增长了55889起，全国各仲裁机构全年共处理案件54万多件。从2014—2019年近五年的数据（见图8-1）来看，涉及劳动争议的案件数量持续上升，在2018年略有回落，随后继续增长，其增长的原因主要有以下几点：

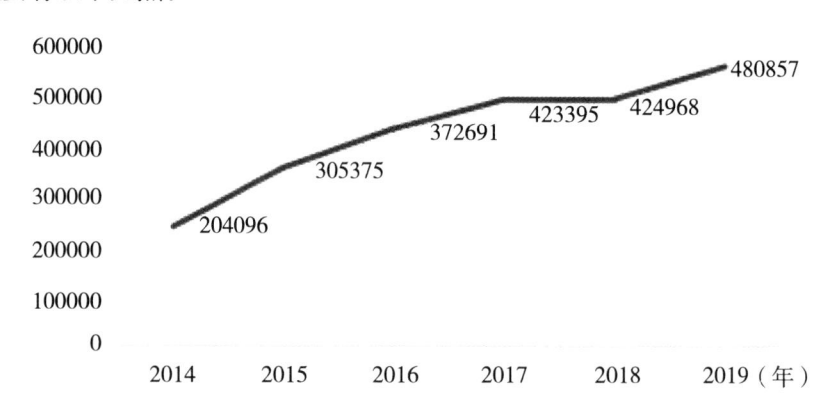

注：数据来源于中国裁判文书网。

图 8-1　2014—2019 年劳动争议案件处理情况

一是用人单位的管理不够规范。部分用人单位由于法律意识不强，没有取得合法的经营资格即开始非法用工；部分用人单位为降低人力成本，故意不与劳动者签订有效的劳动合同或者签订"霸王合同""生死合同"等；还有部分用人单位在签订合同后阳奉阴违，故意不给劳动者缴纳或者以最低标准缴纳社会保险基金，严重侵犯劳动者合法权益。

二是劳动者的法律意识不强,流动性大。据国家统计局数据显示,2019年我国农民工总数达29077万人,其中外出务工的达17425万人,整体农民工中56%为初中文化程度,仅有16.6%为高中文化。数量众多且文化程度较低的农民工在与用人单位签订合同时,由于法律意识不强且流动性较大,导致合同有很多不规范或者不利于自己的地方。又因为农民工们大多从事制造业、建筑业等危险的行业,易发生工伤事故,由于合同约定、社会保险缴纳等的缺失,导致工伤发生后赔偿问题得不到解决。

三是新业态带来的新就业方式还没有有效的法律监管。随着经济的发展和经济结构的转型,信息化水平的提高带来了新的就业方式,越来越多的用人单位和劳动者选择了灵活就业,但是灵活就业在给双方带来便利的同时也带来了更多的劳动纠纷。例如有些外卖平台和外卖小哥之间,由于不具有劳动关系只需要约定劳务合同,在出现工伤后由于两者对合同理解的不一致极易引发劳动纠纷。

四是劳动监管部门保障力度不大。由于立法滞后、劳动保障部门的行政能力较弱等多方面原因,导致在执法过程中对企业的震慑力有限,再加上部分执法人员不作为、乱作为,对企业非法用工的行为惩处不够,导致此类现象屡禁不止。同时,基层劳动保障机构不完善,很多企业的工会组织形同虚设,没有完整的机构和发挥应尽的职能,劳动者对工会的信任缺失将导致很多矛盾无法在企业内部解决,最终引发了劳动争议纠纷。

2. 劳动争议传统诉求占主导,新型诉求案件增加

2019年裁决的案件中,劳动合同引起的纠纷占比最大,达到了65.4%,其次是劳务合同引起的纠纷,占比4.2%,工伤、保险、待遇纠纷为10.7%,其他为涉及确认劳动关系、人事争议、竞业限制纠纷等的为19.7%(见图8-2)。可以看到,传统的劳动合同引发的劳动纠纷还是占主导,但是新业态、灵活用工带来的劳务合同纠纷所占比例也在逐步增大。

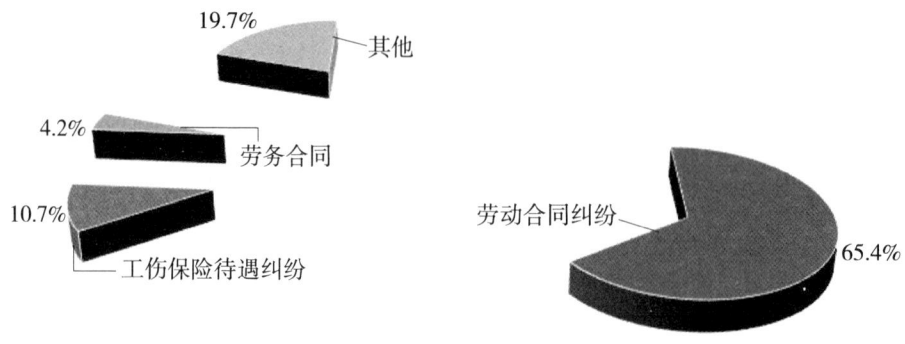

中国企业劳动关系状况报告（2019）

注：数据来源于中国裁判文书网。

图 8-2　2019 年劳动争议案件案由分布情况

据搜狐网报道，外卖配送骑手郭某在某软件平台进行接单配送，2019年8月郭某将某软件平台告上法庭，认为该平台人为操纵软件，缩短配送时间导致无法在规定的时间内配送完成，随后对其进行罚款，且支付的月工资额度低于北京市的最低工资标准。郭某诉求为公司取消罚款，并补发工资差额。但法院审理后认为郭某与某软件平台不存在劳动关系，郭某通过注册在某软件平台接单，但不从属于某软件平台员工，某软件平台没有强制要求每日劳动时间和工作任务，二者间签署的是电子劳务协议，所以驳回郭某的上诉。对此，北京朝阳法院工作人员表示，互联网用工是否构成劳动关系，要看劳动者对于该平台是否有紧密的人身依附性，如果劳动者是自由的，可以自主选择工作时间和地点，没有固定的办公场所，不坐班、不强制性被安排工作任务，可自主选择且公司的管理不强，则劳动者对于公司没有较强的人身依附性，二者之间不构成劳动关系，仅仅为双方间约定的劳务关系。

据澎湃新闻报道，文昌法院也受理了新业态灵活用工带来的劳动纠纷案。张某某等33人在海南某网络科技公司从事外卖员的工作，公司并未与他们签订劳动合同和为他们购买社会保险。2019年12月，公司单方面解除了劳动关系，删除了张某某等33人在平台的外卖骑手账号，并拒绝支付任何劳动合同补偿金或赔偿金。在向仲裁委寻求帮助后，仲裁委通过相关听证和审理，确认双方存在劳动关系，在解除合同后用人单位方需向劳动者支付赔偿金，用人单位不服随后向文昌法院提起诉讼，法院听取双方证词并查看证据后，判决公司应支付拖欠的工资和相应的赔偿金。

3. 劳动争议与协调区域性特征明显

劳动争议和协调的地域性和行业性特征也很明显，不同的区域和行业间呈现出不同的特点。

从区域上，广东、江苏等沿海地区劳动纠纷较多。据相关数据显示，2019 年全年全国涉及劳动争议和人事争议的案件达 3747706 起，其中广东范围内达到 362153 起，占全国总案件的 9.7%，其次是江苏范围内发生 301982 起，占全国总案件的 8.06%，随后是 283147 起的四川和 261923 起的山东，还有浙江内 253996 起。总量排名前五的省份除了四川，广东、江苏、山东和浙江均为东部沿海省份，这四个城市的劳动争议和协调案件占全国总案件的 31.49%。可以看到，劳动纠纷较多发生在东部沿海产业发达的地区，这些地区往往制造业、建筑业较为发达，从事劳动者多为文化程度较低的农民工，再加上行业具有一定的危险性，导致工伤索赔和合同问题易发生劳动争议和纠纷。

从行业上来看，制造业案件占比最大。由相关数据显示，2019 年全年全国范围内制造业案件达 867944 起，占全国所有行业劳动争议案件的 36.87%。以制造业较发达且省内发生劳动争议案件最多的广东为例，省内制造业相关劳动争议案件达到 116145 起，占全省案件的 46.51%，其次是批发零售业、租赁和商业服务业，全年内分别发生 35783 件和 17492 件，占省内所有行业案件的 14.33% 和 7%（见图 8-3）。可以看到，目前制造业行业和批发零售业占比较大，主要是制造业，由于制造业流动性大、工作环境危险，易发生合同、工伤等纠纷。

中国企业劳动关系状况报告（2019）

制造业
116145件（46.51%）

其他行业
56033件

交通运输、
仓储和邮政业
11568件

12699件

租赁和商业服务业
17492件（7%）

批发零售业
35783件（14.33%）

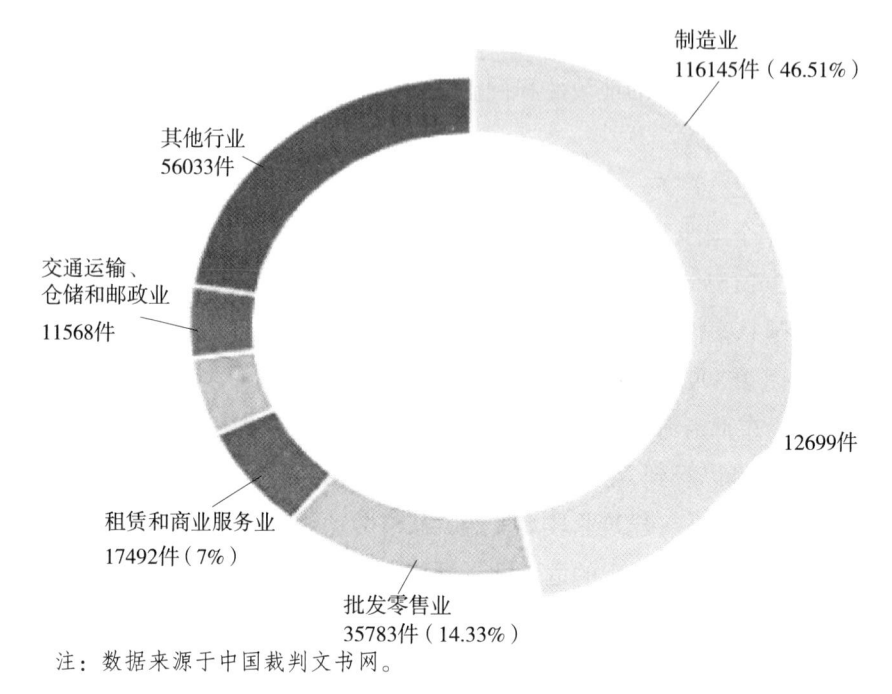

注：数据来源于中国裁判文书网。

图8-3　2019年广东劳动争议案件行业分布情况

二、我国劳动争议的总体趋势

据中国裁判文书网网站数据显示，我国2019年全年内劳动争议裁决文书总量达到190832份，加上全国仲裁机构总共处理劳动争议案件达到约54万件，近五年来我国劳动争议相关案件数量不断上升，争议案由也逐渐变得复杂化、多元化。

一是新业态灵活用工带来新的劳动纠纷。由于新业态灵活用工带来的新的就业方式，法律又具有明显的滞后性，现有的法律和实际情况中间出现了一段真空地带，导致易发生劳动纠纷。例如饿了么、美团外卖等外卖平台、滴滴快车、神州用车等网约车等新的用工形式，骑手和网约车司机与平台不具有劳动关系，只是二者间协商约定的劳务关系，在社会保险基金特别是工伤保险、福利待遇等方面易发生纠纷。

二是发生争议的类型变得更加复杂。在以往，劳动争议的案件案由主要是以工伤为主，由于工伤引发的一系列赔偿及合同问题，主要形式较单一。

但近年来，出现了很多其他的劳动争议类型，有劳动关系确认、拖欠工资及加班费、社会保险金缴纳、合同解除产生的经济补偿金等，种类逐渐变得多样，涉及的范围越来越广，特别是加工制造业、服务业和建筑业等行业，由于受工作性质、工作环境和员工类型等多种因素影响，成了劳动争议纠纷的高发地。

三是申请仲裁的主体变得更加多样化。由于劳动者和用人单位之间关系复杂，导致申请仲裁的主体变得更加多样化。例如在建筑行业，由于分包现象的存在，有些建筑用工单位在承接了工程之后，通过劳务派遣公司招聘劳动者到工地上工作，在发生劳动纠纷时，往往劳动者不是向用人单位索赔，而是与之签订劳务合同的劳务派遣公司。同时，涉诉劳动者的身份构成也发生了明显的变化，目前劳动者请代理人的比例不断增大，公民代理的比例也逐步提升，由于劳动者的法律意识较低和文化程度较低，对代理人的依赖性较强。

三、2019年我国劳动争议存在的主要问题及风险

1. 劳动争议预防调解工作仍面临来自平台经济的挑战

近年来，随着信息和网络技术的广泛应用，以平台经济为代表的新业态迅速发展，创造了大量就业机会，在平台就业的劳动者人数快速增长。用工方式突破了传统模式，呈现主体多元、用工灵活等特点。在促进创新创业的同时，平台与劳动者之间的关系复杂多样，劳动权益保障方面出现一些新情况、新问题。新就业形态是不断创新、动态调整的，具备与传统就业形态完全不同的内涵和特征，主要表现为：劳动者多数未与平台签订劳动合同，如滴滴司机、平台外卖员、视频平台的直播艺人等，与平台外的第三方公司签订的多是合作、租赁、经济等民事协议；工作时间与内容弹性化；指挥管理较为松散；人身隶属关系弱化；除了劳动报酬之外，多数没有缴纳"五险一金"，劳动者缺乏职业保护；从业者和工作岗位的关系不再像传统产业模式下那样紧密结合；劳动报酬、工作时间和工作地点等内容的限定呈现更加灵活和碎片化的特征，由此产生的劳动关系认定争议及劳动权益保护问题日益增多。

2. 劳动争议调解仲裁制度需进一步完善

我国劳动争议预防调解仲裁制度基本完善，在实施过程中，还需要注意进一步的健全和补充，保持其中立性和独立性，并在仲裁过程中确认其受案范围、仲裁员任职要求和监督机制等细节问题。一是劳动争议仲裁缺乏中立性、独立性和终局性。一方面，劳动仲裁委员会行政色彩较浓，缺乏中立性和独立性。根据我国现行《中华人民共和国劳动法》和《企业劳动争议处理条例》的规定，劳动争议仲裁委员会由劳动行政主管部门的代表、工会代表和企业代表三方组成，但在实践中往往劳动者代表和用人单位代表缺位或发挥较弱的作用，使得劳动争议三方力量不均衡，劳动争议仲裁委员会的办事机构设立在劳动行政部门之下，劳动行政部门发挥着牵头的重要作用。这样，劳动仲裁在一定程度上具有行政色彩，仲裁行为也变成了执行公务的行政行为。同时，机构设立在劳动行政部门之下还使得劳动争议仲裁委员会实际上隶属于地方政府，而地方政府部门有一定的政绩要求，这会使劳动仲裁效率和结果等受到影响。例如，政府为完成经济效益进行招商引资时，为了吸引企业可能会放松对企业劳动关系的监管，忽视企业特别是三资企业、纳税大户、龙头企业等侵犯劳动者合法权益的行为，而政府为实现社会稳定，则会更主动地帮助劳动者追责企业，仲裁结果更倾向于保护劳动者，会给企业利益带来一定损失。可见，劳动仲裁如果缺乏中立性和独立性，对劳资双方都有不利影响。另一方面，劳动仲裁委员会缺乏终局性。根据我国劳动争议解决机制，在劳动仲裁委员会仲裁后，若有一方或双方当事人对仲裁结果不服，可向人民法院提起诉讼。但一旦提起诉讼后，则需要重新开始走流程，使得原有的仲裁裁决变成了一纸空文。这使得仲裁委员会的仲裁结果不仅不具有终局性，还对后续的审理没有任何支持和帮助，这对劳动仲裁委员会、最高人民法院和当事人的时间和精力都带来巨大浪费。二是劳动争议调解仲裁过程中还存在一些细节问题。比如，劳动争议仲裁受案范围小。在我国《劳动争议调解仲裁法》的立法中，没有正式地界定劳动争议的概念或者特征，只是通过列举的方式列出了五项劳动争议的范围，并通过第六项规定了其他的特殊情况。不可否认的是，立法总是落后于实际情况的发展，往往当新的情况出现并发展后，立法才能讨论并进一步完善，这就使得目前实践中有很多问题无法可依。目前新型用工形式逐渐增多，灵活用工范围变大，原有法律中列举的情况难以满足现有的劳动关系争议和纠纷。实践中,劳动争议仲裁委员会一般将未列出的情况交由人民法院审理,但现实中发生劳动纠纷时,用人单位有健全的法务部往往留存了许多对自己有利的证据,劳动者由于对法律不熟悉和证据不充分往往处于不利地位,这样在司法审理时也处于弱势地位,不利于劳动者权益的保障,也不利于劳动争议仲裁委员会发挥自身作用。三是劳动争议仲裁员任职要求有待提高。根据我国现行《劳动争议调解仲裁法》的第20条,仲裁员应该保持公道正派,并符合以下四个条件之一:曾担任过审判员;从事法律研究、教学工作并具有中级以上职称;具有法律知识、从事人力资源管理或者工会等专业工作满五年;具有律师执业三年。相比商事仲裁员则要求律师工作满八年才可以从事商事仲裁工作,劳动仲裁员任职要求确实有进一步提高的空间。其实,劳动仲裁员在劳动争议仲裁中扮演着十分重要的角色,其专业度和素质高低影响着劳动争议案件的进行,所以提高劳动仲裁员的素质势在必行。目前来看,我国劳动争议仲裁员的水平逐年提高,但由于对劳动仲裁员的任职要求下限较低,仍会导致部分仲裁员的专业度和整体素质不高,相关法律知识基础薄弱,需要不断地在职培训和提升。四是劳动争议仲裁缺乏监督机制。我国劳动争议仲裁机构一直是自我监督,其外部没有设立独立的第三方监督机构。虽然在劳动争议案件中实行的是"一审两裁"的制度,但最高人民法院在审理时要重新按照司法流程审理,并不依据仲裁裁决书意见审判,且在二审时,审理的是一审法院的结果,也与之前的仲裁书无关,即法院审理与劳动争议仲裁委员的仲裁结果相互独立不相关、不追责。另外,现行劳动争议仲裁相关的法律只规定了劳动仲裁委员会内部的监督,即内部人员对仲裁员和错案进行监督,内部监督则完全依赖于内部人员的专业素养和道德水平,缺乏法律的强制规定,使其很难完全做到公平公正。这种自我监督,导致劳动仲裁委员会没有专业化、机构化的外部监督和制约,就会存在有些劳动争议案件会有失公平,过度保护劳动者或企业单方利益的可能性,不利于提高劳动争议案件调解仲裁的效率和质量。

3."碎片化"监管格局给劳动保障监察带来了一些困境

一是专职劳动保障监察员与监管对象数量增长间的失衡。目前,我国劳动保障监察机构采用属地管理体制，分行政机构和事业执法机构两类，部门"人、财、物"资源配置直接受制于地方政府，按照相关法"碎片化"监管。法律规定具备公务员身份的专职劳动保障监察员才能行使劳动执法权。根据人社部数据，截至2013年年末全国专职劳动保障监察员共2.5万人（此后未见更新数据），但企业雇主数量及城镇就业人口不断增长，随着城镇化发展这一趋势特征仍将持续，按照国际劳工组织建议的监察员人数与劳工人数比来看，监察员数量明显不足，地方政府以内部兼职或劳动合同制等形式设置了兼职监察员、协管员为补充的辅助性队伍，但此类人员不具执法权资格而仅可从事辅助性工作，且流动性较高，因行政编制数额限制导致监察员数量不足，为避免引致行政复议及诉讼的执法风险，基层部门一般采取"选择性执法+被动监察"的保守监管策略，工作重点集中在处理举报投诉案件、欠薪治理等方面。保守监管策略的影响后果，一方面主动监察活动对工作场所及劳工群体的覆盖率近年来持续下降，另一方面违法现象特征与监管策略选择间存在一定错位偏差，尤其对违法主力军中小型民营企业尚缺乏针对性有效监管战略。除制约部门资源配置这一弊端，属地管理体制还容易导致地方保护主义对劳动执法工作的政治干扰，以及跨区域执法管辖权协调难题，造成跨区域投诉案件久拖未决等问题。二是职能运行机制层面存在的制度缺陷及监管机制创新不足。历年中主要表现为：①劳动保障监察惩罚措施威慑力不足，执法资源有限而惩罚措施威慑力不足、违法成本低，理性雇主很快会发现不守法是最优选择，国际上劳动监察惩罚措施通常包括罚款、停工、关闭工作场所及诉讼等多种制裁手段，我国劳动保障监察对违法雇主最严厉处罚手段以行政罚款为主，且规定了罚款上限标准，惩罚措施威慑力明显不足，此外，对拒不执行行政处理或行政处罚决定的雇主也没有此外，对拒不执行行政处理或行政处罚决定的雇主也没有查封、扣押财物的强制措施及强制执行权，要经过冗长的"一责令，两申请"程序，须申请由人民法院强制执行，"迟来的正义是非正义"，处罚决定执行难也变相激励雇主的恶意及蓄意性违法行为。②柔性监管手段影响力有限，近年劳动保障监察柔性监管创新举措是引入了企业社会声誉监督机制，目前主要是重大劳动保障违法案件社会公布制度与企业劳动保障守法诚信档案制度两种典型形式。前者存在公布案件违法类型同质化严重，多为欠薪类案件，缺乏整体性普法教育功能，后者因操作过程中阻力重重而社会影响力较为有限。③与非政府组织间合作监管机制开发缓慢。为克服资源约束及应对工作场所劳动雇用形态复杂化，近年国外劳动监察机构越来越重视利益相关者参与监管活动，通过建立与雇主、企业层面劳资委员会以及劳工组织等非政府组织间合作监管伙伴关系，扩大国家劳动管制治理能力。目前，我国劳动保障监察仍是以单中心监管模式为主，近年政策制定者开始对此问题进行制度改进，创设了劳动保障监察机构间的"省际跨区域执法联动协作机制"，以及与法院、信访、公安等部门间建立"跨部门执法联动衔接机制"。此类合作监管创新机制主要是针对体制内组织层面展开的事后监管创新举措，以行政区域间"联动协作处置，业务交流学习"及理顺部门间"程序衔接"为主要内容，对提高违法处置办事效率发挥了积极作用。但其不足之处在于，政府官员不一定对他们所监管的各个行业组织结构和工作场所劳动用工情况最了解，在应对雇主不断翻新的规避法律监管办法方面难以及时做出回应。

四、我国劳动争议预防调解工作的对策建议

1.加强多元共治，进一步完善劳动争议预防调解联动机制

坚持和发展新时代的"枫桥经验"，需要坚实的基层矛盾化解工作体系。党的十九届四中全会提出，加快建设中国特色社会主义制度，推进国家治理体系治理能力现代化，标志着多元化纠纷解决机制改革步入了"固本培元、多元共治、重点突破、多点开花"的新阶段。继续整合政府、企业和其他社会力量，联合政法、司法、总工会、工商联、企联等多部门，完善多级劳动人事争议预防调解组织网，统筹各方力量共同做好劳动争议预防调解工作。加强不同方面的劳动争议预防调解培训，重点开展劳动关系双方的培训工作，做好基层劳动争议预防。同时，加强劳动争议预防调解员队伍的建设，更好地就地化解劳动纠纷。

2.总结梳理典型模式，促进劳动争议预防调解工作规范发展

典型示范引领是提升工作效能的重要工作方法之一。选取全国各地不同角度的劳动争议预防调解典型经验，按着劳动争议调解组织的不同层级分别

汇总整理，形成具有一定共性和可参考性的工作模式向社会发布，有利于促进我国劳动争议预防调解工作的均衡性发展，进一步促进我国劳动争议预防调解工作的规范化。

3. 发布劳动争议典型案例，促进裁审衔接

北京、江苏、重庆、广东等许多地方人社部门或人民法院每年都会单独或联合发布劳动人事争议调解仲裁方面的十大典型案例。这些案例往往是经过精挑细选，具有典型代表性，反映当期劳动争议热点难点问题的案件，既能起到普及法律知识的作用，也能有效预防当地类似劳动争议案件的发生。特别是联合发布，还能促进劳动仲裁与司法审判的融合沟通，进一步促进裁审衔接。国家层面可以在各地发布劳动人事争议典型案例的基础上，联合筛选具有全国普遍参考意义的典型案件，进行分类整理发布，这对仲裁司法统一案件处理标准有着重要的示范意义，对各地基层办案也有着重要的指导作用。

4. 落实"互联网+调解"，推动劳动人事争议调解工作的信息化进程

2019年8月，人力资源社会保障部办公厅发布了《关于在全国推广使用"互联网+调解"服务平台的通知》，这是在七个城市试点运行的基础上，首次面向全国推广。通过信息化技术与调解工作深度融合，实现改进调解服务方式，规范调解工作程序，提高调解工作效能，加强基层调解组织建设，切实发挥调解的基础性、前端性作用，为当事人提供高效便捷调解服务，让群众少跑腿。要想实现"互联网+调解"公共服务平台的设计初衷，需要进一步扩大宣传渠道，通过发布电子链接、使用指南等方式，让更多的人了解并学会使用，才能让群众真正得到实惠，并促进后台规范管理和统计分析功能更加完善。

第九章 协调劳动关系三方机制

2019年,面对国内外风险挑战明显上升的复杂局面,在以习近平同志为核心的党中央坚强领导下,各地区、各部门以习近平新时代中国特色社会主义思想为指导,全面贯彻党的十九大和十九届二中、三中、四中全会精神,按照党中央、国务院决策部署,坚持稳中求进工作总基调,坚持新发展理念和推动高质量发展,坚持以供给侧结构性改革为主线,着力深化改革扩大开放,持续打好三大攻坚战,统筹稳增长、促改革、调结构、惠民生、防风险、保稳定,扎实做好稳就业、稳金融、稳外贸、稳外资、稳投资、稳预期工作,经济运行总体平稳,发展水平迈上新台阶,发展质量稳步提升,人民生活福祉持续增进,各项社会事业繁荣发展,生态环境质量总体改善,"十三五"规划主要指标进度符合预期,全面建成小康社会取得新的重大进展[1]。党的十九届四中全会做出《中共中央关于坚持和完善中国特色社会主义制度,推进国家治理体系和治理能力现代化若干重大问题的决定》,再次提出"健全劳动关系协调机制,构建和谐劳动关系,促进广大劳动者实现体面劳动、全面发展。"这对协调劳动关系工作提出了明确的目标要求,需要我国协调劳动关系三方共同努力去逐步实现。

2019年,国家协调劳动关系三方坚持以习近平新时代中国特色社会主义思想为指导,全面贯彻党的十九大和十九届二中、三中、四中全会精神,坚持稳中求进工作总基调,坚持底线思维,紧紧围绕年度工作要点,将劳动关系风险防范处置纳入制度化管理轨道,深入开展和谐劳动关系创建活动,进一步加强集体协商制度建设,有效预防和化解了劳动关系领域的突出矛盾,

---

[1] 《中华人民共和国2019年国民经济和社会发展统计公报》,中华人民共和国国家统计局,2020年2月28日。

牢牢守住了不发生系统性、区域性风险的底线，促进了劳动关系总体和谐稳定，为经济健康发展和社会大局稳定做出了积极贡献。

一、2019年我国协调劳动关系三方机制的主要工作

一是加强劳动关系形势研判，着力做好劳动关系风险预防。国家协调劳动关系三方在2019年继续加强劳动关系风险监测分析研判，妥善处理化解劳动关系领域重大风险矛盾。一方面积极开展劳动关系领域有关问题的调研分析。高度重视、密切关注中美贸易摩擦、"三新"经济发展、化解过剩产能等对企业劳动关系的影响，积极推动党中央、国务院稳企政策的落实落地。开展尘肺病职工群体、汽车行业职工队伍稳定问题等调研，摸清去产能和处置"僵尸企业"过程中国有企业职工分流安置的情况底数。积极推动企业在改革改制、化解过剩产能过程中严格履行民主程序，总结推广企业典型案例，形成关于去产能和处置"僵尸企业"中职工安置有关报告送有关部门。专题部署全年特别是中华人民共和国成立70周年系列庆祝活动期间的涉劳动关系信访工作，开展劳动关系矛盾隐患和职工队伍稳定风险排查，形成专题报告上报党中央。另一方面不断加强劳动关系风险监测预警机制，制定印发了《关于建立劳动关系风险监测预警制度的意见》，推动全国形成较为完善的劳动关系风险监测机制。进一步扩大工会劳动关系监测网络覆盖面，实现对全国31个省（区、市）100个城市信息直报点和2872家样本企业进行动态监测。中国企业联合会通过大数据方式，完成了年度《中国企业劳动关系形势研判分析报告》。中华全国工商业联合会系统完成覆盖全国31个省（区、市）和新疆生产建设兵团的劳动关系网络监测，发布中国民营企业劳动关系报告。同时，国家三方依法妥善处理劳动关系领域争议等案件，全年共处理劳动人事争议案件211.9万件，涉及劳动者238.1万人。下发《关于做好调解仲裁领域风险防控工作的通知》，指导地方深入排查化解风险隐患，完善应对预案。会同最高人民法院等五部门联合下发《关于实施"护薪"行动全力做好拖欠农民工工资争议处理工作的通知》，实施"百日清案"行动，办结仲裁超审限拖欠农民工工资争议案件2427件。妥善处理企业重大集体劳动人事争议，全年未在调解仲裁领域发生群体性和极端事件。扎实推进根治欠薪工

作，2019年全国各级劳动保障监察机构共为83.1万名劳动者追回工资79.5亿元，转办人社部"欠薪进行时"专栏收到的欠薪线索5114件。实施全国工会中央彩票公益金法律援助项目，截至2019年10月底，办理法律援助案件11908件。

二是加强劳动关系法律体系建设，着力提升劳动关系治理能力。出台《保障农民工工资支付条例》，为保障农民工工资支付提供强有力的法治保障。开展基本劳动标准法立法课题研究，开展劳动合同法修订研究论证工作。开展《中华人民共和国工会法》实施情况专题调研工作，形成《中华人民共和国工会法》实施情况调研报告。制定《开展特殊工时管理改革试点指引》，加强对地方相关工作的指导。完成《新形势下劳动用工法律制度完善——以互联网平台经济下劳动用工问题为中心》委托课题，指导互联网协会发布《平台企业关爱劳动者倡议书》。开展新产业、新业态、新模式下劳动者社会保障权益问题的调研。启动深化构建和谐劳动关系综合配套改革试点，探索创新具有中国特色的协调劳动关系体制机制和方式方法。

同时，提升劳动争议预防调解能力。下发《关于在全国推广使用"互联网+调解"服务平台的通知》，推广使用调解服务平台。指导全国调解仲裁机构通过与工会和企业代表组织召开联席会议、共同办案等形式，不断发挥三方机制在争议预防和处理过程中的重要作用。加强对地方调解仲裁工作的指导，下发《关于会同最高人民法院在部分先行地区进一步深化劳动争议案件委派委托调解机制建设的通知》，开展"法院+工会"劳动争议案件诉调对接试点工作。各级工会开展"尊法守法·携手筑梦"服务农民工法治宣传和公益法律服务行动，线上线下服务农民工507万人次。举办工商联劳动关系协商协调能力暨劳动争议预防调解培训班，对地方工商联、商会开展培训。中国企业联合会要求各地企联继续参与本地劳动人事争议调解仲裁工作，加强企业方兼职仲裁员和调解员队伍建设，协助做好对国有大中型企业劳动争议调解组织调解工作模式的总结梳理，及时提供典型案例，开展劳动争议案件三方联调试点工作。

三是加强集体协商实效性，着力提升企业合规管理水平。国家三方继续稳妥推进集体协商制度实施。下发了《关于实施集体协商"稳就业促发展构和谐"行动计划的通知》《中华全国总工会关于加强专职集体协商指导员队伍建设的意见》，深入开展集体协商质效评估工作。组织首届城市工会集体协商竞赛，共计15.37万人次观看直播和录像。同时，继续加强企业民主管理制度建设。下发了《2019—2023年全国企业民主管理工作五年规划》《2019—2023年职工代表培训规划》，开展民主管理创新成果征集和优秀职工代表提案征集评选活动，充分调动广大职工为企业改革发展建言献策的积极性和主动性。持续推动各地探索开展企事业单位职代会质量评估，不断提高职代会规范化建设水平。对基层工会干部开展大规模学习培训，加强社会化工会工作者队伍建设。中国企业联合会与中华全国工商业联合会还共同举办了部分区域集体协商企业方培训班，围绕集体协商准备与实施、履行与变更、评估与改进，以及集体劳动争议处理、区域性行业性集体协商和国内外经验案例等内容进行讲授和研讨，加强对重点地区重点行业集体合同制度的指导。此外，国家三方注重加强对企业和企业经营者的引导服务。中国企业联合会通过组织召开全国企联系统雇主工作会议、雇主组织劳动关系与人力资源服务专题培训、与全国企业合规促进委员会共同举办推进企业合规管理方面的培训等形式，提升地方企联指导企业合规经营的服务能力，加强企业合规管理意识和水平。中华全国工商业联合会以守法诚信经营、坚定发展信心为重点，持续开展民营经济人士理想信念教育，举办构建和谐劳动关系首届民营经济法治建设峰会和论坛，推动法治民企建设，持续推进"法律三进""法治体检"活动，引导民营企业树立法治思维，积极履行社会责任。

四是深入推进和谐劳动关系创建活动，着力促进劳动关系和谐稳定。为表彰先进、树立典型，在全社会大力弘扬"企业关爱职工、职工热爱企业"的和谐文化，2018年6月，国家协调劳动关系三方面向全国各类企业和工业园区（包括各类经济技术开发区、高新技术产业园区、科技园及其他产业聚集区），开展了第四次全国模范劳动关系和谐企业与工业园区评选表彰活动。2019年7月11日，全国构建和谐劳动关系先进表彰会在北京胜利召开，在和谐劳动关系创建活动中表现突出的342家企业和50个工业园区受到隆重表彰，分别被授予"全国模范劳动关系和谐企业"称号、"全国模范劳动关系和谐工业园区"称号。这次表彰会议对推动构建规范有序、公正合理、互利共赢、和谐稳定的中国特色社会主义和谐劳动关系将产生深远影响。为贯彻落实国务院领导在表彰会上关于深入推进和谐劳动关系创建活动的讲话要求，进一步激励广大企业和工业园区深入开展和谐劳动关系创建活动，推动构建新时代中国特色和谐劳动关系，国家协调劳动关系三方选取了60家受表彰模范企业在16个省(区、市)18个城市开展全国模范劳动关系和谐企业巡回演讲，精选6家企业走进国家三方成员单位机关开展演讲，121万人次观看在线直播。演讲活动通过先进经验介绍，大力弘扬了企业自觉践行社会责任的新时代精神，号召各类企业积极参与创建活动，共同在新时代新起点上把和谐劳动关系创建活动引向深入，为经济发展和社会和谐稳定做出积极贡献。300家各类媒体报道或转载两千篇次相关新闻资讯，模范劳动关系和谐企业的示范引领作用彰显。

五是加强企业工资分配信息体系建设，切实提高企业工资分配宏观指导实效。国家三方稳妥做好最低工资标准调整工作。组织开展最低工资评估调研，对制造业、餐饮和住宿业等劳动密集型行业2万余户企业和16万余名员工开展问卷调查。下发《2019年全国最低工资标准调整的评估报告》，指导各地稳慎做好最低工资标准调整工作。2019年，全国共有8个省(区、市)调整了最低工资标准，平均调整幅度10.6%，月最低工资标准最高的是上海市的2480元，小时最低工资标准最高的是北京市的24元。同时，为更好服务中国制造、中国创造，深入实施人才强国、创新驱动发展战略，推动企业建立健全符合技能人才特点的工资分配制度，激励广大青年走技能成才、技能报国之路，深入开展技能要素参与分配的政策研究，形成技能要素参与企业分配研究课题报告，制定技能人才薪酬分配指引。完成2019年企业薪酬调查工作，并首次在国家层面发布企业薪酬调查信息，指导有条件的地区发布分职业从业人员工资价位、分行业企业人工成本等企业薪酬信息。目前，全国有29个省(区、市)建立了省级企业薪酬调查和信息发布制度，26个省(区、市)发布了省级或地市级薪酬调查信息，为企业与职工合理协商确定工资水平提供信息指引。

六是履行劳工组织成员国义务，大力加强国际交流合作。根据国际劳工组织章程相关规定提交了《1929年标明重量（航运包裹）公约》等多个公约的履约报告。提交《1977年护理人员公约》《1977年护理人员建议书》等多个公约和建议书的进展情况报告。继续推动全球供应链中体面劳动项目，开展部分行业供应链情况调研和企业社会责任意识基线调查，召开三次国际研讨会以增进国际社会对中国推进负责任劳动实践相关举措和经验的理解。推进集体协商国际合作项目，会同国际劳工组织在京举办集体协商与争议处理国际研讨会。编写完成《集体协商国内典型经验》《集体协商制度培训教材》《集体协商争议指导手册》，国家三方分别有关落实培训计划。

二、我国协调劳动关系三方机制发展存在的问题

我国协调劳动三方机制自2001年建立以来，在党中央国务院的领导下，组织体系和工作机制日趋完善，初步形成分工明确、各负其责、步调一致、合作联动的工作格局，为稳定我国就业局势、稳定劳动关系和有效应对经济下行压力，发挥了独特优势和积极作用。但也要看到，面对当前和今后一个时期，我国劳动关系矛盾仍然多发，劳动争议数量仍高位运行，协调劳动关系的任务还很繁重。如何进一步推动三方机制制度化、规范化建设，努力建立规范有序、公正合理、互利共赢、和谐稳定的劳动关系，还有很多问题需要研究探讨。

一是三方机制建设仍有待完善。机制是指各要素之间的结构关系和运行方式。我国协调劳动关系三方机制用20年的时间不断发展，逐步走向成熟，形成了目前的三方四家，各司其职，合力共谋的基本格局。在立法层面，《中华人民共和国劳动合同法》明确了我国协调劳动关系三方机制的法律地位、基本构成和主要作用。2015年，中共中央、国务院下发了《关于构建和谐劳动关系的意见》，进一步明确提出要健全协调劳动关系三方机制，充分发挥政府、工会和企业代表组织共同研究解决有关劳动关系重大问题的重要作用，并提出了一些更为具体的任务要求。但不论是国家立法还是中央国务院文件，尚没有对我国协调劳动关系三方机制各方具体职责和运作方式进行规制和规范。实践中，我国协调劳动关系三方机制也一直面临着地方组织体系不健全、协调协商范围受限、有关文件不具法律效力等问题，这些都在不同程度上影响着该机制作用的发挥。在现有的基本格局下，如何寻找到更好发挥协调劳动关系三方机制作用的运作方式，或者如何突破现有格局，给我国协调劳动关系三方机制带来新的生机和活力，都需要机制中各成员单位的不断摸索和社会各界专家学者不断的深入研究。

第一部分 企业劳动关系状况

二是三方机制的影响力仍受工作瓶颈制约。由于协调劳动关系三方机制是一种协商机制，其决策需要经过各成员单位的一致认可与同意才能最终形成，虽然我国协调劳动关系三方机制是在各方根本利益一致的基础上进行协商，但在具体问题处理上仍然会存在分歧，其决策时间和效率势必会受到一定程度的影响。因此，面对劳动关系突发事件，我国协调劳动关系三方尚无法做到迅速达成统一，共同发声，目前还只能依靠各成员单位在各自系统内分别安排部署，很难形成更有力量的社会影响力。同时，我国协调劳动关系三方机制的协商范围主要集中在劳动合同、集体合同、劳动标准、工资分配、劳动争议等方面，不涵盖就业、社保等内容，无法形成在整个劳动关系领域的政策影响力。此外，和谐劳动关系创建活动作为我国协调劳动关系三方机制的重要活动和工作抓手，受到规范评选表彰等政策影响，每五年才能组织一次，也严重影响各地推进该项工作的热度和积极性，更无法形成协调劳动关系三方活动对整个社会的持续影响力。

三是三方机制的整体研究力量仍然较弱。协调劳动关系三方机制是市场经济国家处理社会关系和劳资关系的一种重要机制和通行做法。根据国际劳工组织相关国际劳工公约和建议书阐述，三方机制可以表述为，政府、雇主及雇主组织、工人及工会组织三方之间，通过相关组织机构和程序规则，就有关立法、经济与社会政策的制定、劳动关系调整及与之相关重大问题的解决，相互沟通，平等交涉，共商对策，合作共事的交往活动。也就是说，协调劳动关系三方机制需要集体决策，而这种决策要尽量保证其科学性，就需要依靠我国协调劳动关系三方对整个劳动关系状况的准确把握，对劳动关系的动态发展进行实时监测，以及对劳动关系的总体形势进行预判。近年来，我国协调劳动关系三方在加强劳动关系领域调查研究和劳动关系形势分析研判方面做出很多努力，人力资源和社会保障部门依托系统，进一步完善其统计数据和舆情监测，工会组织和工商联建立了相应的劳动关系企业监测点，企业联合会则形成了以大数据采集方式进行劳动关系形势研究的工作模式，同时各方还加强了内部信息共享和交流，并逐步形成专门的劳动关系形势研判会商机制。这些努力取得了一定效果，但受制于调查样本数量不足、调研周期较长、数据来源准确性、三方研究力量不足等影响，仍无法满足紧跟劳动关系形势变化、及时提供相关政策出台意见参考的需求。国家协调劳动关系三方曾尝试建立专家委员会，来弥补自身研究方面的不足，但一直没有完全运行和发挥作用。在共享经济背景下，劳动关系变化随着科技日新月异的进步与发展，国家协调劳动关系三方要想跟上这种发展，还应在如何寻求外部研究力量支持上做更多考虑。

三、我国协调劳动关系三方机制下一步的主要任务

2019年年末，新冠肺炎疫情突袭而至，迅速扩散，导致局部区域出现企业无法正常经营等情况，这些都有可能对局部就业和劳动关系产生影响，并带来新的挑战，构建和谐劳动关系工作任务更加艰巨。2020年，国家三方要深入学习贯彻习近平新时代中国特色社会主义思想，认真落实党中央、国务院决策部署，深刻认识劳动关系领域的新挑战、新要求，把新冠肺炎疫情防控期间"防风险、促稳定"作为劳动关系工作的总基调，充分发挥三方机制的独特作用，积极做好劳动关系领域各项工作，持续保持劳动关系总体和谐稳定。要着力提升劳动关系领域风险防范能力，加强形势分析研判和重大风险隐患排查化解工作，重点关注因疫情造成的降薪欠薪、裁员等突出问题。积极促进劳动关系法治建设进程，抓紧研究储备针对特殊时期的特殊政策，在劳动基准、工资支付、公示制度、裁员规范等方面开展立法研究。深入推进和谐劳动关系创建活动，不断改进创建方式，加大培训服务企业指导队伍的力度，积极开展"和谐同行"千户企业培育共同行动、"和谐同行"能力提升行动，进一步加强基层预防化解争议能力建设。完善劳动关系领域舆情应对机制，建立常态化协同应对重大舆情的联动机制，加强正面宣传，确保牢牢把握正确舆论导向。

一是要充分发挥协调劳动关系三方机制在特殊时期的重要作用。我国协调劳动关系三方机制作为劳动关系领域各相关方代表的重要会商协调制度，是社会治理的重要内容，是社会经济发展过程中不可或缺的重要环节。在经济下行压力加大、就业形势复杂严峻的情况下，三方机制的重要性更加突出。要充分发挥三方机制作为劳动关系稳定器的作用，就要认真学习领会中央对当前形势的判断，提高政治站位，准确把握工作规律性，进一步明确新形势下协调劳动关系工作的思路。要按照习近平总书记在民营企业座谈会上的讲

话精神，落实统一部署，做好稳预期、稳信心工作。密切关注新冠肺炎疫情的发展，及时做好相关劳动关系舆情监测和形势预判工作，抓紧研究相关政策，助力企业和职工平稳渡过疫情难关。

二是加强劳动关系领域风险防范能力建设。深入落实国家三方联合下发的《关于建立劳动关系风险监测预警制度的实施意见》，探索建立劳动关系风险会商研判机制。坚持预防在先，加大对受疫情和经济下行压力影响企业的劳动用工指导和服务，依法规范企业裁员行为。定期开展劳动关系形势分析研判，健全劳动关系舆情信息和重大事件的沟通协调机制，完善劳动关系领域突发事件应急处置预案。

三是提升劳动争议预防调解效能。加强调解仲裁法律援助工作指导，推动落实场地、人员等法律援助保障工作。加强劳动争议调解员、仲裁员培训，梳理总结历次劳动争议预防调解示范工作经验做法，推广适合不同类型调解组织特点的工作模式。

四是积极推进劳动关系领域法治工作。加强基本劳动标准立法研究工作。参与编写《保障农民工工资支付条例》释义，组织起草配套文件。发布技能人才薪酬分配指引。继续开展最低工资标准影响评估，指导地方稳慎调整最低工资标准。

五是深入推进和谐劳动关系创建活动。开展2020年"和谐同行"千户企业培育共同行动，面向企业开展"点对点""一对一"指导服务，提高企业劳动用工管理水平，培育"企业关爱职工，职工热爱企业"的和谐理念，全力稳定企业劳动关系，助力企业和谐发展。全面实施集体协商稳就业促发展构和谐行动计划，加强对地方开展集体协商稳劳动关系的指导，旨在当前经济下行压力加大和外部环境更加复杂严峻的形势下，进一步发挥集体协商制度在协调劳动关系中的重要作用，保稳定、保岗位、保薪酬、保就业，维护职工劳动经济权益，促进企业经济健康发展，构建和谐劳动关系，实现企业和职工共商共决共建共创共享。同时，推进援企稳岗政策落实，支持企业稳定就业岗位。

六是推进劳动关系三方协调机制建设。研究完善协调劳动关系三方机制，搭建共同行动平台。加强和推动集体协商指导员、劳动关系协调员队伍和调劳动关系社会组织建设，打造"金牌劳动关系协调员"和"金牌协调劳动关系组织"。推动出台深入推进和谐劳动关系创建活动的意见，开展构建和谐劳动关系综合配套改革试点，推动劳动关系治理机制和方式方法创新。以推动批约为目标，加强对《1952年社会保障（最低标准）公约》、强迫劳动相关公约批约可行性研究。

第二部分

专题调研报告

中国企联代表团赴挪威参加雇主组织能力建设论坛情况报告

中国企联代表团

2019年10月12日至16日，中国企联系统代表团赴挪威奥斯陆参加由挪威工商总会主办的雇主组织能力建设论坛。论坛深入了解挪威劳动关系三方机制和集体谈判情况，系统学习挪威工商总会在推进集体谈判、职业安全卫生、公共关系和政策建议、会员服务等方面经验，代表团还实地访问雅苒国际公司，交流企业有关情况。我方代表交流分享我国劳动关系三方机制、集体协商的实践情况。挪威工商总会理事长奥·列埃里克·阿尔姆利德先生、区域发展部主任克里斯汀·克莱默先生、国际合作部主任特里·梅尔先生在会议期间会见了代表团一行。挪威工商总会谈判部、沟通交流部、公共关系部有关负责人、相关律师和谈判专家，挪威总工会有关专家对有关议题进行了讲解。本次出访活动由刘鹏副理事长带队，中国企联办公室、财务部、人力资源部、会员工作部、雇主工作部相关负责人及有关人员，山西企联、宁夏企联、河北省企协、重庆企联、江苏企联、湖北企联、四川企联、黑龙江企联、青岛企联、北京昌平企联有关负责领导一行共16人参加此次出访。本次会议及出访情况综述如下。

一、挪威劳动关系三方机制情况

作为仅有500多万人的人口小国，挪威以高度发达的市场经济、高收入和高福利、高生产率和高幸福指数享誉全球。按照国际货币基金组织2017年全球人均GDP排名，挪威位居全球第三。联合国发布的人力发展指数（2018）

和全球幸福指数（2015—2017年）位居世界第一。经济合作与发展组织发布的2017年劳动生产率全球排名中，位居全球第二。

良好运行的劳动关系协调机制是助力挪威创造世界奇迹的一个重要因素。经过近百年的发展和完善，挪威三方协商机制对社会的影响，不仅促进了收入分配的公平合理，而且不断加深了在社会成员中形成了平等、信任的理念和价值观，为挪威经济发展和社会和谐稳定做出了巨大贡献。

挪威劳动关系三方协调机制的建立是劳资双方斗争的成果。雇主与雇员激烈地对抗，使双方都认识到罢工、闭厂对雇主和雇员双方都不利，也严重影响双方生存和发展的前景。在20世纪30年代，为减少劳资冲突，雇主和雇员之间在公司层面建立了工资谈判制度，之后由于政府代表的加入，雇主和雇员组织化程度提高，逐渐形成了政府、雇主组织和工人组织的三方协商机制。1935年，以颁布的《挪威劳动生活宪法》作为重要标志，挪威的三方机制逐步确立。

地位独立、权利平等和民主协商是挪威三方协商机制长期成功运行的重要特征和基本保障。在挪威，劳动关系三方机制强调三方代表在地位上是独立的，代表不同的利益主体，独立性为三方充分行使各自权利奠定了重要基础。权利平等是三方平等协商的基础和条件，也是三方协商机制的重要特征，这种特征能在协商中充分保护弱者的地位。三方协商机制的目的是在民主协商的基础上达成共识，形成社会不同成员之间的充分合作。挪威当前的三方协商机制的实质是实现社会成员间的妥协，包括雇主和雇员之间的妥协、工业利益和农业利益的妥协、社会政策的妥协等，国家提供的福利保障、社会权利，税前税后的财富的共同分配，就业政策，都是在民主协商的基础上进行的。

工资的谈判、劳动力定价、收入分配是三方协商的核心内容，工会和雇主组织就工资进行谈判，政府加入协商，使经济政策的制定充分考虑到了工资、劳动力价格的制订及就业问题。当前，欧元区的市场需求下降，商品价格下降，利率下降，但挪威的工资收入在GDP中所占的比例没有受到影响，是比较稳定的，三方协商机制功不可没。

政府在劳动力市场规范、争议调解和解决及劳工权利的法律规范中都发挥了重要作用。挪威政府颁布了一系列劳动法规，规范劳动力市场，其中包括《工作环境法案》《工资法》《性别平等法案》《国家安全保障法》《劳动争议法》等。这些法律法规构成挪威劳资双方进行集体谈判的法律依据，任何集体协议都不能违反法律的规定。

挪威雇主组织的代表为挪威工商总会，它代表着企业和雇主的利益，尤其是私营企业。挪威工商总会有很高的会员覆盖率，在私有领域，覆盖率达到 60%。挪威工商总会在挪威的劳动领域中具有较高的地位和较强的权威，其业务活动主要包括四个方面：一是推动政府制定有益于保持商业繁荣的法规和产业政策；二是代表会员参加包括工资谈判在内的一系列协调劳动关系、三方机制活动；三是就各方面广泛的事务向成员提供建议，包括促进企业提高竞争力和经营利润，扩大企业的国际化经营等；四是为行业协会、地区协会和企业提供培训和咨询等服务。

员工的代表方是挪威总工会。挪威的工会组织有着悠久的历史，覆盖率达到了 55%。挪威工会结构等级严格，自上而下分为挪威总工会，全国性工会，地方或行业性工会和企业工会。90 多个全国性的工会组成了四大工会联盟，分别是工会联合会、职业工会联合会、专业协会联盟和专业工会联合会。它们的主要任务是与相应的挪威工商总会进行谈判与沟通，并签订全国性的基本协议。1935 年由挪威总工会和挪威工商总会签订的《基本协定》规定了集体谈判的目标、基本原则和程序。由于挪威的劳动法中对于雇用关系的规定一般都是原则性的，所以《基本协定》在劳资关系的调整和促进劳资双方的合作方面发挥了巨大的作用。

挪威的三方协商机制中三方主体准确定位，为维护各自会员的权益而努力，政府则保持中立不进行过多的干涉。挪威的实践表明，经济增长和建立社会福利国家并行不悖，高税收和高福利、高幸福感也是可以并行不悖的。三方协商机制使挪威的收入分配比较公平，收入差距不大，就业程度较高，大多数社会成员可以实现人生价值。

二、挪威集体谈判的实践

经过近百年的发展，挪威的集体谈判制度已日臻完善，在促进挪威经济增长和社会公平中发挥了关键作用。挪威劳资双方力量强大，工会、政府、雇主在集体谈判中进行了密切合作，创造出了和谐的劳资关系，成为全球范围内劳资关系的典范。

挪威政府颁布了一系列劳动法规，规范了劳动力市场，构成挪威劳资双方进行集体谈判的法律依据，任何集体协议都不能违反法律的规定。政府在集体谈判中的作用体现在：①尽量避免集体行动，挪威政府设立了国家调解委员会，下设国家调解官。工会在集体行动之前需要告知调解委员会，如果调解委员会认为有必要保持一个临时的工业和平，则劳资双方必须经过强制调解。②当政府认为产业行动将会对社会造成严重影响，那么就会出台一部临时法案，结束罢工，劳资之间的争议将由国家工资委员会仲裁解决。③政府对劳资关系和集体谈判谈判的影响还通过建立由政府和劳动部门任命的委员会来实现，在这样的组织中，劳资双方通过加入委员会对劳动政策、集体谈判等问题提出建议。

按照挪威法律的规定工会有权代表工人与雇主进行集体谈判并签订集体协议。与此同时，挪威总工会与挪威工商总会签订的《基本协定》同样具有法律效力，《基本协定》对于集体谈判的目标、基本原则和程序进行了详细的规定。此外各个层次的工会组织与雇主组织签订的集体协议对于劳资双方同样具有约束力。挪威健全的法律法规，使得集体谈判制度不仅有规范的程序，而且能够真正地起到作用，而不只是停留于形式。挪威总工会与挪威工商总会进行谈判，并签订基本协定，协定每四年修订一次，并且对于下属的雇主具有约束力，同时具有法律效力。

挪威集体谈判组织结构严格，自上而下分为三层，即国家层面的工会组织与雇主组织所进行的集体谈判，行业性工会和行业性雇主协会所进行的集体谈判，企业层面的集体谈判。每一个层面的集体谈判都会签订相应的集体协议。其中，下一级的集体协议不能与上一级工会所签订的协议相违背，《基本协定》规定了集体谈判的目标程序和原则，这构成了地方谈判和企业谈判的基本原则和指导思想。企业中的工会在进行集体谈判时也拥有较大的自主权，可以独立地与雇主进行谈判。只有当谈判不能顺利进行时，上一级工会才会介入。这样既保证了集体谈判得到强有力的支持与指导，同时又使不同行业和地区可以根据自己的实际情况灵活地与雇主就劳动条件和工资制度进行谈判。从而更好地维护劳动者的权利和劳资关系的和谐。此外，挪威实行独立于企业之外的行业范围的多雇主谈判制度，由雇主协会代表本行业的单个雇主进行谈判，签订集体协议。

在中央级别的雇主和工会联盟之间也签订有覆盖所有经济领域和行业之间的协议。多雇主谈判制度之所以受到雇主青睐，是因为它能有效避免工资水平的竞争，工资的增长也不与企业实际支付能力挂钩，因而有利于加强雇主的谈判力量。重视行业谈判同样也反映了工会的偏好，工会认为集中谈判和较大的谈判单位可以使工会拥有最大的谈判力量，使谈判力量不依赖于具体企业经济实力的强弱，或者某一技能在劳动力市场上的重要程度。通过缩小行业内部就业条件和待遇的差异，可以减少劳动者为就业而竞相压低工资带来的竞争风险。

在挪威，第一个基础协议于1935年订立以后每四年订一次，产业、地区和企业劳资双方根据基础协议的原则，每隔一年就修订一次各自的协议。由于挪威工商总会和挪威总工会最具有代表性，覆盖的企业范围最广，因此，他们之间达成的协议最有影响力。挪威全国性集体协议谈判，是在前一个协议到期之前，劳资双方以书面形式就是否愿意进行新一轮谈判征求对方的意见并就需要谈判的事项提出具体建议。按照惯例，劳资双方也都享有接受或拒绝进行谈判的权利。但至今尚未出现过拒绝谈判的情况，只是在谈判过程中，双方都会坚持各自立场，经常出现利益要求的重大分歧，经调解后不成功时，才会发生工人罢工或企业关厂的行动。在挪威，谈判过程是，谈判破裂两天后，由国家调解官进行十天的调解，调解失败四天后由国家调解官做出最终调解结果，如果双方都表示接受调解结果，则谈判成功，如果一方表示不同意，则会出现工人罢工或企业关厂的行为。虽然挪威工商总会和挪威总工会都建立了补偿基金，对罢工或关厂期间企业的损失和工人生活的保障进行经济支持，但双方都不轻易使用关厂或罢工这些手段，因为经过近百年市场经济条件下的磨合，劳资双方都认识到任何过激行动都会带来严重的社会和经济后果，对国家经济发展不利，对劳资双方更不利。

在集体谈判中，根据挪威的国情，以出口部门和行业作为前沿部门和行业，先行就工资等进行协商和谈判，其他部门按照其确定的集体协议框架，谈判协商签署本行业部门集体协议，这样既维护了职工权益，又保护了本国在国际市场上的竞争力。

多年来，挪威的集体谈判覆盖率一直保持在较高水平，平均达到了70%，挪威的集体谈判和集体协议制度建立在相互理解和合作精神之上的，并且挪威拥有完备的法律系统，力量强大的劳资双方，较高的工会覆盖率，这使得集体协议可以得到严格的贯彻执行，从而保证了劳资双方的利益，对其经济的发展，劳动关系的和谐和社会的稳定发挥了巨大的作用。

三、挪威工商总会的运作模式

挪威工商总会在1989年由挪威雇主联合会（有100多年的历史）、挪威工业联合会（有80多年的历史）和挪威手工业者联合会（有120多年的历史）合并而成，具有悠久的历史，组织结构严密，凝聚力较强，代表着企业和雇主的利益，尤其是私营企业，是挪威规模最大和最有影响力的国家雇主组织。为保持独立性，挪威工商总会不接受政府机构、国有和金融企业入会。挪威工商总会会员包括工业、服务业和手工艺制造业等23个行业协会和17个区域联合会，共有约1.6万个会员企业，覆盖45万名员工，在布鲁塞尔设有一个办事处。挪威工商总会是国际雇主组织、国际商会、欧共体工业联盟的成员，代表挪威雇主参加国际劳工组织的活动。

挪威工商总会的宗旨是切实保障会员的利益，促进会员工作条件和待遇的提高，并为会员提供各类服务和咨询。其主要任务是代表企业和雇主同全国性的挪威总工会进行谈判，达成框架性集体协议，作为行业协会同行业工会、企业同工人谈判的指导性文件。同时，挪威工商总会还向行业协会、地区协会和企业提供培训和咨询等服务。

挪威工商总会是由中央委员会聘选的专职人员管理运行的组织。执行委员会由总裁、三名副总裁和5名委员组成，通常每月开一次会，维持工商总会的日常运转。中央委员会由来自不同类型会员公司的84名成员组成，每年至少开两次全会，并且制订执行委员会和中央行政管理的战略方针。挪威工商总会每年举办一次年会，不同地区分会依其会员公司雇员人数决定其代表性。选出的官员和来自会员公司的代表被指定到项目组和分支委员会进行日常活动。

由于在国家事务中有着特殊的作用，挪威工商总会在本国劳动领域中具有较高的地位和较强的权威，其业务活动主要包括三方面。

（1）推动政府制定有益于保持商业繁荣的法规和产业政策，并确保企业的经营环境与这一目标相一致。挪威工商总会高度重视与政府部门的沟通和交流，不断影响政府制定有利于经济发展和企业经营的政策。例如，积极参与中央政府联络会议。该会议由首相主持，政府财政、贸工、农业、渔业等政府部门部长参加，挪威工商总会和挪威总工会最高领导也受邀参加，提供劳动政策的建议。挪威工商总会还通过每年发布调查报告、通过企业分享观点案例等形式，向社会公众表明立场和观点，影响社会舆论，从而影响政策制定，维护企业界利益。

（2）代表会员参加包括工资谈判在内的一系列协调劳动关系、三方机制活动。定期加强与挪威总工会的沟通和协调，就有关事宜进行充分交换意见，并合作开展相关活动。与此同时，设立专门的部门，培养和储备专业的集体谈判的专家和律师，向会员企业提供专业的细致化服务项目。通过地区性分支机构，贯彻中央决策部署，确保和会员企联建立密切的沟通机制，及时反映有关情况。

挪威工商总会向会员企业提供职业安全卫生领域的专业服务。挪威在1977年通过了《工作环境法》，从而将职业安全卫生权利由过去的预防和救济伤害事故，转向职业安全、体面及健康，从而使得劳动安全卫生保护的目的更加人性化。随着时代的变迁，挪威的职业安全卫生不断重视保护的全面性和系统性，将职业中各种危险因素的防范和治理均纳入法律调整的框架之内，包括意外事故、职业病预防、诊疗与康复等。法律也强调工作环境权实现中的劳资合作，赋予劳动者参与所在企业安全卫生条件改善的决策权。

挪威工商总会始终强调安全健康的工作环境关乎企业的生存和可持续发展。挪威工商总会经常召开各类专项培训、研讨会和会议，倡导积极的职业安全卫生观念，不断推动工作场所建设良好的健康管理，推动企业不断创造良好和身心愉悦的工作环境，不断激发员工的潜力和活力，促进企业更好发展。

随着外部环境快速变化，雇主组织和企业需要不断及时回应与利益攸关方的关切，并采取行动。为了适应形势的变化，挪威工商总会将加强政府游说和公共关系放在战略发展的高度，确立了"推动企业做大做强，塑造挪威的未来"的伟大愿景，秉持勇敢、配合、可用、可信的价值观，准确定位政府游说和公共关系的目标。根据不同的利益相关方，采取相应措施，通过洞察方向、深入分析、确定立场、媒介影响和找到突破点等流程化的策略，影响政策动向和决策。挪威工商总会认为，发现来自会员的好故事，就是最重要的沟通资源。对于社会公众来说，公司的雇主和雇员在谈论重要问题时更值得信赖。挪威工商总会通过地方网络不断了解会员企业的观点和想法，不断地发现企业好故事和好案例，让企业方现身说法，在媒体和公开辩论中表达观点立场。与此同时，通过在全国实施"企业大使"倡议，不断发现好的案例，让企业讲好故事，通过传统和社交媒体，宣传企业的案例故事，提升企业界在社会的影响力，从而间接提升了挪威工商总会的社会影响力和声誉度。

（3）就各方面广泛的事务向成员提供建议，包括促进企业提高竞争力和经营利润，扩大企业的国际化经营等。积极参与挪威政府对国外贸易政策的制定流程，积极反映挪威商业界的诉求，维护挪威企业界的权益。例如，积极参与总部在布鲁塞尔的商业欧洲组织，代表挪威企业参与有关谈判和政策制定。近期，就英国脱欧对挪威企业的影响事宜，进行磋商和谈判。

四、挪威企业考察交流

出访期间，代表团参观考察了挪威雅苒国际集团。雅苒集团是挪威工商总会的重要会员企业，每年向挪威工商总会缴纳近300万挪威克朗（约合230万人民币）的会费。雅苒国际集团在国际投资谈判、集体谈判和参与国内政策制定等方面，与挪威工商总会保持密切的沟通与合作关系。

雅苒国际集团成立于1905年，是一家化肥和环境保护应用产品生产、开发及销售的大型跨国企业，总部位于挪威首都奥斯陆，在50多个国家设有生产厂及营销网络，拥有将近17000名员工，遍布60多个国家及地区。2018年全年营业总额为130.54亿美元，是世界上最大的矿质肥料生产及供应商，年生产和销售各种优质化肥两千多万吨。如今雅苒国际集团的国际影响力遍布全球，雅苒国际集团的知识、产品和解决方案，在保护地球资源、食物和环境的同时，又以尽责而盈利的方式助力农户、经销商和工业客户的业务发展。

雅苒国际集团制定了远大的公司愿景和发展目标，致力于不断增长知识以尽职尽责地哺育世界和保护地球。公司愿景为实现一个协作的社会；一个没有饥饿的世界，和一个受到尊重的地球。雅苒国际集团发展战略以全球化规模、知识网络、负责任的企业和充满热情的员工为基础，聚焦在以驱动卓越运营，引领创新发展，以及创造可延展的解决方案为核心的三大核心新战略。为了履行这些承诺，在全球范围内，该公司率先为实现精准农业开发了数字化农业工具，并与整个食品价值链中的合作伙伴密切合作，以开发更具气候友好型的作物营养方案。此外，专注于可持续矿质肥料的生产，同时我们也致力于创造一个多元化，包容的公司文化以促进员工、承包商、合作伙伴和整个社会的安全和诚信。雅苒国际集团将中国始终作为亚洲地区重要国家。雅苒国际集团始终贯彻"以农户为中心，以作物为导向"的核心战略，近几年在中国的业绩表现可喜且稳定。公司将继续保持这种良性增长，并携手合作伙伴，实现更强大的共赢。

从雅苒国际集团的实践来看，挪威公司劳动关系和员工管理是建立在尊重员工和理解员工的基础上的，同时还要满足员工的实际需要。挪威的企业人力资源管理体系的建立是以社会基本充分就业、社会福利稳定而优厚为前提的，优秀的挪威企业已建立了比较完善、成熟的人力资源管理体系。人力资源在挪威不仅是一种社会资源，同时也是企业的资本，当人力资源转化为人力资本时，人力资源管理的地位与作用自然地显现出来。

五、经验与收获

本次论坛准备充分，议题丰富而紧凑，代表团全面系统学习挪威劳动关系三方机制和集体谈判模式，深入了解挪威工商总会的运作特点，实地考察企业全球化经营特点，与会人员认真学习，积极讨论交流，及时反馈总结，得到挪威的高度认可。参会代表一致认为，通过此次出访活动，开阔了眼界，受到了启发，收获颇丰，建议中国企联系统常态化开展此类活动，不断提升企联系统雇主组织能力建设水平，切实承担雇主组织职能，更加充分地发挥桥梁纽带作用。

1. 三方协商机制是挪威福利社会的稳定基石

通过此次出访和参加会议，与会代表深刻认识到，建立在三方协商机制基础上的挪威社会发展模式，不仅是一种制度框架，更已成为人们的生活理念。挪威劳动关系三方机制各方地位独立，权利平等和民主协商，这也是确保是挪威三方协商机制成功实施的重要特征和基本保障。挪威政府、雇主组织和工会组织三方各司其职。雇主组织和工会组织在人事、经济上不依赖政府，具有较强的独立性，在协调劳动关系方面具有很高的对等参与和话语权，具有较强的代表性和权威性，从而能够使三方机制工作实现了法律化、制度化和规范化。经过80余年的发展、完善，挪威三方协商机制对社会的影响，已不仅仅是促进了收入分配的公平合理，更重要的是在全体社会成员中形成了平等、信任的理念和价值观，成为挪威社会和谐稳定的重要基础。

2. 挪威工商总会适应新形势，不断明晰职能定位和目标任务

挪威工商总会作为雇主组织代表，经济实力雄厚，职能作用范畴广泛，部门职责明确，专业人员业务水平较高，在为会员服务和会员发展工作上具有较强的主动性、创造性和突破性。挪威的工商总会具有很强的独立性，按照企业的需要和社会发展的现状，自主开展各类活动，除了积极推动政府制定保持市场繁荣的法规和产业政策，代表会员参加包括工资谈判在内的协调劳动关系活动外，还为会员开展教育培训咨询工作，促进企业生产经营发展，促进企业劳动关系和谐稳定。

挪威工商总会高度重视自身在社会的声誉和影响力提升，同时增强私有领域在社会的影响力。根据业务的发展，挪威工商总会近几年特别成立公共关系部和沟通交流部，特别邀请前政府官员和媒体资深专家担任部门负责人。承担沟通交流和公共关系工作人员横跨各个部门，成为团队中的团队，灵活互动，及时发声。通过设立公共关系部门，不断加强与政府部门建立良好的沟通渠道和环境，经常保持主动与他们进行公务联系获得经济及政策法规等的支持、扶持，还要保持平常时间的交往等。

3. 会议精心准备，组织紧凑有序，圆满完成出访任务

与会代表反映，在中挪双方的共同努力下，对本次会议做了精心准备和

细致安排，无论是会议选题还是日程安排都做了很好的准备工作，使我们在很短的时间内获得了大量的信息，并和挪方做了较多的工作交流。

在出访之前，中国企联开展网上调查，了解各地需求，与挪威共同商议会议主题内容，确保议题的针对性，满足我国的实际需求。中企联组织编写会议活动手册，让参会代表在出国前总结有关情况，了解掌握基础信息，做到有的放矢，带着问题去学习，提高会议的开会效率。会议期间，参会代表认真学习，能够行动听从指挥安排，积极交流和分享，深入讨论有关议题，并及时总结反馈有关情况，从始至终保持了高度的学习热情，充分体现了企联系统同志们具有较强的组织纪律性。

与会代表认为，此次出访活动，前期准备工作充分，活动手册内容全面，时间安排紧凑、合理，组织工作周到、细致，充分显示了中国企联具有很强的工作水平和组织能力。在中挪双方的精心组织和协调下，在出访人员的积极参与下，代表团安全、高效、圆满完成本次出访任务。

六、建议和下一步工作

1. 不断加强雇主组织职能定位，加强与政府部门及有关部门的沟通和交流，充分发挥桥梁纽带作用

建议进一步明确企联系统雇主组织职能和工作重点，按照职能和工作重点分工负责，明确职责，落实责任，加强工作力度。建议企联系统在国家劳动关系三方机制运行中，不断增强工作主动性和自主性，加强能力建设，不断提升参与三方机制工作的规范化和专业化水平，从而更好地指导地方的三方机制工作。建议中国企联不断发挥全国网络优势，明确职能定位，发挥优势，指导各地开展劳动关系领域的各项工作，特别是参与政策制定和政府关系、三方机制和集体协商、品牌建设和会员服务等方面，不断借鉴国外成功经验，开展经验交流和业务指导，充分发挥桥梁纽带作用，推动企业健康持续发展，推动我国经济发展和社会进步。

2. 不断增强专业队伍建设,不断服务好会员,加强企联系统的社会影响力和声誉建设

建议不断完善和变革工作机制,建立完善责、权、利激励机制,充分调动员工积极性、主动性和创造性。建议在具备条件时,招聘有较高水平的专业人才,壮大企联从事雇主工作队伍,增强协会雇主工作的专业服务能力,提高为雇主服务的工作水平。建议积极调动各方面资源,为会员提供更多、更可靠的为企业所需要的服务。不断细化为企业服务的内容,按不同行业分别策划服务内容,精心组织实施。

要赢得社会形象和声誉,企联系统就必须切实代表企业利益,急企业所急、所需、所盼,通过各种途径反映企业诉求,深入开展调查研究,建言献策,积极影响立法和政策制定。同时,不断面向会员,开展有影响力的品牌活动,提供高质量的服务,通过多种媒介,与社会各界保持积极沟通,代表企业界向社会发声,不断增强企联组织的社会影响力和知名度。

3. 进一步深化企联系统组织能力常态化建设

建议中国企联的指导帮助下,不断加强、改进和完善全国企联系统建设。全国各级企联要形成一个系统,既有统一的组织构架、相同的运行体系,又有各具特色、与时俱进的工作成效,鼓励创新服务模式和办会方式,实现全国同频共振、逐步与时代同步、与国际接轨、上下互动、左右联动的工作格局。建议企联系统继续发挥网络优势,上下一心把为企业服务的内容尽可能延伸到地方,创立更多优质品牌活动等。建议加大雇主组织能力建设常态化建设,定期开展对企联系统雇主工作人员学习培训,通过会议、论坛等各种形式,加强国内外交流和学习,提升业务能力和个人素质,推动工作新格局。

4. 加强国际考察交流合作,学习借鉴国外先进经验

此次出访活动,让出访代表开阔了视野,亲身体会了国外雇主组织的创新实践,对今后工作有非常大的启发。当前,随着我国对外开放全方位扩大,共建"一带一路"不断取得重要进展,企联系统应该在助力我国企业"走出去"战略方面发挥更大、更积极的作用。出访代表建议,要不断积极创造条

件，立足长远，定期组织出访学习考察团，深化交流与合作，开阔国际化视野，提高骨干人员素质和组织能力水平，充分发挥桥梁纽带作用，更好地为企业和企业家服务。

  出访人员：刘　鹏、邵红亚、王庆海、李　红、刘洪远、李　克、
　　　　　　刘建军、龙晓琳、黄晓号、陈明德、陶　英、郭睿智、
　　　　　　王洪波、王翠霞、马　超、李雅囡
报告执笔：马　超

美国新经济下灵活就业中的劳动关系报告

中国企业联合会代表团

2019年3月30日至4月21日，我会李建明、张文涛、王亦捷、赵婷参加了国际劳工组织北京局组织的赴美国学习考察。本次出访附属于国际劳工组织与国家协调劳动关系三方合作开展的"推进集体协商制度，构建和谐劳动关系"项目，主题是"美国新经济下灵活就业中的劳动关系"。此次赴美国学习考察由美国国务院邀请和安排，国际劳工组织北京局、人力资源和社会保障部、有关专家和我会共11人参加，美国将其列入国际访问者领导项目。

在美国期间通过沟通和交流，参访人员深入了解美国政府、雇主组织、工会、企业和其他机构、专家学者对相关问题所持的不同观点和态度，并对美国的劳动法律政策、集体谈判和劳动争议处理机制等有了更深入的理解和认识。现将有关情况汇报如下。

一、访美期间拜访的主要机构和个人

国际访问者领导项目（International Visitor Leadership Program, IVLP）是由美国政府资助的国际交流项目，其目的是通过相关领域的沟通交流，增进相互了解和认识。此次出访共计23天，访问团走访了华盛顿市、纽约市、亚特兰大市、盐湖城和西雅图市五个城市，分别与31个联邦、州、市等不同层级的政府、工会、企业代表组织及其他相关机构，围绕新经济下灵活就业中的劳动关系问题，进行了深入沟通和交流。拜访的联邦一级的政府部门有：美国劳工部、全国劳动关系委员会、联邦劳动关系局、美国国务院等；州一级的政府部门有：乔治亚州劳工部、乔治亚州经济发展部、犹他州劳工委员会、犹他州议会等。市一级的政府部门有：纽约市劳动关系办公室、纽约市人权委员会。拜访的工会（类工会）组织有：美国劳联－产联、美国教师联合会、乔治亚州劳联－产联、纽约独立司机协会、西雅图网约车司机协会等。拜访的企业代表组织有：亚特兰大大都会商会和犹他州雇主协会。拜访的高校有：乔治梅森大学、乔治城大学、纽约大学斯特恩商学院、罗格斯大学管理与劳动关系学院等。

除此之外，我们还拜访了国际劳工组织驻美国办公室 Kevin Cassidy 先生、美国参议员 Mark R. Warner 办公室、犹他州众议员 James Dunnigan 先生、西雅图市议员 Mike O'Brien 先生、信息技术和创新基金高级研究员 Joe Kennedy 博士，以及盐湖城工伤保险基金、赛法斯·肖律师事务所和飞鸽快递等几家企业。

在劳动关系等相关专业交流之外，我们还通过访问盐湖城普通美国家庭、到西雅图冰川峰高中与当地高中生交流互动等文化活动进一步加深对美国社会的了解。

二、美国灵活就业的状况

美国的劳动用工方式大致分为两种：一种是雇员，包括全日制和非全日制；另一种是独立承包工。雇员与独立承包工之间的区别主要是雇主对劳动者劳动过程的掌控程度不同，其间并无特别明晰的界限和标准。从当前大多数州的法律实践中看，独立承包工与雇主的关系被认定为民事关系而不是劳动关系，不在主体劳动法律和制度政策的调整范围内。以平台经济、共享经济为代表的新业态发展，使得美国灵活就业人员的数量不断增加，其中绝大多数是作为独立承包工来对待的。由于这一类人员占总体就业人员的比例不足 1%，并未引起广泛重视。但随着近几年这类人员的劳动权益保护问题逐步增多，特别是优步（Uber）司机要求享有雇员权益的诉讼案件在很多州相继出现，引起较大社会反响，针对灵活就业的相关研究也越来越多。此类灵活就业人员是否应该纳入劳动法律制度框架的调整范围内，在政府、雇主组织和工会之间存在较大的分歧。

从政府角度出发，不管是联邦政府还是州和地方政府中主管经济发展的部门，都更多关注企业的发展，积极为企业营造良好的营商环境，吸引更多的投资者。而劳动相关部门更倾向于加大劳动者权益的保护。因此，为平衡各方利益，各级政府并不急于对灵活就业采取立法或制定政策加以干预，而是采取较为包容的态度任其自由发展。鼓励社会机构和企业加强研究，鼓励创新性的尝试和试点，比如 Warner 参议员提出可带走福利的议案等。

从雇主组织角度讲，美国的企业组织主要的关注点在于加强对企业的服务。在劳动关系方面，重视对企业用工风险防范的指导、培训和咨询，帮助企业合法合理规避法律风险。在与亚特兰大大都会商会和犹他州雇主协会进行交流的过程中，我们深刻体会到，美国的雇主组织完全是从其所服务的会员角度出发，为会员提供资源，从法律和人力资源方面帮助会员，确保会员在合法合规的前提下节约用工成本。

从工会角度来看，由于与雇主之间不存在劳动关系，工会不能直接把独立承包工吸纳为会员，所以工会尝试采用变通的手法，通过组织成立独立承包工协会等类工会组织、与雇主谈判合作等方式为他们争取权益。例如我们访问的纽约市独立司机协会，代表了纽约市 65000 多名出租汽车司机。它是第一个与出租车公司争取谈判席位的非营利性劳工组织，并针对纽约市网约车司机面临的主要困难，与 Uber 公司进行谈判，替司机们争取权益。2019年1月，独立司机协会在纽约市发起倡议，协助通过了美国首个针对网约车司机的最低工资标准。

三、美国劳动关系概况

美国实行三权分立的政治体制，在劳动关系管理方面美国政府奉行多元放任的管理模式。从劳动立法的特征上看，劳动立法权由国会行使，而联邦政府部门(包括劳动部门)只有执法的权力，努力实现劳动关系的均衡与制约。美国政府对劳动关系的规制主要是：直接规范就业条件、规范劳动关系的运作以及扮演雇主的角色。

美国没有大多数欧洲国家实行的制度化的协调劳动关系三方机制。政府、雇主组织和工会组织分别在法律权限内发挥各自在劳动关系领域的作用，包括相关法律政策的制定、劳动争议的处理以及劳动关系相关服务等。美国政府作为劳动关系的第三方，通常来说，并不直接参与劳资谈判，主要是致力于建立和完善有关劳动关系的相关标准以及以劳动关系调整为核心的法律体系，而有关劳动关系具体事务的调整则建立在劳资双方自我谈判基础之上。无论是劳动关系的建立还是维护，大多是由劳资双方自主确定和协调。美国企业的劳资纠纷基本上在企业内部由劳资双方谈判解决。即使企业劳资双方无法达成一致意见，也不是去找政府劳动部门，而是找一个双方认可的中间协调人。这个人可以是律师、社会知名人士、经济学家或教授。政府劳动部门也可以向发生争议的劳资双方提供中间协调人和仲裁人的名单，供企业选择，一般无权指定协调人和仲裁人，由仲裁人参加做出的仲裁具有法律效力，很少有雇主或工会不同意仲裁的决定。只要企业内部的劳资纠纷是依法律程序进行的，政府就不会干预。政府的注意力多放在检查企业是否违犯了国家有关处理劳资纠纷的法律。从具体的劳动关系法律形式上看，美国在涉及劳动的每个方面都有专门的、规范化的法律或法规，不仅在内容上比较完备，而且在执法过程中便于让有关执法部门查找依据。

四、美国集体谈判制度的发展情况

18世纪美国就出现了集体谈判，集体谈判的主体是工会和雇主。美国的工会组织可以分为三层，从下至上依次为地方工会和行业工会、全国性行业工会，以及美国劳工联合会与产业联合会（劳联－产联）。不同层次的工会，在不同的范围及领域中发挥各自的作用。劳联－产联对全国性行业工会或地方工会并不具有实质性的控制力，通常也不参与集体谈判，然而由于其通常提供方向性的指引，其在工会结构中发挥着重要作用。由于美国受反垄断法及相关保护竞争政策的影响，一直未形成具有影响力的全国性雇主组织，也未形成团体性的雇主力量。因此，在美国的集体谈判中，雇主通常都是单独出面与工会进行集体谈判。

历经几个世纪的发展，集体谈判已成为维护劳资双方权益的重要手段之一，在解决劳资矛盾中发挥着重要作用。为避免产业争议引发的动荡，促进经济发展，二十世纪美国国会通过了一系列法案对有关集体谈判的事项做出规定，其中以1935年的《国家劳动关系法》最具代表性。根据该法，雇员有权通过自己选出的代表来进行集体谈判；雇员有权为集体谈判进行协同行动，雇主应当与雇员代表在和谐的气氛中，对最低工资、工作时间等劳动条件，以及协议所涉及的其他问题进行谈判。集体谈判使劳动者在劳动关系中居于弱者地位的状况得以改善，特别在美国实行自由雇用原则的情况下，集体合同成为劳动者维护自身权益的重要手段。

为保护雇员和雇主的权益，保障集体谈判有序进行，美国联邦专门设立了全国劳动关系委员会（National Labor Relations Board，NLRB），对集体谈判的开展情况进行监督，处理有关劳资纠纷。根据全国劳动关系委员会的划分，集体谈判中的议题一般可以分为三类，分别为强制性议题、可议性议题和非法性议题。强制性议题包括工资、劳动时间、其他劳动条件等。在集体谈判中，雇主有义务针对这三类强制性议题进行谈判。可议性议题即劳资双方可进行谈判的议题，但并非必须进行谈判。非法性议题是由全国劳动关系委员会或法院认为属于违反法律的议题。可以说，美国的集体谈判制度对于保护劳资双方的利益，调节劳资关系，促进社会稳定起了很好的作用。

五、美国劳动争议处理制度的主要特征

美国劳动争议处理机构，既有官方的劳工部、劳动关系委员会，也有民间的如工会、仲裁协会，还有法院。美国劳动争议处理制度的主要特征如下。

1. 注重在企业层面解决劳动争议

美国国家劳动关系法规定，减少劳工纠纷是雇员、雇员代表和雇主的共同责任。这是劳资双方的法定义务，也是在企业层面解决劳动争议的法律依据。在企业内部，目前已经或者正在形成一种劳动关系自我调节机制，不仅有劳动关系委员会作为劳资对话的平台，而且形成了雇员申诉的正当途径和程序。在企业外部，政府劳动争议处理机构不仅派出调解员参与企业具体劳动争议的调解，而且开展预防性调解，即在劳资双方集体协议谈判过程中提前介入，协助双方达成协议，促成争议化解。

2. 将劳动争议划分为权利争议与利益争议两大类别

美国劳工部、劳动关系委员会等，更注重权利类劳动争议的处理；民间的仲裁协会、工会组织，更注重利益类劳动争议的处理。利益类劳动争议更多地还通过劳资谈判、集体谈判等方式，进行企业内部的化解。

3. 仲裁终局制凸显劳动争议处理的高效

在美国，劳动争议仲裁裁决为终局裁定，具有法律约束力。美国最高法院规定，法院要尊重仲裁裁决，只被授权进行有限的司法审查。目前仅有1%左右的仲裁裁决被上诉至法院，其中也只有极少数被推翻。劳动争议处理中的仲裁终局制，缩短了劳动争议处理时效，把因劳动争议给企业和个人造成的经济损失降到最低限度。

六、出访的主要收获

通过这次访问，我们加强了与美国雇主组织的联系，了解了美国新经济下灵活就业中劳动关系的最新状况。同时，对美国公共和私营领域劳资关系的发展，以及政府、劳资双方及其代表组织在联邦、州和地方层面的政治、经济和社会体系中的角色和作用等问题有了深入了解。从雇主组织的角度出发，主要有以下几点收获。

1. 为企业提供优质的服务是雇主组织开展工作的基本出发点

我们在美国访问了亚特兰大大都会商会和犹他州雇主协会两家雇主组织，他们通过专业队伍为企业提供的优质服务及在企业中的影响力和发挥的作用，值得我们借鉴。他们提供优质的服务体现在完全从会员企业的需求出发，通过自身或借助外部专家的力量为会员企业提供更专业、更有效的服务。例如，犹他州雇主协会有10个专职人员，每人负责与60~70家公司进行密切沟通，时刻跟踪所负责企业的需求，为他们量身定制个性化的服务内容。

2. 政府着重提供良好的公共服务

美国政府的重要职能就是提供公共服务，促进企业发展，这一点给我们留下了深刻的印象。不管是在工作权利州还是非工作权利州，政府的出发点都是全心全意为企业服务，营造良好的经营环境，想方设法为企业降低成本。政府不断根据经济形势的发展和经济新特点的出现制定适宜的财政和税收政策，进行基础设施建设和市政建设，实施正确的就业政策为企业提供足够的人力资源等。例如，乔治亚州劳工部就为企业和求职人员提供多方面的服务：为企业提供职业展会，举办定制化招聘；提供劳动力市场信息，定期发布薪酬调查报告，对当前的就业形势和未来就业情况进行预测；帮助求职者制订求职计划，提供职业培训项目和经费资助等。

3. 立法严谨且程序复杂

美国在立法方面非常严谨，一项法律或政策的颁布要经过很长时间的论证和考察，并经过参众两院的审核和批准，一旦颁布实施就不会轻易改变。比如 1935 年出台的《国家劳动关系法》就一直沿用至今，而且还根据该法案成立了全国劳动关系委员会，专门执行法案中的相关规定事项。为保障 Uber 司机的权益，西雅图市议会在 2015 年以高票通过了一项新的法令，允许网约车司机成立工会。然而，这一法令遭到了 Uber、Lyft 等网约车公司及美国商会的反对，并起诉了西雅图市议会。由于存在争议，这一法令至今都没有生效。对于独立承包工是否纳入劳动法律体系中来保护，美国不急于立法进行严格规制，而是采取一种观望的态度让这种灵活的就业方式自由发展。鼓励社会广泛研究，在实践中不断探索创新。

4. 美国的社会保障制度是美国劳动关系和谐的一个重要保证

这种低标准的保障待遇覆盖面很广，体现了社会公平的原则。使人们感受到了社会保障安全网的作用，又减轻了政府和企业的负担。美国养老保险和医疗保障中，联邦政府、州和地方政府、企业及非营利组织、个人的责任，政府与市场的关系和责任，联邦政府与州政府的职责划分，都比较明确清晰，值得我国借鉴。

出访人员：李建明、张文涛、王亦捷、赵　婷

执笔人员：赵　婷

第三部分

企业构建和谐劳动关系实践案例

同舟共济扬帆起，乘风破浪万里航

天津中新药业集团股份有限公司第六中药厂

天津中新药业集团股份有限公司第六中药厂（以下简称第六中药厂）始建于1958年。多年来，企业按照政治建设与经济建设"两手抓、两手硬"的目标谋篇布局，实现经济发展成果和文化成果双丰收，成为传承创新中医药文化的领军型现代中药企业，先后荣获"全国医药行业思想政治工作先进单位""诚信道德建设示范单位"等众多荣誉，连续十六年获得"安康杯"竞赛优胜单位称号。多年来，企业将创建和谐劳动关系作为提高竞争力和持续稳定发展的制胜法宝，以服务员工、文化育人为核心理念，不断提升员工责任感、归属感、忠诚度，实现劳企双方相互协作、合作共赢，为企业实现高质量发展奠定根基。

一、强根铸魂，发挥国有企业党建优势

坚持党的领导，加强党建工作，扎实"根"、铸好"魂"，充分发挥国有企业政治优势成为多年来第六中药厂做强、做优、做大的根本遵循。

发挥头雁示范作用。企业党委领导班子坚持用习近平新时代中国特色社会主义思想武装头脑，一支"党性强、敢担当、业务精、作风实"的领导班子成了企业和谐稳定发展的主导力量，在和谐文化的引领推动下产生了强大的凝聚力和向心力，也形成了全体员工开拓奋进、干事创业的良好氛围。

强化党建群团共建。企业党委注重发挥群团组织在构建和谐劳动关系中的独特优势，在日常工作中体现桥梁纽带作用，在关键时刻形成影响力和号召力。2017年速效救心丸制剂车间一度面临市场供不应求、生产一线任务加

重的情况,党工团部门携手联动,一方面深入一线开展劳动竞赛活动,鼓舞生产员工士气,另一方面组织科室干部下车间加强生产力量,最终如期完成了生产任务,保障了市场供应,速效救心丸制剂党支部也在当年被评为天津市医药集团"十佳党支部"。

注重健全长效机制。前方思想引领、后方政策保障。相继制定和完善《"三重一大"决策制度实施办法》《困难职工帮扶工作管理办法》《工会职工福利待遇有关规定》等制度,为关爱员工构建长效机制。凡是与员工切身利益相关的事项均要拿到党委会上进行集体研究,"顶足上线、不越红线"也成了领导班子落实企业员工利益保障措施的最大共识。

二、共建共享,凝聚和谐发展合力

畅通沟通渠道,加强企业民主管理,充分调动职工主动性,全员参与成为第六中药厂创建和谐企业的重要法宝。

保障职工合法权益。抓住职工最关心的工资问题,大力推进工资集体协商,落实员工工资增长机制,使员工的工资及福利待遇得到有力保障,工资总额连续10年保持8%以上的增长,员工的物质生活水平得到显著提高。同时,企业注重维护员工合法权益,强化劳动关系管理,依法规范用工行为,确保劳动关系和谐稳定。

鼓励职工参与管理。坚持厂务"四公开"机制,通过职代会平台,使员工的知情权、参与权和监督权得到充分保障。企业每年定期召开职工代表大会,收集职工代表提出的各项问题及建议提案,凡涉及员工切身利益的各项决定、决议均需经过职工代表大会讨论通过后实施;将厂务公开与"互联网+"深度融合,运用微信公众号、党建云平台、APP等载体,针对食堂、班车、体检等员工最直接、最关心的问题广泛征集意见;对企业的发展战略方向、生产经营方针、重大制度修订及绩效考核方案等及时公开公示。

激发职工工作热情。企业真心关爱员工,员工积极为企业发展出谋献策,更在企业发展的关键时期与企业共担风险,共同进退。自1983年速效救心丸上市以来,企业几代员工致力于滴丸核心技术和装备的精进,经过数十年如一日的艰苦探索和研制,逐步将简易的一代滴丸机发展成为集成化数控的第五代滴丸机，全面实现规模化、自动化生产，艰苦奋斗、爱岗敬业，已经成为第六中药厂企业文化的核心。

三、聚贤育才，激发职工向心力

企业鼓励全员参与岗位创新，搭建创新激励机制和员工成长舞台，对于勇于创新争优的团队给予物质、精神奖励，以"工匠精神"感召和激发员工敬业爱岗的内生动力。

员工传承匠心。在速效救心丸发明人章臣桂教授、滴丸专家郭长源、全国劳动模范张秀生、天津市有突出贡献专家刘丹等一批专家的示范带动下，企业涌现出大批创新型人才和团队。目前拥有市劳动模范 4 名、五一劳动奖章 5 名，天津市"131"创新型人才团队等优秀团队，其中六中药滴丸精益生产劳模创新团队成立于 2013 年 5 月，围绕优化产品生产工艺和过程管理开展技术革新，6 年来完成创新项目 86 项、提出合理化建议 340 余条，解决企业生产瓶颈难题，提升生产效率，班组先后获评"天津市'五一'劳动奖章""工人先锋号""青年文明号"等殊荣。

企业育才尽心。企业注重外部推动力与内生动力相结合，积极引导和鼓励广大员工发挥专长、施展才干，拓展自我发展空间。依托天津市"海河英才行动计划""131"创新型人才培养工程等平台，通过员工在职继续教育、蓝领技术工人等级聘任、轮岗实训、导师带徒、技能比武等多项举措，为员工搭建明晰的职业发展路径，近五年来企业招聘本科以上大学生几十人，其中 15% 现已成长为企业新生骨干力量。

人才成长用心。企业注重基层员工在岗位实践中锻炼，通过轮岗机制将具有潜力的人才放到市场、科研一线及大项目建设等重要岗位进行实践锻炼，同时通过创新立项、劳动竞赛等平台，交任务、压担子，加快提升人才素质与能力。张秀生进厂时仅是一个普通员工，33 年来他由一个普通一线工人成长为全国劳动模范、高级蓝领工人、滴丸精益生产劳模创新团队带头人。

四、聚力暖心，营造和谐"家文化"

企业千方百计为员工解除后顾之忧，营造"如家一样"的生活环境，让员工在温馨和暖心中的感动，转化为主动回报企业、敬业爱岗的动力。

在基础设施不断完善中营造温馨环境。企业每年投入资金用于改善员工工作生活环境，先后对厂区绿化、厂房基础建设、职工食堂等进行优化升级，对原有"职工之家"进行系统改造，增加400余平方米的室内活动空间，增设了瑜伽室、视听室、舒压室、书画室、篮球场等活动场地。

在文体活动不断丰富中凝聚团队精神。建立"年有规划、季有小结、月有比赛、周有活动"的四有机制，通过组织特色兴趣小组，开展丰富的文体活动，将"职工之家"打造成为真正服务于广大员工的文化活动基地，员工幸福感、获得感不断提升。2018年，中国文联、中国书协"书法家送万福进万家"志愿服务公益活动在企业开展；2019年，天津市美协"中国梦"文化进万家活动为员工送福迎春，受到广大员工热烈响应。

在困难帮扶中感受企业真情厚爱。企业关心困难职工坚持"一人一策"精准帮扶，全面落实"三个不让"：不让一户困难职工家庭生活得不到保障，不让一个困难职工子女上不起学，不让一名困难职工看不起病。企业一名员工患有小儿麻痹腿部残疾，在岗期间企业一直给予他帮扶，安排力所能及的岗位，身体条件无法适应岗位时实行患病员工内部退养机制，除了定期帮扶解决实际困难外，还为其争取各项政策补贴，帮助他树立信心、克服困难。还有其他因患白血病、脑瘤、尿毒症等重大疾病而陷入生活困境的员工，企业及时伸出援手给予帮扶救助。每逢节日企业前去慰问时，他们都感恩地说："如果没有六厂，不要说治病，连基本生活都无法保障。"

和谐企业的创建，是一个不断积累的过程。打造和谐美好的企业文化，需要企业在发展过程中不断壮大自己、增强核心竞争力。作为天津医药集团和中新药业的排头兵，第六中药厂肩负为百姓健康造福的使命和责任。站在新时代广阔的舞台上，面对新的征程，企业将在以和谐为主题的企业文化感召下，充分发挥广大员工的创新精神，实现企业的持续健康发展。

推动和谐劳动关系向纵深发展，
凝心聚力携手前行建功新时代

新奥集团股份有限公司

新奥集团股份有限公司（以下简称新奥）创立于1989年，现已发展成为涵盖中上下游的清洁能源产业链和覆盖文化、旅游、健康、地产等领域大健康产品链的综合性集团企业，拥有员工5万余名，总资产、总收入突破"双千亿"。三十年来，新奥始终与员工心贴心，推动和谐劳动关系持续向纵深发展；我们始终与员工同聚力，打造利益共同体、事业共同体、命运共同体，走出了一条高速发展之路。

一、贴心服务，绘就企业发展的最大同心圆

新奥始终坚持以人为本发展理念，千方百计解决好大家最关心、最直接、最现实的利益问题。

细化国家规章制度，保障员工切身权益。自创业起，新奥就以按时足额发放工资为铁律，30年从未出现工资拖欠情况。我们依照国家法律法规要求，细化落地规章制度，一方面严字当头，100%签订劳动合同、缴纳社会保险；一方面弹性关怀，例如，女员工除享受国家98天规定产假外，可根据实际需求享受60天至7个月的产假、哺乳假。为确保制度落地，新奥建立了工会牵头的员工心声反馈渠道、人力沟通渠道、督委会投诉渠道，设立了劳动争议调解委员会，及时发现问题、及时解决问题，营造了和谐、公平、公正的企业氛围，为员工提供了切身权益相关的劳动保障。

想在前做在前，让员工生活无忧。针对意外事故、大病致贫等隐患，我们提前为员工着想，落实健康体检，购买补充商业险、补充重疾险。提前为员工家庭着想，将婚丧病"三必访"提升至"五必访"，让员工在生产、家人大病等时刻，都能得到组织的帮助，渡过难关。针对现代人心理压力增大的普遍问题，我们从2000年起便高度关注员工心理健康，邀请高级心理学讲师定期开展系列讲座，为员工做好心理关怀和疏导。近年来，又出资10余万元培养了3名心理疏导师，从压力管理、职业健康、生活方式等方面帮助员工缓解压力、改善情绪。未雨绸缪，为员工解除后顾之忧，最大限度地保障了新奥人安心、安定的工作和生活。

精准服务，实现员工个性化需求。进入新时代，新奥开始在"精准"二字上做文章，满足员工的多元化、个性化需求。一方面，精准倾听员工心声。在开放日、意见箱等传统方式基础上，集团党委、工会每年牵头进行覆盖50%员工的心声调研，组织家属、女职工、退伍军人等座谈，确保不同群体的声音精准反馈。集团还利用互联网开辟了线上"意见广场"，每位员工都可以随时随地反映问题，实现了意见反馈渠道100%全覆盖。另一方面，精准解决问题。由集团总裁亲自带队，党委、工会、行政、人力、财务等各部门形成沟通议事机制，精准解决员工诉求。今天的新奥：员工食堂已由原来的免费吃饱吃好，转向提供免费的减脂塑身餐、全素餐、节气餐、各类滋补汤。节日福利已从过去的全员统一派发，转向每次提供六种套餐，多品类供员工自主选择。创新开展的"大龄青年扎根工程"，正着力帮助解决6800多名单身青年婚恋等问题；"大车店"与"功勋俱乐部"为员工提供多层面的服务、福利和待遇。

用真心、动真情，把各项工作做深做实，让新奥真正成了五万名员工的大家庭。多年来，我们的员工离职率始终低于5%，大家与企业心往一处想、劲儿往一处使，绘就了发展的最大同心圆。新奥也先后获得"河北省'AAA'级劳动关系和谐企业""全国模范职工之家"等荣誉称号。

二、助力成长，打造企业发展的核心竞争力

新奥始终将员工作为企业发展的动力和主体，倾注资源助力员工持续成长。根据企业不同发展阶段，带动员工学习成长。1993年起，新奥开始举

办高中文化补习班、管理大专班、管理干部培训班，让创业员工跟上了企业的步伐，发展不掉队。企业稳步成长后，每年挤出500万~600万元鼓励员工走出去开阔视野，170余位员工在企业的支持下读完了MBA、EMBA及商学院课程，支撑新奥完成了现代化管理的转变。2014年，新奥大学成立，每年开设约245个培训班，为13000多名员工提供各类发展培训，定制化培育新奥业务转型、战略升级所需的各类人才。

依托实际工作岗位，引导员工实战练兵。我们找到了"班组建设"这个好办法。我们在班组中开展专业培训、比武、竞赛，让员工在实际岗位上有针对性地学习提升。开展班组内部轮岗，让人人都能体验管理岗位。开展班组全员竞聘，为技术员工转型打开职业通道，有近300名作业类员工通过竞聘走上了班组长岗位。依托班组打造综合成长空间，新奥的做法被作为典型经验在全国推广，主推班组建设的集团党委还因此荣获全国非公有制企业"双强百家党组织""全国创先争优先进党组织"等荣誉称号，集团党委书记因此受到了习近平总书记的接见。

打造学习资源平台，赋能员工自主成长。新时期，越来越多的员工渴望日常化、碎片化、多元化学习，为此新奥整合优质资源打造了自主学习平台。例如：2016年，我们推出了网络课程，因灵活的时间优势，上线仅数月参与人数就突破了20000人；2019年起，我们开始邀请国内外顶尖的企业管理者、咨询机构负责人、专业领域研究者公开为员工授课，目前已成功举办三期，吸引了1904名员工参与了学习。

员工是企业最宝贵的财富。如今，包括党的十九大代表、国家"万人计划"科技领军人才李金来，全国岗位能手刘永峰，全国工人先锋号沁水新奥维修班组等优秀个人和组织持续涌现，一批又一批新奥人也相继走上了管理岗位，不断成长的优秀的员工队伍是新奥的中流砥柱，更是新奥事业可持续发展的不竭动力。

三、携手共建，释放企业发展的最大生产力

新奥始终依靠员工谋发展，在全体新奥人的共同努力下，企业实现了做大、做强、做优。

集智慧，实现企业持续创新。民主管理是新奥的优良传统。新奥建立之初就成立了参议会，请管理人员、技术人员、优秀员工代表共同审议公司的经营计划、工作重点、机构设置和人事安排。1995年起正式成立工会，目前共有工会组织231个，实现了基层工会组织全覆盖。凡涉及员工切身利益的问题，必经员工审议；凡涉及企业发展的重大问题，必请员工献策。2018年，新奥仅一家成员企业工会，就收到合理化建议1969条，有1401条被采纳，其中管道对口器、耐热刷的热电偶等30余项创新成果通过企业的支持、力推，获得了国家专利认证。

同担当，助力企业攻坚克难。为企业献策、为企业担当，新奥人也以实际行动表明了与企业同风雨、共命运的决心。创业之初，当时面临国内储运天然气的高压力钢瓶技术受限，面对攻克技术的难关，数十名新奥人组成专班咬牙攻坚、不眠不休，硬是用541天生产出了第一个国产高压力大钢瓶，保证了新奥的持续发展，也使得国内天然气储运更加灵活、便捷。新千年，新奥二次创业，决意立足国家主体能源"煤"，探索一条清洁能源自给之路。在集团统一号召下，上千名新奥人自愿放弃舒适的生活，扎根内蒙古达拉特旗，在荒漠上一遍遍探究自主煤气化技术……可以说，三十年的发展，每遇艰难时刻，都有新奥人积极踊跃、迎难而上；每一次的进一步提升，都离不开新奥人齐心协力逢山开路、遇水架桥的奋斗拼搏。

共聚力，万众一心做优做强。新奥的发展，靠的是能打硬仗的员工、是万千员工家庭的支持。2008年，新奥承担石家庄"蓝天行动"任务，对30万户城市居民进行天然气置换。时间紧、任务重，面对用户沟通的海量工作，新奥员工家属纷纷主动请缨，父母上阵向亲戚、向朋友、向邻里进行解释说明；儿女上阵走进涉外小区，当翻译、当宣传。家属沟通、员工施工，仅用了146天就结束了石家庄居民使用煤气的历史，顺利、如期地保证石家庄市进入了绿色能源时代。紧紧依靠员工，新奥在十多年里，就从廊坊一隅迅速扩展到170多个城市，连续多年保持了20%以上的复合增长。

价值共创，价值共享，新奥营造了企业事事为员工，员工事事为企业的良好氛围。新时代、新起点、新征程，我们将以持续深入地推动和谐劳动关系向纵深发展为追求，汇聚五万新奥人的智慧和力量，实业报国建功新时代，为全面建设小康社会，实现中华民族伟大复兴的中国梦贡献力量！

携手构建企业与职工命运共同体，全力推动新时代太钢的新发展

山西太钢不锈钢股份有限公司

山西太钢不锈钢股份有限公司（以下简称太钢）是目前国内最大的不锈钢生产基地，也是国际上重要的不锈钢生产厂家之一，是国内唯一的全流程不锈钢生产企业，产量和市场占有率居全国第一。目前已形成了100万吨不锈钢、70万吨不锈钢材、其中40万吨不锈冷板的综合生产能力，进入国际不锈钢十强行列。其中笔尖钢、手撕钢等自主研发产品不仅打破了长期的国外垄断。多年来，公司以敢为人先的勇气和颠覆传统的魄力，强力推进全面深化改革，始终坚持把以人为本的核心价值观贯穿改革发展的全过程，充分依靠职工改革的积极性、主动性和创造性，与广大职工同呼吸、共命运，携手构建企业与职工命运共同体，全力推动新时代太钢的新发展。

一、深入调查研究，不断走"进"职工，用沉下身子上门服务的态度换取职工与企业心连心

深入基层，倾听民意，解决职工难题。干部与职工能否一条线、一条心，是企业迎接新时代、实现新发展的关键。围绕企业改革转型中的困难和问题，太钢明确要求各级管理部门走进生产现场，机关干部采取挂职锻炼、基层专题服务等方式走"进"职工群众，深入调查研究，认真听取职工意见，主动为各生产经营单位排忧解难，用实际行动彻底转变工作作风，引导职工以一往无前的奋斗姿态和永不懈怠的精神状态投入到新时代太钢实现新发展的各项工作中去。

通过管理诊断，发现职工需求，企业针对性加以提升和改进，形成"1+1>2"的职工和企业双赢格局。开展敬业度评估，通过"体检"和"会诊"，全面掌握职工思想情况。近年来，太钢职工队伍的知识、专业、年龄结构等发生了许多新的变化，钢铁行业新常态下，更是出现了这样那样的新问题，而这些问题集中体现在职业精神和敬业程度上。影响职工敬业程度的根本因素是哪些，工作的着力点和突破点在哪里，如何对症下药，有计划、有目标地提高全员的敬业度，为公司培育一流的核心竞争力服务，成为太钢职工队伍建设的重大课题。太钢从2013年起连续五年开展敬业评估工作，从人员、薪酬、政策、机遇、生活、质量6个方面18个驱动因素对公司职工进行全面调查，公司管理团队认真分析评估报告中所反映的问题，结合自身实际，采取多种形式向干部职工反馈评估结果，公布改进措施，引导职工积极参与到这一工作中来。三年来，累计近10万名职工通过问卷调查表达了自身的诉求，职工对企业的敬业度和忠诚度逐年提升，为公司全力推动新时代的新发展锻造了一支忠诚、可敬的职工队伍。

二、坚持以人为本、共建共享，凝聚推动新时代新发展的强大合力

太钢坚持为职工办实事、办好事。2003年以来，太钢投入巨额资金为新引进大学建立起设施齐全、功能完善的高层大学生公寓，并对新引进人才发放一次性安置费；每年分批安排科技人员、一线骨干职工、劳模代表等赴省内外疗养基地疗养，组织全体职工免费健康体检；自建体育文化中心，为全体职工发放健身补助，鼓励广大职工积极参与体育文化活动，满足职工健身需求；从2005年开始，实施一年一度的"金秋助学"工程，对子女考入和正在读大学的退休、内退和困难职工进行资助，保证其完成学业。

太钢重视职工培训需求，不断提高职工技能，打造专业化职工队伍。太钢将人才培训和培养作为企业最重要的投入，通过与上海交通大学、北京科技大学、东北大学、西安交通大学、天津大学等一批具有雄厚科研实力的高等院校、科研院所开展联合办学，选派业务骨干到德国、意大利、韩国、日本等国际一流钢铁企业及宝钢和武钢等国内先进企业，考察、学习培训和进

修，培养了大批各类人才；坚持开展培训需求调查，重视一线职工多方面培训需求，不断满足职工成长对工艺技术、安全管理、质量提升、心理健康等各方面成长的需求；坚持每年举办职工标准化操作、岗位练兵技术比武大赛，发现、培养和选拔各类优秀人才，真正构建起企业未来发展的人才资源库。2018年，完成了16个主线单位操作员工的职业技能培训测评，编写、修订标准2001个，修订、开发试题1370927道，培训测评员工15000余人次，通过开展针对性的岗位技能培训，岗位胜任率能力明显提升。

提供成长平台与机制，鼓励员工自身价值实现。太钢把为职工提供实现自身价值的舞台，作为满足职工发展需要的重要措施，形成经营管理、专业技术和操作岗位三大系列人才成长平台。积极开展"金点子杯"合理化建议活动，建立SBU和LHY技术研发相关机制，鼓励职工立足岗位开展技术攻关、技术改进、发明创造等创新活动；截至目前，公司已经建立28个以职工名字命名的职工创新工作室，让职工自己做创新的主人；公司每年召开科技质量人才会议，对有突出贡献的科研攻关团队、科技人才、优秀大学毕业生等进行表彰奖励，不断增强职工对企业的归属感和认同感，使职工真正把自己融入太钢这个"大家庭"。

三、完善民生工程，关心关爱职工，构建民主和谐的发展环境，健康积极的发展氛围

全面推进员工心理援助计划，新建能源动力总厂"关爱小屋"，公司"关爱小屋"总数达到19个，引入心理素质测评、压力与情绪管理系统专利产品共计38套。为职工提供心理测评、减压、咨询等服务7000余人次，对超高压力指数的400余名职工进行了回访和跟踪服务。

继续开展职工大病医疗互助、大病专项救助、金秋助学、职工突发意外事故救助、"二十五"种重大疾病医疗救助、"两节"送温暖"六大帮扶工程"，全年发放帮扶救助金1341万元，救助困难职工6519人次。优化疗休养点布局，新增青海休养点，全年组织省外荣誉休养1465人次、一线职工省内健康疗养21302人次。

发挥职代会作为民主管理的主渠道作用，按规定程序和内容组织召开两

级职代会，通过平等协商签订集体合同及专项集体合同，组织4096名职工代表和职工民主评议在岗厂部级领导干部265名，对184条职代会提案进行了跟踪督办。

聚焦平台建设，激发青春力量。举办"青春微课堂"活动，适应青年对各类学习培训的需求，利用新媒体等网络宣传手段，实行"菜单选学"。推进"导师带徒"，进一步发现年轻人、锻炼年轻人、培养年轻人、造就年轻人。组织开展青年文明号、青年安全生产示范岗等各类活动。太钢团委荣获2018年度全国钢铁行业"五四红旗团委"称号。

四、发挥党建示范引领作用，统一思想、凝心聚力，以管党治党的优异成绩为高质量发展护航

持续加强公司党委自身建设，不断增强"四个意识"，坚定"四个自信"，坚决做到"两个维护"，确保公司高质量发展的正确政治方向。坚持党对企业的领导与建立现代企业制度相结合，各级党组织充分发挥总览全局、协调各方作用，结合实际谋划发展思路，为公司高质量发展掌舵护航。目前党委管理的基层党组织共有649个，党员24309名。成立了以党委书记任组长，党委副书记、工会主席、主管副总经理任副组长的稳定工作领导小组，按季召开工作会议，排查矛盾，构建和谐劳动关系。深化群团建设工作，打造"指尖工会"，开展"互联网+"新服务，实现服务对象全覆盖、服务内容全方位、服务时间全天候。推进在线倾听平台改造，确保职工的诉求能够及时得到解决。定期组织领导干部"民主接待日"活动，畅通职工与公司管理层沟通途径，帮助职工群众解决工作生活中的困难。

新时代要有新作为。太钢八十多年的辉煌历史是一代代太钢职工共同创造的，职工与企业已经形成了牢不可破的命运共同体，可敬可爱的太钢人一定会勠力同心，同甘共苦，全力推动新时代太钢的发展，用优异的成绩为中华人民共和国成立70周年献礼！

同心同德谋发展，共建共享筑和谐

内蒙古广纳煤业集团有限责任公司

党的十九大报告做出"中国特色社会主义进入新时代"的重大政治判断，明确提出"完善政府、工会、企业共同参与的协商协调机制，构建和谐劳动关系"的目标要求。多年来，内蒙古广纳煤业集团有限责任公司（以下简称内蒙古广纳煤业集团）在上级党委、政府、工会及各职能部门的指导和帮助下，以创建学习型、关爱型、民主型、和谐型企业为抓手，加强企业精细化管理，构建和谐劳动关系。始终坚持以人为本，充分发挥职工的积极性、主动性、创造性，尊重创新、尊重职工的劳动成果、尊重职工的民主权利，走出了一条企业、职工共建双赢的和谐发展之路。

如今，内蒙古广纳煤业集团有员工7000余人，累计上缴利税34.06亿元。形成了以煤电供热深加工绿色循环发展为主体产业、以石灰石资源低碳循环利用、文化旅游新兴房地产等项目，多元互补、协调发展的产业格局；内蒙古广纳煤业集团先后获得"全国模范职工之家""全国'安康杯'竞赛优胜单位""全国模范劳动关系和谐企业""内蒙古自治区工人先锋号""内蒙古自治区A级信用纳税人""内蒙古自治区五一劳动奖状"等荣誉称号。

一、加强机制建设，筑牢和谐之"根"

多年来，内蒙古广纳煤业集团一直在建立健全协商协调机制上下功夫，努力畅通职工诉求表达、民主参与的渠道，充分调动员工的民主参与积极性，激发职工的工作热情，促进了企业和谐发展。

坚持党的领导贯穿企业发展始终。内蒙古广纳煤业集团按照上级党委要求，严格落实非公经济推进党建工作部署，在本地区民营企业中率先成立党委，现设有一个二级党委、九个党支部，共有186名党员，其中预备党员15名，培养入党积极分子187名，切实做到"企业发展到哪里，党组织就建到哪里"。在集团党委领导下，督促企业依法经营，严格落实《中华人民共和国劳动法》《中华人民共和国劳动合同法》关于劳动时间、劳动报酬、劳动保护、社会保险、休息、休假、女工保护等方面规定，职工劳动合同签订率和参保率达100%，为职工进行岗前、岗中、离岗体检，员工体检率达100%。

坚持职工代表大会制度，构建共商机制。近几年，内蒙古广纳煤业集团坚持推行和落实以职工代表大会为基本形式的企业民主管理制度，成功组织召开了六次职工代表大会。畅通了职工民主参与、民主管理、民主监督的渠道，保障了职工的知情权、参与权、表达权、监督权。充分尊重员工，广泛采纳基层建议，确保职工话语权。2018年内蒙古广纳煤业集团工会收到建议、意见201条，其中包含多条针对提高职工工资、福利待遇、安全生产、培训、厂务公开晋升机制建议，基本全部采纳，并予以解决。

同时，内蒙古广纳煤业集团工会不断完善民主管理制度和渠道，注重增强职工参与的积极性和主动性，进一步发挥工会民主管理的职能和作用。厂务公开工作得到了深入开展，集团各生产单位每月对生产、经营、效益等进行公示，还将最新动态等信息通过OA、集团微信公众号、《广纳人》报刊、公示栏等多种形式进行公示。确保职工参与，拓展沟通渠道，及时倾听职工反馈意见，为公司上层决策提供了参考，增强了企业管理的透明度，为职工知情参政创造了条件，加强了企业民主管理，密切了职工和企业的关系。

坚持集体协商制度，构建共赢机制。内蒙古广纳煤业集团坚持"发展依靠职工、发展为了职工、发展成果与职工共享"，从2011年开始，建立了集体协商制度，把企业发展与职工权益紧紧相连，加大企业职工对话沟通力度，构建和谐稳定的劳动关系。集团工会紧紧围绕职工最关心、最直接、最现实的利益问题，通过协商协调机制，把职工在劳动分配、劳动保障、劳动安全卫生以及女职工特殊权益等具体权益在《集体合同》和《工资集体合同》中予以明确，切实为职工办实事好事，维护广大职工的劳动权益。2014年下半年到2016年上半年，煤炭市场下行，企业经营举步维艰，内蒙古广纳煤业集团领导千方百计筹措资金，内蒙古广纳煤业集团企业创始人、总裁王彩荣不惜将个人资产变卖抵押，确保职工工资发放，保证了企业的正常运行。2016年下半年，市场回暖，集团及时上调职工工资，2018年，工资上调幅度更是达到了10%~25%，其中一线职工涨幅最高，上调比例远远高出《工资集体合同》签订的标准，保障了广大职工的核心利益，保证了职工队伍的稳定，为企业构建和谐劳动关系奠定了坚实的基础。

二、坚持以人为本，始终做到关爱职工促和谐

内蒙古广纳煤业集团始终坚持在解决职工最关心、最直接、最现实的问题上下功夫，在激发职工参与热情，实现共建共享上下功夫，探索出企业帮助职工成才、职工助力企业发展的共建共享模式。

人才培养聚人心。集团把人才的培养作为提高企业核心竞争力的重点，认为给予职工最好的福利就是不断创造学习的机会。多年来，内蒙古广纳煤业集团始终坚持"以人为本"，建立职工成长、成才上升通道，在企业与职工之间搭建起职工成才与企业发展相得益彰的桥梁。内蒙古广纳煤业集团以全员培训和岗位技能培训为基础，以建设复合型管理人才、专家型人才、技能型人才为重点，主要采取"中层以上干部送出去学，基层职工企业学"的培训方式，加强职工队伍素质建设。聘请专业的老师到公司内部对技术人员进行培训，让大家不断提高专业技术水平；每半年组织一次专业工种技术比武，已有1000余人参加了10余项专业技能技术比武，先后评出"技术骨干"近百名，有20余名技术能手已经走向管理岗位。几年来，内蒙古广纳煤业集团用于技术比武资金投入达500余万元。2017年内蒙古广纳煤业集团成立了广纳学院，选拔出了企业内部自己的培训师，并多次组织培训讲座、专业学习、读书分享会等活动，培养树立"家和"文化，累计培训92场次，受训人数达7023人次。

解决难题暖人心。内蒙古广纳煤业集团针对困难职工和突发事情造成困难的职工，建立了定时、临时、及时帮扶和救助政策，2018年共计慰问救助困难员工239人次；另外，每年为女职工进行健康体检，同时为女职工购买特病保险；为考入大学的职工子女发放助学金，2018年"金秋助学"19名，发放救助金30余万元；在每年的建军节，对在工作岗位做出突出业绩的集

团内复转军人予以表彰,每位复转退军人每月有 200 元的津贴补助;并在春节、端午节、中秋节等传统节日及职工生日为职工发放特别福利。

服务职工凝人心。近年来,内蒙古广纳煤业集团累计投资 2 亿多元用于改善职工的生产生活环境,高标准新建、改建了职工食堂、宿舍、浴池、洗衣房、活动室等场所,为职工提供免费的食宿,增加了通勤车等,同时按标准绿化美化了厂区,使厂容厂貌焕然一新。坚持每月对厂容厂貌、"两堂一舍"、伙食等进行检查,使职工吃得放心、住得舒心,提高了职工的幸福感、安全观,使职工爱企如家。

三、坚持责任担当,始终做到回报社会促和谐

在企业推进全面发展的同时,内蒙古广纳煤业集团坚持绿色发展理念,牢固树立绿水青山就是金山银山的发展理念,通过统一规划,综合治理,使矿区环境有了明显转变,收到了良好的生态和社会效益。

近年来,内蒙古广纳煤业集团已累计投入 10 亿元用于环境治理,其中部分年份环保支出占到总利润的一半以上。2018 年 9 月 19 日,集团骆驼山煤矿以高分通过内蒙古自治区绿色矿山认证,成为内蒙古首家自治区级绿色矿山。同年,联合国开发计划署将骆驼山渣山治理项目列为环境治理和可持续发展支持项目。

内蒙古广纳煤业集团在企业发展的过程中,从未忘记自己应当承担的社会责任,长期致力于社会公益事业。多年来,内蒙古广纳煤业集团积极参加汶川、玉树地震救灾;赞助企业所在地鄂尔多斯市、乌海市公益事业、教育事业;响应政府"百企帮百村"号召,完成对嘎查村的扶贫对接帮扶;连续 8 年救助贫困农牧民、困难家庭等,各项支出累计 5000 多万元。这些举措既书写着广纳人的大爱之心,又诠释着内蒙古广纳煤业集团回报社会的拳拳之心。

进入新时代,内蒙古广纳煤业集团将以习近平新时代中国特色社会主义思想为指导,再次扬帆起航。同时以构建和谐劳动关系为出发点和落脚点,全力以赴助推当地经济和社会发展,为践行习近平总书记"建设亮丽内蒙古,共圆伟大中国梦"的号召贡献广纳力量、书写广纳新篇章!

精心打造特色企业文化，着力构建和谐劳动关系

东北工业集团有限公司

东北工业集团有限公司（以下简称公司）始建于1956年，是中国兵器工业集团直属大型企业，主要研制生产航空相机、地面观瞄系统和汽车零部件、专用车等产品，在7个省、8个国家拥有科研生产基地，现有职工7200余人。多年来，我们致力于构建和谐劳动关系，精心打造"双关心"特色企业文化，坚持以人为本、凝心聚力，实现企业持续、健康、稳定发展，先后荣获"全国'五一'劳动奖状""全国文明单位""全国模范职工之家""全国企业文化建设先进单位""中央企业先进集体""中央企业先进基层党组织"等荣誉称号。

一、立足"三结合"，牢固树立以人为本的发展理念

企业振兴发展，人是第一要素。公司作为大型国有装备制造企业，随着国家经济结构调整和一系列重大改革相继实施，在面临难得战略发展机遇的同时，也经受着经济下行压力及新经济、新业态的冲击，企业固有的生产经营模式发生变化，产业转型、技术革新、专业化分工不断深化，对"人"的需求，特别是对技术型人才的需求日益增加，随之带来劳动关系复杂化、多样化。面对日益严峻的实际情况，领导班子始终坚持以人为本的发展理念，通过激发职工群众的责任感、使命感，努力创造良好的企业文化氛围，将全体职工都当作大家庭的一员，有效发挥主观能动作用，形成强大的凝聚力和向心力，为企业做强、做大、做优，实现长远发展提供不竭动力、奠定坚实基础。在以和谐促发展、向人性化管理要效益的进程中，我们主要做好"三

个结合"。

把对党的忠诚与对职工的感情结合起来。讲政治,不折不扣地执行党的路线方针政策和重大决策部署,忠于党、忠于国家、忠于人民,认真履行责任义务。讲感情,在决策及制定实施涉及职工切身利益的相关政策时,用对职工群众的深情厚谊作为基本尺度,充分考虑职工的合理需求和真实意愿。既坚持了原则,又体现了浓浓的"人情味",使大家工作开心,生活舒心。

把企业关爱职工与职工热爱企业结合起来。着力构建企业关心、关爱职工,职工以企业兴为荣、以企业衰为耻的良好氛围。关心职工的生产生活,让职工实现体面劳动,共享企业改革发展成果;关心职工的个人成长,努力创设良好的人才选拔机制,为职工搭建充分展示能力水平的舞台。弘扬以企为家精神,引导职工立足本职岗位建功立业,合理规划职业生涯,身在企业,心在企业,劲使在企业,获得企业和个人利益双丰收。

把促进企业高质量发展与职工素质提升结合起来。员工素质高低,直接关系到企业的高质量发展。要把工作做好,要干出成绩,要创出高效,关键要有一批想干事、懂得干、能干事、干成事的人。为此,我们积极想招法、拿举措,不断加大人才培养力度,优化职工培训制度,建立了常态化职工素质提升机制。同时,充分发挥党团组织和工会的作用,在强化品德修养、协作意识和团队精神上下功夫,调动了职工队伍的能动性和创造性。

二、坚持"五个有",努力营造企业关爱职工的氛围

劳动有合同。全面贯彻落实《中华人民共和国劳动法》《中华人民共和国劳动合同法》《吉林省企业工资集体协商条例》等法律法规,针对群众普遍关心的工时、工资、福利、休息休假等切身利益问题,建立健全配套完善的日常工作制度机制,认真落实集体协商集体合同制度,实现了劳动合同管理制度化、规范化,劳动合同签订率达到100%。

五险有保障。贯彻落实《中华人民共和国社会保险法》《住房公积金管理办法》,依法履行责任义务,为职工全员缴纳社会保险和住房公积金费用,定期公布社会保险缴费基数和职工工资等核定数据,并由职工本人核实确认,企业参保率达到100%。努力提高职工福利待遇,改善生产生活条件,切实

解决职工实际困难。

生产有安全。始终把安全挺在前面，严格落实安全生产责任制，不断强化职工安全生产培训和宣传教育，做到纵向到底，横向到边。加强工伤预防，定期组织职工开展安全生产隐患和职业危害排查整治。全面推进安全文化建设，积极参与安全生产征文和班组安全建设成果展示活动，广泛开展争创优秀安全班组活动，提高了全员劳动安全和职业健康意识。

管理有民主。健全完善职工代表大会制度，积极推进厂务公开，探索建立职工民主管理委员会、民主议事会、劳资恳谈会、民主协商会等民主管理形式，畅通职工民主参与渠道，充分发挥职工在企业重大决策、规章制度制定等方面的民主参与作用，依法保障职工的民主管理权利。近年来，职工代表对领导班子民主测评优秀率逐年达到100%，职工满意率年平均97.4%。

精神有关怀。坚持依靠职工办企业，把党建工作向基层班组延伸，职工满意度和获得感大幅提升。以社会主义核心价值体系建设为主线，推进企业文化和职工文化建设，培育和践行"责任、创新、求实、成事"的企业文化，总结提炼"融合""感恩"文化理念，组织感动东工故事征文、讲述最美东工故事，弘扬人民兵工精神，形成了公平待人、尊重人、爱护人的人文环境。

三、做到"五个要"，有效激发职工以厂为家的热情

厂务要公开。规范民主管理网络，拓宽厂务公开渠道，在集团、公司、分厂（车间）、班组4个层面，推行从政策、标准、要求到过程、方法、步骤的全方位公开，形成自上而下公开、自下而上反馈、健康推进并全面落实的民主管理模式。广泛开展"进厂里、知厂情、议厂事"活动，组织职工监事、职工代表深入分子公司，动态掌握了解不同企业生产工作状态。

解困要保障。紧紧围绕脱贫攻坚大局，因困施策、因人施策、分类帮扶、精准脱困，对困难职工实施精准识别、精准帮扶，普惠和特惠双管齐下。深化特色品牌"四季送"，持续开展"春送福利""夏送清凉""金秋助学""冬送温暖"系列活动。加强职工医疗互助，开展全员大病医疗保险和女职工特殊疾病保险，确保守好大病救助的最后一道"防线"。

技能要提升。强化职工技能培训，为企业发展提供智力支持和人才保障

的同时，使职工与企业一起发展、成长。广泛开展"创建学习型组织、争做知识型职工"活动，通过开展技能大赛、劳动竞赛、合理化建议等群众性活动，展示大家在重点工程和关键岗位上的聪明才智。五年来，我们累计举办了 20 多个技术工种的职业技能大赛，参加人员近 4000 人次，职工每年人均提出合理化建议 6 条以上，年节创价值达 5000 万元以上。

身心要健康。加强文化体育建设，美化绿化厂区环境，广泛开展丰富多彩的职工文体活动，定期组织职工运动会、文化艺术节、总结表彰颁奖典礼等大型文体活动。积极支援外埠基地文体设施建设，为职工做好事、办实事、解难事。改革食堂供餐体制和就餐环境，提升饭菜品种和质量，坚持每周为职工过一次集体生日。关心职工健康，定期组织体检和女职工特殊体检，每两年组织劳模工匠疗休养，让职工充分感受到和谐大家庭的温暖。

维权要理性。畅通职工诉求渠道，落实职工诉求中心和领导接待日制度，倾听职工呼声，引导职工依法理性表达利益诉求，耐心解答和妥善处理职工的困难问题，搭建起领导与职工沟通交流的桥梁。建立了三级劳动争议调解网络，健全完善了科学有效的诉求表达机制和矛盾调处机制，实现了有问必答、有信必复、事事有着落、件件有回声，调解成功率达到 100%。

构建和谐劳动关系是一项需要长期坚持、常抓不懈的系统工作，我们将坚持党建引领，人事、工会、安全卫生、财务等业务部门密切配合，集团及分子公司上下协作，进一步健全企业与职工共创、共建、共享协商协调机制，不断巩固和深化和谐劳动关系创建成果，使创建活动不断向深度和广度推进，为打造有抱负、负责任、受尊重的东北工业团队，建成具有行业竞争力、国际化经营的百亿级企业集团和世界一流企业做出新的更大贡献。

共建"微"和谐，共创心美好

上海微创医疗器械（集团）有限公司

上海微创医疗器械（集团）有限公司（以下简称微创）是一家拥有近30家子公司的跨国医疗器械集团，业务覆盖心血管介入及结构性心脏病医疗、骨科植入与修复等十大领域，全球职工近6000名，其中过半数为中国职工，公司拥有专利3500余项，先后5次获得"中国国家科学技术进步奖"。微创成立21年来，深知人心是企业最大的财富，坚持将构建和谐劳动关系打造成打动人心、温暖人心、赢得人心的幸福工程，把保障职工权益、确保职工参与、帮助职工成长等各项措施落小、落细、落实，实现更加和谐美好的生活。

一、权益保障无"微"不至稳和谐

微创坚持严格遵守劳动法律法规，全员开展集体协商，全方位关怀职工身心健康，让每一条规章、每一项服务都落到细微处，落到职工的心坎上。

依法签订劳动合同，维护职工切身利益。公司在依法保障职工基本权益的基础上，为职工提供了补充人身意外保险、补充公积金。在法定年休假外，员工每增加1年企业工龄可再增加1天带薪年休假。针对部分有年幼子女的女员工实行弹性工作时间等。

全员开展集体协商，提升职工薪酬待遇。微创自2015年起每年均开展集体协商，并与职工签订集体合同，全面提高并有效保障了职工的薪酬待遇。2018年，公司职工工资年均增幅9%，高于上海市企业工资指导线5%~6%的平均增幅。公司设立人力资本与薪资评审委员会，结合企业发展的不同阶段确定工资与薪酬整体指导准则，制定特殊激励政策。2017年，委员会启动了《即时激励管理办法》，对表现突出的职工无须上报批准即可给予奖励，提高职工工作积极性和工作成效，也提升一线管理人员的责任感和使命感。2018年，公司职工人均年收入16.2万元，高于上海企业职工人均年收入的9.8万元。

打造安全劳动环境，关怀职工身心健康。公司除每年定期安排全体职工体检外，还为涉及特殊化学品相关操作岗位的职工提供定期健康检查。公司设有专职安全健康检查员，定期开展环境安全卫生知识讲座，建立职工职业健康档案，为职工提供职业危害健康防护，打造绿色、环保、节能和效益兼顾的工作环境。公司还设立了"爱心妈咪小屋"，配备冰箱、消毒机、沙发、洗手池等设施设备，为女职工安然度过女性特殊生理阶段提供人性化服务，2016年荣获上海市"五星级爱心妈咪小屋"。同时，设立"微创爱心互助基金"，由公司拨款对特困职工、患大病职工及直系亲属患大病的职工提供困难补助。2015年，一名职工罹患淋巴癌后提出离职申请，公司极力挽留，为其照常发放工资之余还组织了爱心捐助，筹集善款十万余元，帮助其渡过难关。

二、民主管理见"微"知著促和谐

企业的发展离不开每一位职工的共同参与，微创通过多种形式广开言路，让职工通过提出一条条微小的建议深度参与企业管理，增强职工的认同感、归属感。

完善党委为枢纽的大组织，拓宽民主管理渠道。公司成立初期即建立了党支部，是上海留学人员企业中最早成立党组织的企业之一，目前集团党委下设2个党总支、10个支部，成为公司凝心聚力、和谐发展的重要支撑。公司自2008年起开始实行独特的"合纵连横"管理模式，成立了以党委为枢纽的18个跨部门的横向组织，在党委领导下开展日常工作，由公司每年给予活动经费。每个横向组织都有自己的民选管理委员会，公司高管只能以普通成员身份加入，真正实现民主化管理和去行政化运行。目前，80%以上的职工都加入了至少一个横向组织。横向组织打破了行政维度的部门墙，加强了不同部门之间的横向融合。通过向每个横向组织赋能、赋权，职工的民主参与意识显著增强。如党委开展"微创红讲堂""红色放映厅""党员示范岗""希望小学爱心公益行""中国微创伤医疗健康万里行"患者教育巡回演讲等品牌活动，将"红色能量"注入企业发展的每一个细节；工会入会率达100%，积极开展劳动竞赛，调动职工创新积极性，开展广大职工喜闻乐见、积极健康的活动，丰富职工业余生活，2012年微创工会荣获"全国'五一'劳动奖状"；入职满10年的职工组建的"钻石俱乐部"有近400人，占国内职工数的15%，在研发、生产、运营等岗位为稳定职工队伍起到了很好的推动作用，多个重要项目组在漫长研发周期中核心成员实现"零离职"，如微创旗下心脉医疗的明星产品Castor分支型主动脉覆膜支架在10年研发期间，17名项目核心成员无一人中途离职，潜心完成项目攻关，产品最终上市惠及广大患者。

以职代会为大平台，保障职工民主权利。自2011年建立职工代表大会制度以来，微创始终将职代会作为职工行使民主权利的重要平台，保证每位职工在企业治理过程中的知情权、参与权、表达权和监督权。职代会上经广泛征求意见并讨论通过了《集体合同》《工资专项集体合同》和《女职工特殊权益保护专项合同》等，规定职工可以实行不定时工时制，从事与特殊化学品相关的有毒有害工种的职工除发放特殊劳保用品外每月可额外获得75元特殊岗位津贴，公司每年提取200万元经费用于职工教育培训等。

创新便捷交流模式，及时沟通反馈意见。公司每天都有形式多样、内容丰富的沟通交流活动，如"职工代表恳谈会""Friday Talk""高管有约"等，了解职工思想动态，听取意见建议，解决实际问题。公司设立线上线下董事长信箱和"啄木鸟信箱"，职工通过手机点击即可发送意见，平均每月收到意见建议近20条，解决回复率达100%。特别是今年以来，公司针对项目研发过程中发现的"痛点"，广泛向职工征集解决方案，目前已征集到痛点近200个，解决关闭率达51%，进一步提高产品及技术痛点攻关的效益同时降低痛点造成的风险。

三、共同成长体贴入"微"育和谐

微创坚信职工永远是企业最宝贵、最稀缺的资源，通过建立健全职工培养发展体系，促进人力资本的保值增值，实现职工成长和企业发展的深度融合。

实施职工成长计划，帮助职工自我提升。微创建立"一点二道三划"职工成长计划，确保职工的才干得到充分施展。"一点"即一年一度从领导力、创新力、潜力及岗位胜任力等方面对全体职工进行盘点，及时发掘职工潜能；"二道"即"管理+技术"专业发展双通道，每个职工都可以根据自身情况及公司需求灵活转换发展通道；"三划"即"双十海归领军人才计划""双十新生代领头雁计划"和"百位雏鹰培育计划"，从荣誉、培训、福利等方面为职工未来的成长提供更宽广的空间，截至目前培养发展了"领军人才"5位、"领头雁"30位、"雏鹰"144位，其中1人入选中央千人计划、1人入选国家万人计划、3人入选上海市千人计划，50余名职工在上海市"科技创新行动计划""浦江人才计划""国家重点新产品计划项目""'十二五'国家科技支撑计划项目""启明星计划""张江卓越人才"等重点活动中屡获表彰。

全面强化激励保障，提高职工获得感。微创认可职工价值，稳定提高职工收入，实现职工体面劳动、幸福生活。公司为青年职工申请人才公寓，租金均价只有上海市区的一半不到，大大降低职工租房成本。2017年，公司发布了《中流砥柱前程无忧退休养老计划》和《强本固基共享未来退休养老计划》，根据相应的考核机制在职工退休后为其发放公司股票，通过提供延伸至退休后的长期激励计划让职工看到美好的未来。

完善纠纷调解机制，妥善化解矛盾争议。公司设立了由工会牵头、多部门组成的职工申述和劳动争议调处平台，日常为职工提供《劳动法》《女职工保护条例》等法律法规咨询，协调处理各类矛盾及纠纷，2018年调解成功率及满意率均达100%。

微创始终坚信职工是构建和谐的劳动关系的核心要素，让每位职工权益有保障、参与有认同、发展有方向、关爱有温情，才能更好地调动广大职工的积极性、主动性，激发他们扎根企业、爱岗敬业的热情，企业也才能不断迈向新的成功。目前，公司有300多个上市产品进入了全球近万家医院，覆盖亚太、欧洲和美洲等主要地区，在全球平均每8秒就有一个微创产品被使用。这些成绩的取得都得益于职工奋斗与企业发展能够协同一致、和谐共赢。立足新时代，微创将继续坚持以职工为中心，做一个有高度社会责任感的良心企业，为构建具有中国特色和谐劳动关系献出微薄之力。

一切为了职工构建和谐发展共同体

亨通集团有限公司

亨通集团是中国光纤光网、能源互联网、大数据物联网、新能源新材料等领域的高科技国际化企业,2018年实现营收1019亿元。多年来,我们坚持以人为本,尊重员工的人格和劳动,注重人文关怀,强化员工的教育培训和素质提升,培育富有特色的企业精神和健康向上的企业文化,加快形成有利于员工成长成才的制度环境,充分调动他们的积极性、创造性,推动企业与员工协商共事、机制共建、效益共创、利益共享,把两万多名员工凝聚成推动发展的磅礴力量,让企业焕发出强大生机和发展活力。公司先后荣获"全国文明单位""全国企业文化示范基地""全国厂务公开先进单位""全国模范职工之家"等荣誉。

一、勇当时代主人翁,让员工迸发自豪感

推进合规管理,保障员工合法权益。亨通集团以《劳动合同法》为纲,以制度建设为依据,健全涉及员工切身利益等制度,推进劳动关系合规管理。涉及员工切身利益的事项,如薪资报酬、培训、工作时间、休息休假、劳动保护、职业健康、安全管理、保险福利、职业晋升等20多项制度,都提交职代会表决通过。各单位严格按照制度保障职工合法权益,保障薪资合理增长,保障员工休息休假权利。全面推行劳动合同制度,劳动合同签订率100%,五险一金参保缴纳率100%。

推进民主管理,扩大员工知情权。积极维护员工合法权益,不断探索和创新企业民主管理新机制、新途径,调动员工参与管理的积极性、主动性。

在车间、食堂、宿舍等增设管理看板、显示屏、智能查阅台、有线电视等，将企业生产经营、管理动态、最新成就，及事关员工切身利益的事项，做到公开透明，保障员工对大事、要事、关心事的知情权。

激发主人翁意识，提高员工参与度。如何将员工的巨大潜力转化为企业发展活力。我们围绕全员微创新、合理化建议、金点子提案等活动开展，组成无领导员工评议组织，通过员工申报、组员答辩、公开筛选、小组评定等，2018年1.6万人次参与微创新，收集提案15920件，其中1800件获"年度金点子奖"，每年节支降本、创造效益超亿元，我们将创效部分6%~12%奖励到员工，萤火虫质量改善组获评"全国总工会职工创新奖"。

根据员工特长特色，因地制宜开展师带徒、开设小课堂、开展特色结对、五小创新等活动，将老师傅、技师能手、劳模大师、各类工作室等推向前面，激发他们的主人翁意识。全国线缆技能大赛二等奖获得者4年内，培养出11名主机手，1个技师7年带出9名高徒；1个劳模创新室5年带出6名技师、高级技师。全集团产业工人的高素质、高技能来源于员工，服务于员工，员工成了队伍建设的真正主人。

二、推进产业智能化，让员工增强安全感

打造安全就业环境。随着智能化时代的到来，制造业的智能化转型势不可挡，大批产业工人面临着大转型，我们在推进三化企业建设中（工厂智能化、管理信息化、制造精益化），提出"能用机器人的不用工人，能用机械手的不用人手"，一方面让员工从繁重、复杂、重复性劳动中解放出来，另一方面本着"不裁员、不降工资"原则，通过技能培训，成功实现了从蓝领阶层向智能工厂灰领阶层的转型转化。在二十多年间，企业无论市场、产业如何变革，亨通从未出现裁员降薪现象，保障了员工就业安全和体面工作。

营造安全工作环境。安全事关每个员工及其家庭，职业安康是制造业管理第一要务。我们在集团制造企业中，全面实施ISO18000职业安全健康管理体系，及国家安全生产企业标准，有十一家企业通过国家一级、二级安全生产企业认证验收，从管理体系上保障职业安全。与此同时，借助于装备智能化改造升级，推进科技强安工程、五级安全责任体系及全员安全文化，实

施全员年度健康体检、职业病防护、特殊工种持证上岗及各种生产作业安全保障措施,近十年来,集团未出现重大安全责任事故。

营造安全成长环境。为杜绝社会不正之风、歪风邪气渗入企业,我们通过季度"道德讲堂""法律讲座"、观看教育片及现场警示教育,用身边的典型、先进及模范人物现身说法,增强员工四德教育(社会公德、职业道德、家庭美德、个人品德)。在党员干部和员工群众中推行"十要十不准"行为守则,广泛开展年度文明员工、管理素质测评、廉洁自律宣誓、纪委巡查等活动,把1000多名党员干部培养成维护企业利益、职工权益的火眼金睛守护神,为员工守住了道德和法律底线,近十年来,未发现一起员工严重违反国家法律法规案件。

三、打造赋能大熔炉,让员工提增获得感

以赛促训促成长。员工唯有成长,才能有更大发展、更多获得感。围绕员工技能素质提升,以基层工段班组为单位,聚焦质量成本、废料损耗、产能效能、节能安全等,形成日日机台赛、周周班组赛、月月车间赛、季季公司赛、年年集团赛的赛事体系,以赛代训,带动生产运营系统上百个员工岗位工种技能的提升。为挖掘员工潜力,我们在30多家制造企业中,全面实施六型班组创建活动(学习型、创新型、技能型、效益型、环保型、安康型),让员工在基层班组建设中提升能力、发挥作用。先后承办江苏省职业技能大赛、全国光电线缆行业技能大赛,涌现出2个全国安康杯优胜单位和班组、6个省市级安康杯优胜单位。员工通过在各种创建、赛事中长才干、强能力,为亨通向高端产业转型提供了智慧支撑。

赋能员工实现梦想。在智能转型的变革时代,为保障员工的技能素质与时俱进、不被时代淘汰。我们围绕"百年企业首先是百年学校"的发展理念,创建了亨通管理学院,推行"以能力管理为基础、以绩效表现为核心、发展通道畅通、评价标准明确、学习激励到位、人才培养系统、组织评价得力"为特色的高技能人才自主培养模式,形成精英班、国际班、基层管理班、班组长班、技师班等多层级、体系化培训格局,培训课程1100多门,年受训骨干1.2万人次,亨通管理学院已成为赋能员工、定向培养各类人才的亨通黄

埔军校。在此基础上，我们围绕学习型、书香型企业打造，开发E-learning在线学习平台、职工电子书屋、倡导自主学习、终身学习。还与国内外二三十所院校合作开展人才培养，探索创新工学交替培养模式，一方面为亨通输送新鲜血液，另一方面承担着各种技师班、专业班的定向培养。亨通作为国家级高技能人才培养基地、江苏省技能人才公共实训基地、江苏省高技能人才鉴定试点单位，成为员工实现梦想的赋能平台。

推进高技能队伍建设。质量之魂存于匠心。亨通创建技师评级和工匠评审制度，实行技师、工匠任期制，将相关津贴与所在区域产品质量、利用率、损耗率、装备效能等挂钩，促进技能素质的不断创新提升。2018年集团技能人才7000多人，占生产系列员工总数的70%，其中高级技师16人，技师503人，高级工1462人。六年间评选"首席工匠"150多名。建成1个国家级技能大师工作室、20多个省市劳模工作室、大师工作室、创新工作室，并成为全国机械行业电线电缆制造工鉴定点。

以待遇与事业激励员工。亨通坚持"宁亏企业，不亏员工"的理念，不管盈亏如何，员工的劳动薪酬一分不能少，发放时间一天不能拖，从崔根良创业初期贷款放工资到现在，坚持了二十多年。赢得了员工的信任。员工收入与企业发展保持着同步增长，并始终在当地保持着竞争优势。随着企业的发展，我们突出诚信为本、奋斗为本、贡献为本的价值导向，以短、中、长期"三位一体"激励政策，让员工分享到亨通发展成果，让一批批员工从最初的打工者，成为职业人、再转型为事业人、合伙人，员工与企业的利益共同体、命运共同体构筑得更牢。亨通设立重大贡献、技术创新、管理创新等奖项，实施14年来已超三百多人获奖，每年奖励数千万元，股权激励已达十多亿元，对首席技师、劳模、工匠、重大贡献奖、技术创新奖等几十类奖项给予2万~100万元以上不等的奖励，一线员工获评集团杰出员工超过七成。企业的发展离不开忠诚的员工，每逢10周年、20周年、25周年庆祝之际，与企业同成长的老员工始终是最亮的风景线。

四、营造和谐大家庭，让员工充满幸福感

实施心连心关爱行动。亨通通过党组织、党员干部与员工开展联系结对，

让党员干部成为企业联系员工的纽带桥梁，第一时间了解员工生产、生活、工作状况，倾听员工诉求，积极为大家办实事、解难事，把一切问题或苗头倾向化解在萌芽状态，通过心连心打造企业的凝聚力工程。先后为员工建起了15万平方米的酒店式公寓、现代化餐饮环境、现代商务办公条件，全体员工享受一年一度的健康体检、年休假、户外活动，及先进员工每三年一次的世界游体验。

让员工生活丰富多彩。亨通建起场地、添置设施，组建了十五个职工文体社团，通过工会搭台、员工自我组织开展足球赛、乒乓球赛、羽毛球赛、书画摄影等各类文体赛事，突出社团对外的以文会友交流，积极承办参与省区市重大文体活动，获江苏省最佳司歌比赛大奖。我们还建立文体特长人才库，组织参加全马、自行车、游泳等特长员工通过比赛、融入社会、传承企业文明，涌现出残疾人奥运火炬手等杰出典型，实现了员工的自身价值。

开展困难员工帮扶。亨通提出"从身边做起、从当地做起、真心慈善、终身慈善、全员慈善"的理念，2011年，成立了江苏省首家民企发起的非公募基金会——亨通慈善基金会。连续八年开展"助残圆梦行动"，为困难残障员工家庭捐赠现代家电，从企业走向社会，在吴江区实现了困难残障人士家庭现代家电全覆盖。我们围绕"一人有难、八方支援"，在集团内形成以员工、工会、企业、慈善基金会四位一体的帮扶体系。多年来，帮助三百多个特困职工家庭成功脱困。

28年，我们先后安排3000多名残障人士到企业从事力所能及的工作，并一视同仁，享受同工同酬、技能培训、职业升迁同等待遇，残障人士在亨通展示了精彩、感受到了体面生活工作。

五、奋斗建功新时代，让员工共享成就感

激发发展新动能。我们以"当好主人翁，建功新时代"为主线，围绕项目研发、安全生产、效能提升、质量攻关、智能制造等开展工人先锋号、安全质量月、亨通梦奋斗梦、寻访时代工匠等主题创建活动，一批批亨通员工，以自身的主动有为、积极作为推动着亨通的崛起与强大。从无处不在的创新，到27个省市级"十大先进操作法"，从无污染绿色光纤材料研发，到摘取

国际电信联盟年度最高奖；从海洋光网项目攻关，到马尔代夫环岛海洋光网成为大国重器经典项目，从光纤预制棒打破国外垄断，到中国自主研制的500KV超高压海缆首次取代进口等，一个个奇迹，都是亨通员工聪明智慧的成果。

奋斗出彩亨通人。幸福是靠奋斗出来的。亨通员工通过创新创造、持续奋斗，也创造着员工成长历程中的一个个辉煌：3人获全国劳模、五一劳动奖章，8人获省级劳模、五一劳动奖章，18人获评市级劳模，25名获评县区级劳模，20人当选当地的两代表一委员。集团及各公司先后成为"全国文明单位""全国厂务公开先进单位"、3个获"全国模范职工之家"、2个获"省级'五一'劳动奖状"、7个获"省市模范劳动关系和谐企业"，18个获"省市级工人先锋号"、5个获"省市级巾帼集体及个人"。

以人为本构建企业与职工命运共同体

安徽海螺水泥股份有限公司

安徽海螺水泥股份有限公司（以下简称公司）成立于1997年9月1日，隶属于安徽海螺集团，系安徽省属国有企业。公司总资产1486亿元，现有职工4万余人。多年来，我们坚持党建引领，以人为本、以诚待人、以情暖人、以德服人，探索实施混合所有制改革，构建在当地具有竞争力的薪酬激励体系，改善提高员工福利待遇，管理人员担当作为，干部员工队伍稳定，为企业经营发展凝聚了磅礴动力，真正实现了企业与职工同呼吸、共命运。

一、关心职工、爱护职工，以真情实意创和谐

我们始终坚持"先生活、后生产"的发展理念，通过加大投入、开展困难职工和海外职工家属慰问帮扶、强化企业文化建设等举措，出真招、做实事，切实增强职工获得感、归属感、向心力和凝聚力，为职工创造和谐、舒心的生活、工作环境。

加大投入，增强员工获得感。我们的职工餐厅，按照"六菜一汤一水果"就餐标准，即"两荤、两半荤、两素、一汤、一水果"，为职工提供就餐服务，就餐费用由公司补贴承担80%，仅此就餐补贴费用，公司年均投入就达1.2亿元左右；公司工会每月开展抽查验证、通报考核，员工后勤满意度达98%以上；同时，我们下发了《员工宿舍配置与管理指导意见》《员工宿舍室内装修改造实施细则》，下属所有子公司全部按照"三星级"酒店标准，为职工宿舍铺设生态地板，配置彩电、空调、床、柜子、桌椅等家具家电设施，为职工创造舒心的生活环境。此外，我们每月为职工过集体生日，子公司主

要负责人参加集体生日会,为每一位员工送上生日祝福、蛋糕和礼物,增强职工幸福感、获得感。

开展困难职工慰问帮扶,增强职工归属感。我们定期上门了解困难职工和海外职工家属困难,通过管理人员一对一结对帮扶,帮助解决实际问题,每逢端午、中秋、春节等传统节日,组织开展走访慰问活动,职工对公司的归属感不断增强。仅2018年,公司各级工会走访慰问困难职工、离退休人员1000余人次,发放慰问金或物资180余万元,为21名患病或亲属患病的职工募捐60余万元。

强化企业文化建设,增强职工凝聚力。我们加大职工文化生活投入,推进企业文化阵地建设,完善室内外活动场地和休闲运动娱乐设施,实现所有职工生活区域网络畅通、职工活动室全天候开放、职工书屋全天候共享等,我们广泛开展文艺晚会、户外拓展、青年联谊、歌咏比赛、体育竞赛、踏青郊游、演讲竞答、观影、摄影、垂钓等职工喜闻乐见的文娱活动,年均达800余场次,满足职工学习娱乐需求。同时,我们积极引导职工树立正确的价值导向,职工获得的全国、省、市荣誉数不胜数,宁波海螺夏丁辉同志荣获全国"百佳志愿者"荣誉,李文会等获省(市)级"最美青工"荣誉,李梅家庭获省级"最美家庭"荣誉。

二、尊重职工、信任职工,以民主管理促凝聚

构建和谐劳动关系,职工的广泛参与是关键。为此,我们积极保障职工民主政治权利,让广大职工积极参与企业管理,充分发挥主人翁作用,实现了双方平等相处、互惠互利、互相协作、合作共赢。

以职代会为载体,让职工广泛参与企业管理。职代会制度是广大职工参与企业民主管理的基本载体和有效途径。我们通过定期召开职工代表大会和工会会员代表大会,围绕职工关心的问题,在改善工作条件、加强劳动保护、职工薪酬福利、企业文化建设等方面充分调查论证的基础上,提交职工代表大会审议,表决通过下发了《海螺水泥劳动防护用品使用和发放管理办法》《海螺水泥子公司工资总额管理指导意见》等一系列涉及职工员工切身利益的制度。同时,我们还指导下属所有子公司建立职工代表大会制度,定期召

开职代会，完善企业民主治理，及时进行厂务公开，使全体职工心往一处想、劲往一处使。近年来，四川巴中海螺、陕西千阳海螺等 50 多家子公司先后荣获了省（市）级的"厂务公开民主管理先进单位""劳动关系和谐企业""工资集体协商示范单位"等荣誉称号。2018 年公司实现净利润近 300 亿元，综合实力在行业内遥遥领先。

以宣传手段为载体，开展企情发布活动。我们注重企业经营管理活动与职工的沟通，通过党委扩大会议、办公扩大会议、周工作调度会、网站、《海螺信息》内刊等多种渠道、多种方式，及时发布公司发展方向、发展计划及涉及职工切身利益的企务信息，让职工知企情、参企政、议企事，将职工个人利益和企业利益紧密结合起来，真正让职工感受到在企业的主人翁地位，调动职工积极性、主动性和创造性。

以定期例会为载体，倾听心声和接受监督。多年来，我们一直坚持每月召开一次后勤管理委员会、每季度召开一次职工座谈会。通过建立定期谈心谈话、绩效考评反馈面谈等机制，广开言路，广泛倾听职工心声，及时掌握职工诉求和意见建议，接受职工监督，真正实现劳动关系双方平等相处、合作共赢。

三、理解职工、保护职工，以维护权益促和谐

按照《中华人民共和国工会法》《中华人民共和国劳动法》《中华人民共和国劳动合同法》等法律法规，我们落细落实，形成了各项公司规章制度，切实维护职工劳动权益，让大家的付出都得到应有的回报，建立了和谐的劳动关系。

规范劳动用工。我们与所有职工都依法签订了劳动合同，劳动合同签订率 100%、履约率 100%，下属 164 家子公司均未出现过裁减人员的情况。同时，我们还成立了各级劳动争议调解委员会，全面维护职工的合法权益；制定了《员工带薪年休假管理办法》和《员工休假管理办法》，依法保障职工劳动权益。

让职工更好地分享发展成果。一方面，在公司发展过程中，我们探索实施混合所有制改革，让全员参与持股，极大激发了企业发展的内生动力；另

一方面，我们以构建在当地具有竞争力的薪酬激励体系为目标，聘请借助外部专业咨询公司资源，搭建了与企业战略发展相适应的薪酬激励增长机制，进行了全面的薪酬改革，实现了企业增效、职工增收。2015年以来，职工人均工资收入年均增长达17.3%，充分享受了企业改革发展带来的红利。

努力改善职工福利待遇。为保障职工的长远利益，我们想方设法从各方面改善职工福利待遇，为每位职工按时足额缴纳"五险一金"，认真执行防暑降温费、女职工产假和生育津贴待遇等福利政策，从2018年7月开始，全面推行实施了企业年金福利新政，仅当年就缴纳了资金24055.62万元（其中企业缴费16035.8万元，个人缴费8019.82万元），实现投资收益342.73万元，年化收益率5.25%。近年来，随着公司的发展壮大和海外拓展，我们又及时制定了派遣人员驻外津贴政策，解决派遣员工的后顾之忧，营造了年轻干部职工踊跃到公司发展最需要的地方去干事创业、全力推进公司发展规划目标实现的良好局面，让职工吃了定心丸，工作更有奔头。

强化劳动健康保护。我们始终秉持"生命至上、安全第一"的理念，把安全管理摆在压倒性位置，高度重视企业的安全文化建设。为切实抓好安全环保工作，我们在下属的所有子公司成立了专门的安全环保管理机构，配置专职安全管理人员，加大安全环保投入，完善劳动安全条件，实施最严格的安全事故责任追究制度，推动公司安全管理形势不断向好。我们每年还定期组织对全体4万多名职工开展最全面的健康体检工作，坚决维护职工健康权益。

四、教育职工、培养职工，以提高素质促发展

企业的竞争说到底是人才的竞争，是技术的竞争。提高职工队伍素质，既有利于提高企业创新能力、提高工作效率，又有利于维护职工之间、职工与企业之间以及职工与社会之间的和谐关系。

重视人才培训培养。我们积极开展职工培训教育，推进"素质工程"。在高管培养方面，借助国内高校培训资源，开展干部脱产培训，促进了干部生产经营管理能力的提升；在中层培养方面，开展户外拓展训练、内部研讨交流等多种形式的培训，提升中层管理人员专业管理能力；在职工培养方面，

结合职工实际需求,定期开展班组长培训班,分区域、分专业、分部门开展职工日常培训工作,为企业生产稳定、管控有效提供人力资源保障;在新进人才培养方面,建立高校毕业生岗前培训新机制,帮助学员快速适应角色转变,增强学员对公司的认同感和归属感。

搭建发挥创新平台作用。在扎实开展职业技能培训的同时,我们注重发挥职工的首创精神,广泛开展各类"技能比武"、打造员工(劳模)创新工作室,激发职工的积极性、主动性。2018年各子公司组织劳动和技能竞赛300余场,参与员工逾1万人次,为广大职工提供切磋技能、展现风采的平台,激发职工学习业务、钻研技术的热情,推进以赛促学、以赛促训、以赛促用,培育"海螺工匠"。海川装备"刘秀华创新工作室"先后获得有效专利71项,清新水泥"卢伟森劳模创新工作室"开展技术培训逾270人次,有效激发了职工的干事热情。

遴选培育先进典型。我们重视选树培育先进典型,弘扬劳模工匠精神,营造劳动光荣、劳动伟大和劳动美丽的氛围,下属多家子公司先后获多项集体和个人荣誉。2018年以来,广东清新海螺、江苏杨湾海螺等19个集体荣获省(市)级"五一劳动奖状、工人先锋号"等;蒋发凯、王河澄等37名同志荣获省(市)级"劳模、工匠、劳动奖章、技术标兵"等;同时深化女职工岗位建功,鼓励女职工立足本职,争创一流,激发干事创业热情,云南保山海螺、贵州贵定海螺质控处获省级"五一巾帼标兵岗"荣誉,徐丽萍等8名同志荣获市(县)级"五一巾帼标兵""芙蓉百岗明星"和"三八红旗手"等。

企业的可持续发展,离不开和谐稳定的职工队伍和劳动关系,我们将不忘初心,以人为本,以情感为纽带,构建和谐,同心同德,努力实现企业与职工双赢的共同愿景。

构建和谐祥鑫，打造幸福家园

福建祥鑫股份有限公司

福建祥鑫股份有限公司（以下简称公司）始创于2002年，现有员工1000多人，是特种铝及铝合金挤压材、锻压材研发生产军民融合企业。多年来，我们坚持以"实业报国、尊重个人、以人为本、精益求精"为核心价值观，坚持以人为本、以诚待人、以情暖人、以德服人，把员工当成企业财富的创造者、企业的主人、企业兴衰的关键来认识对待，积极开展和谐劳动关系创建活动。先后获得"福建省劳动关系和谐企业""福建省先进基层党组织""福建名牌产品""全国职工书屋""中国铝行业十佳厂商""中国中小商业企业协会企业信用评价AAA级信用企业""全国模范劳动关系和谐企业"等荣誉。

一、以党建引领为中心，不断夯实企业发展基础

我们认为，党建是企业发展的魂，只有抓好了党建工作，企业才有盼头，才有前景。在和谐劳动关系创建活动过程中，切实发挥党支部战斗堡垒作用和党员队伍的先锋模范作用，真正做到党建有示范，党建有作为，党建有成效。

加强党群组织建设，不断增强企业凝聚力。公司十分重视非公企业党建工作，2008年成立了公司党支部，近几年不断壮大党员队伍、加强党组织建设，2019年成立了公司党委，党委下设五金公司党支部、青口分公司党支部、技术研发中心党支部、祥鑫研究院党支部4个党支部，公司还成立工会、妇联、团支部，设立了"妇女之家"，形成党建统领企业全面发展的局面。公司坚持党建带群团建设，以党的基层组织为核心，以群团组织为依托，做到组织

联建、活动联办、工作联动、机制联创。党群组织定期举办用工管理、爱心讲座、道德讲堂、安全教育等培训班,积极宣传劳动保障法律法规,凝心聚力。

设立党员示范岗,发挥党员队伍的先锋模范作用。公司分别在总部、各分公司、研发部门和车间等关键岗位设立8个党员示范岗,建立"师带徒"党员(员工)培养机制,2018年"师带徒"培养优秀工程师人才200余人,关键技术岗位人才100余人,特种工种人才80余人。同时,成立了以党委书记黄铁明为组长、技术研发支部书记为副组长、15名党员为业务骨干的技术攻关突击队,全力完成重要材料研发和供应保障任务;公司总工程师冯永平在2018年福建省百万职工"五小"创新大赛中获得三等奖。

二、以共建共享为目标,努力构建和谐祥鑫

我们始终坚持"共建和谐企业,共谋企业发展,共享发展成果"的发展目标,为职工办实事、解难题、筑底线,让广大职工在共建、共谋、共享祥鑫过程中有更多的获得感、幸福感。

健全规章制度,完善劳动用工管理。目前,公司已建立健全了薪酬管理、绩效管理、福利管理、人事管理、特殊人才引进、职业健康、休假考勤管理、培训管理等二十多项规章制度,建立了劳动争议调解委员会,为完善劳动用工管理建立了一道道屏障。同时,公司严格遵守相关劳动法律法规,积极签订集体合同和女职工专项集体合同,为职工足额缴纳各项社会保险、住房公积金和人生意外伤害保险,职工参保率达到100%,切实维护了职工的各项合法权益。

健全工资增长机制,提高职工工资水平。公司非常重视工资集体协商工作,专门成立薪酬管理委员会,在确保员工基本生活开支的基础上,在半年度开放公共调整窗口,在季度开放特别调薪窗口,通过工资集体协商方式,采用"宽带薪酬",除职位晋升薪酬调整以外,原有岗位员工也可以根据个人的工作能力和技术水平,横向增加薪酬,2018年职工平均工资增长水平达8.57%,增强了职工的获得感。

健全职工代表大会制度,推进企业民主管理。公司每年召开一次职工代表大会,民主管理联席会每季度召开一次,通过征集提案,下发民意调查表,

审议公司管理制度提案、重大决策，依法保障了职工的知情权、参与权、表达权、监督权。2019年职代会通过管理制度71份，为员工解决免费工作餐、免费上下班车、免费员工公寓、公寓配备空调、独立卫生间、独立阳台等热点、难点问题，真正做到倾听群众有耐心，处理问题有决心。

三、以素质教育为核心，全面促进职工队伍发展

我们坚持以科学的理论教育职工，以良好的职业道德规范职工队伍，以过硬的职业技能武装职工队伍，以先进的文化陶冶职工，努力提高职工的思想政治素质、职业道德素质、科学文化素质、职业技能素质和健康体能素质，促进职工队伍的全面发展。

打造最强培训讲师团队。公司通过"引进来，走出来，内部消化"多种培训方式，有计划地组织中高层管理人员、业务骨干及优秀员工等参加公开课，对特种及相关职业性质类员工进行相关证件考核学习，建立一支具有较高职业素养、管理能力和业务能力的"内训师"团队，近年拥有国家级高级工程师职称证书达10余人、研究院专业研发团队人员80余人，充分有效地利用企业内部资源，打造最强实力培训讲师团队。同时，公司优化培训讲师团队结构，成立项目组，外聘专家对组织架构配置流程进行梳理，明确企业战略，在企业工艺改进、技术革新、优化管理流程等方面给予培训指导，提高员工技术和管理能力。

搭建员工发展平台。员工职业发展能够充分体现员工的自我价值，是企业留住人才、凝聚人才的根本保证，也是企业长盛不衰的组织保证。公司本着"把员工放在心中"的服务理念，为每位员工进行职业生涯规划，根据企业的人才分类（管理、技术、专业、操作、营销序列），识别人员发展通道，按照"了解发展意愿—强化素质培训—实现自我提升—加强职业管理"的职业生涯规划流程，构建完善的员工职业发展体系。同时，公司发展也不忘为开疆拓土的员工提供新的岗位机会和空间，通过内部竞聘上岗员工占16.04%，核心管理人才平均司龄达到7年多。良好的职业发展不仅提高了员工的经济待遇和社会地位，而且充分调动员工的内在积极性，增强了员工对企业的责任感、认同感和归属感，促进了职工队伍的和谐稳定，进而形成企

业发展的巨大推动力。

大力推进职工素质教育。公司开展形式多样的教育培训覆盖全体职工。通过"新人训",公司为每位新招聘的员工,安排企业文化培训、行政相关制度、薪酬福利、社会责任、品质意识、教育培训等全方面教育;通过"日常培训",公司为一线员工设定作业指导、操作规范等系列培训课程,为行政员工进行岗位技能学习和上岗证书考核;通过"专项培训",公司为员工量身定制,开展特种人员培训等专项培训;通过"晋升培训",公司为员工规划个人发展路径,进行管理序列、技术序列、营销序列、专业序列等相应的学习发展路径。2018年公司共组织理论文化培训133场次,组织军事素质拓展训练180场,全员参与军事素质训练及拓展团建训练,培训新入职员工300人左右,日常培训能力矩阵认证达到200人左右。通过对员工的各项培训与开发,不断提高员工的工作技能、知识层次和综合素质,从整体上优化了公司人才结构,培养能够顺应公司发展目标的高质量人才,增强了企业的凝聚力和综合竞争力。

四、以完善服务为宗旨,用心打造幸福家园

公司始终以建设进取、发展、和谐、幸福、美丽祥鑫为出发点,不断完善服务机制,探索打造成为有向心力、有凝聚力的军民融合发展公司。

完善奖励机制,构建创业之家。进一步激发员工干事创业热情,分别提取股份公司利润完成超额部分10%~20%作为董事长奖励基金,提取股份公司利润完成超额部分5%~10%作为总经理专项奖励基金,对一年来表现优秀的公司员工进行奖励。

建立学习制度,构建学习之家。建成了祥鑫公司党群活动服务中心,服务中心内设员工学习阅读室、健身房,青口镇党校还专门在祥鑫公司设立了教学点,公司还选派党总支委员参加全省非公企业党组织书记培训,公司上下掀起了业务学习、党建学习的良好氛围。

设立关怀基金,构建爱心之家。进一步加强关怀帮扶机制建设,每年公司都拨付专项帮扶资金10万元,用于临时帮助和救助生活困难员工,2018年救助公司内外部困难家庭100余个,给员工带去经济慰问的同时,也带去

了公司的关怀，带去了家的温暖。

构建幸福祥鑫，成就幸福之家。进一步加强企业文化建设，定期组织优秀员工开展异地休假、考察疗养等活动，每年"三八""五一""国庆"等重大节庆期间，组织员工开展健康向上的文娱活动，培育富有特色的企业精神和健康向上的企业文化，真正把祥鑫公司打造成一个"讲学习、比贡献、有爱心、促和谐"的幸福家园。

我们深信，员工稳定、企业和谐就是对社会最大的贡献。创建劳动关系和谐企业不是一朝之事、一己之事，需要公司和员工的共同努力、共同探索，才能不断适应新时代的要求，使和谐之声深入人心、服务社会！

以能为本提升创新活力，以人为本构建和谐关系

烽火科技集团有限公司

烽火科技集团有限公司（以下简称集团）前身系武汉邮电科学研究院，成立于1974年6月，是中国光通信发源地，中国优秀的信息通信领域综合解决方案提供商和服务商，"宽带中国"战略实施的国家队、主力军，连续多年荣登"中国光通信最具竞争力企业十强"榜首。

作为科技型央企，人是最关键、最核心的资源，集团始终秉承"以人为本"理念，狠抓"能"这一关键要素，着力强化使命担当、着力优化人才考核评价体系、着力完善员工激励机制、着力发挥优秀企业文化引领作用，从转制之初的劳动关系不稳定、人才队伍脱节断档，到现在初步形成了劳动关系和谐、企业稳步发展的新局面。

一、着力提升政治站位，以崇高的事业感召人

国有企业是党执政的物质基础，是党领导的中国特色社会主义伟大事业的重要内容，是全面推进党的建设新的伟大工程的重要基础。集团是中国信息通信领域改革创新的见证者，更是实践推动者。多年来，集团着力提升政治站位，牢固树立"四个意识"，坚定"四个自信"，坚决做到"两个维护"，不忘初心，牢记党和国家使命要求，始终以扛起民族通信发展事业大旗为己任，践行"四个担当"，以崇高的事业感召人。

始终坚持党对集团的领导不动摇，强化为中华民族伟大复兴的政治担当。集团党委充分发挥"把方向、管大局、保落实"作用，坚持以人为本、依法构建、共建共享、改革创新，最大限度增加劳动关系和谐因素，最大限度减少不和

谐因素，企业员工规模从2000年转制之初不足1500人发展至今已经超过2.4万人。

始终坚持理直气壮做强、做优、做大国有企业，积极推动行业发展，强化为网络强国发展的义务担当。集团长期坚持面向世界信息通信发展前沿、面向宽带中国主战场、面向国家网络信息安全重大需求发展壮大产业，截至2018年年底，集团总资产、销售额、利润总额分别为2000年的18.2倍、38.4倍和22.5倍。

始终坚持推进企业全面深化改革，强化为创新中国助力的使命担当。集团党委坚持走"高精尖特"发展之路，高标准、高投入，不断激发创新主体和关键要素动力活力，四年内五次打破世界纪录，在国内首次完成P比特级光传输系统实验，可以实现在一根光纤上近300亿人同时通话，达到世界领先水平。

始终牢记发展使命，强化为满足人民群众对美好生活向往的初心担当。集团致力于提供最佳信息通信方式，让科技造福人类。截至目前，集团已承建300多条国家通信网络干线，在网运行核心设备超3万台，所销售的光纤光缆可绕地球6000多圈，通信技术服务全球超过40亿人。

截至目前，集团拥有专业技术人才1.7万人，占职工总数的70.8%。拥有一支包括2名中国工程院院士、1名国家973首席科学家在内的领军人才队伍，享受国务院政府特殊津贴人员40余名、国家百千万人才工程入选者3人、省市级各类专家数百名，已形成高端人才密集优势。

二、着力优化人才考核评价体系，以科学的标准引领价值创造

习近平总书记强调指出，"要创新人才评价机制，建立健全以创新能力、质量、贡献为导向的科技人才评价体系"。集团脱胎于科研院所，员工思想活跃。但科研院所长久以来形成的"为科研成果不惜投入"的资源配置理念极大影响了企业的市场竞争能力。而传统事业单位的人才评价体系又极大限制了创新型人才的发展。基于此，集团积极推进市场化改革，着力优化人才评价体系建设，以科学标准引领价值创造。

坚决彻底推进人事制度改革，通过身份改变提升发展动力。转制之初，

集团坚决、彻底开展"三定"（定岗、定编、定薪）工作，全面推行干部聘任制。截至目前，集团2.4万余名员工均实行劳动合同制，劳动合同签订率达到100%，相比转制之初，员工收入增长7.9倍，人均销售收入为转制前的1.5倍，人均净利润为转制前的3倍，企业与员工实现共同发展，集团先后荣获了"全国'五一'劳动奖状""全国文明单位"的殊荣。

明确科学评价标准，通过能力指标牵引提升创新活力。转制前，科研成果水平是集团唯一考核标准。转制后，集团不再以"学历、资历、职务级别"来进行评判，而是建立"以贡献论英雄、以产出论回报"的绩效考核体系和薪酬分配体系，在重研发水平的同时，侧重市场牵引及产业化能力。截至2018年，集团共获得"国家科技进步奖二等奖"15项，"国家技术发明奖二等奖"5项，新产品研发90%以上都实现产业化。

完善职业发展通道，通过职业规划提升干事创业积极性。转制前，受传统观念影响，员工在思想上很难破除官本位意识，"技而优则仕"。为打破行政任职通道"一统天下"局面，集团探索构建了基于任职资格体系的多通道职业发展路径，让每一位员工从进入企业的那一天起，就能清晰看到自己在公司的成长通道，员工真正把自己的利益和公司的发展绑在了一起，"我和企业共成长"成为员工的工作动力和行为准则。

优化考核评价体系，通过价值贡献评定提升可持续发展能力。集团着眼于企业的关键业绩指标和干部主要能力短板等KPI指标对干部进行考核，鼓励用更少投入创造更大产出。而针对广大员工，集团通过定量考核与定性评价相结合的考评办法，实现对员工的动态考评。

三、着力完善员工激励机制，以"能"为本激发改革发展新动能

习近平总书记指出："人是科技创新最关键的因素。创新的事业呼唤创新的人才。"人才是企业最大的"资产"，核心关键人才流失是国有企业最大的资产流失。近年来，信息通信技术飞速发展带来的创新压力，倒逼企业必须培育和稳定好一支骨干人才队伍。面对严峻形势，集团以中长期激励为突破口，进行了激发人力资本活力的广泛探索，以"能"为本激发改革发展新动能。

在集团下属上市公司，积极开展以股票期权和限制性股票为主要形式的股权激励。下属烽火通信公司成为中央企业第一批规范实施股权激励的上市公司，也是目前激励人数最多的上市公司，两期激励计划实施以来，公司销售额7年增长逾2倍。下属另一家实施股权激励的上市公司——光迅公司国内市场占有率第一，全球综合竞争实力从排名第八跃升至第四。

在非上市公司，积极实施以岗位分红权为主的股权激励模式。对规模较大、效益较好的企业，围绕企业"增量"部分实施岗位分红权激励、项目提成奖在内的多种激励，激励对象依据其岗位重要性和个人能力水平等因素划分不同档次，对应个人目标不同采取差异化激励额度。

对部分新成立的战略性新兴产业公司，则采取核心骨干员工持股方式，有效吸引创新人才，稳定核心团队。多层次的激励制度有效提升了关键核心骨干人才队伍的满意度，关键核心技术骨干流失率由激励计划实施前的30%下降至且长期稳定在5%左右，并形成良性流动态势。

四、着力厚植企业文化优势，以增量理念驱动企业新发展

习近平总书记指出："文化是一个国家、一个民族的灵魂。文化兴国运兴，文化强民族强。"国有企业是中国特色社会主义的重要物质基础和政治基础，是我们党执政兴国的重要支柱和依靠力量。对于中央企业而言，要构建和谐劳动关系，关键在于强化文化引领，要坚守信仰、孕育希望、积聚力量。

转制以来，面对"打破铁饭碗的群体性焦虑"，面对"市场破冰期的等靠要思想"，面对"互联网影响下的负面思潮"，集团以文化变革为抓手，引导员工树立正确的文化信仰，基于文化变革的思想解放和开拓创新，在不同时期都推进了和谐劳动关系的构建。

转制之初，集团以"市场文化"为引领助力企业参与全球竞争。发展之中，集团以"服务文化"为引领助力使命担当。"十二五"期间，集团更是明确提出"增量发展新理念"，按照"提高存量效率，强化增量发展"原则，鼓励增量产出的资源配置倾斜机制和完成超额任务的利益分享机制，通过将上一年业绩指标作为"存量"考核，当年新增业绩作为"增量"要求，对存量部分，按照"两低于"的原则，薪酬包、费用包增长幅度必须低于营收和

净利润增幅的低值；对增量部分，按照"两高于"的原则，增长幅度可高于营收和净利润增幅的高值。通过薪酬包、费用包与利润空间牢牢挂钩，变"要我做"为"我要做"，从根本上摒弃了单纯靠资源投入增加来实现产出增加的粗放型经营模式。进入新时代，集团再次强调要以"工匠文化"为引领助力"大国重器"锻造。

作为科研院所转制型企业，作为承担"国之重器"的信息通信领域高科技企业，在激烈的市场竞争中，唯有始终将"以人为本""以能为本"作为企业管理的基本理念，认同员工价值、培育员工价值、释放员工价值，才能构建起和谐的劳动关系，促进企业又好又快发展。

着眼未来，集团将倍加珍惜时代赋予的机遇和使命，不忘初心，牢记使命，肩负起"全力打造具有全球竞争力的世界一流信息通信高科技企业"的光荣使命，以高度的政治责任感和奋发有为的精神状态，不断强化劳动关系和谐企业创建，持续推进集团改革创新，努力构建具有全球竞争力的世界一流信息通信企业，为实现中华民族伟大复兴做出应有的更大贡献！

坚持以职工为中心共商共建和谐军企

国信军创（岳阳）六九零六科技有限公司

国信军创（岳阳）六九零六科技有限公司（以下简称公司）始建于1964年，前身为中国人民解放军第六九零六工厂，生产经营电子产品及无线电设备、北斗导航设备、非装甲电子信息车辆的研制等，公司资产8.6亿元，现有职工442人。多年来，公司坚持以职工为中心，大力构建和谐劳动关系，形成了企业与职工共谋发展、共享成果的良好局面。公司先后被评为"中国500家最大电子及通信设备制造企业""国家火炬计划高新技术企业""湖南省企业技术中心"；公司董事长、总裁向志明同志连续当选为湖南省第十二届、第十三届省人大代表和"湖南省杰出经济人物"。

一、坚持党建引领，团结人、凝聚人

加强党对企业的领导，积极发挥支部战斗堡垒作用和党员先锋模范作用，为构建和谐劳动关系提供坚强的组织保障。

加强支部建设，夯实党建基础。公司党委下设7个支部，共有党员132名，职工与党员之比为3.27∶1，党员占比大大高于企业平均水平。坚持把支部建在车间上，每个车间建一个支部。事业发展到哪里，党的建设就跟进到哪里，2017年在长沙成立分公司、在北京成立分部时，同步设立了党支部。注重培养、发展、壮大党员队伍，招聘优先考虑党员，积极吸收先进分子入党，2018年来，共招聘党员身份的职工10名，培养党员9名，现有入党积极分子30名。突出抓住支部书记这个关键，注重从思想先进、踏实肯干的一线党员中选任支部书记。同时，将优秀支部书记吸收为公司领导。2018年来，分工会主席、车间主任、部长等新任公司领导全部从支部书记中产生，形成了鲜明的政治导向。

牢记初心使命，弘扬军工精神。55年的奋斗历程，公司一直坚守军工企业初心和使命，坚持"服务国防、奉献社会"的发展理念，传承自力更生、吃苦耐劳的军工精神。2018年承接某指挥系统试修任务，设备多、技术新、时间紧，而公司从未接触过该系统。面对质疑的声音，党员带头解决最难的技术问题，带头扛起最累的底盘修理，带头干起最脏的钻车爬车，终于按时完成试修任务，赢得好评。坚持高质量、高标准，对一些可换可不换的选换件坚持换掉，可用军标与民标的零配件坚持选用军标，只为保障安全。公司在装备大修中攻克了许多难题，积累了丰富经验，参与过朱日和阅兵保障并受到表彰，成为陆军、火箭军、空军等多兵种首选的大修基地；还完成了卫星导航抗干扰产品的基础性研发，并投入小批量生产，有效填补了北斗抗干扰应用空白，扛起了军工企业应该负有的国家责任。

培育先进典型，强化示范引领。充分发挥党员先锋模范作用，培养全国"五一"奖章获得者1名、市级劳模2名、各类省市先进25名，2018年评选岗位标兵43人，让职工学有榜样、干有目标。开展"最美06人"演讲比赛，生产、科研、营销等各部门的先进代表作主题演讲，通过身边人说身边事，传递正能量，营造创先争优氛围。如年过50岁的油机修理工李向民，在部分油机说明书为德文、俄罗斯文时，自备字典学习德文、俄文，钻研油机的维修方法，解决了工作难题。几年来，公司职工共完成工艺提升6次，小改小革50多项。

二、强化权益保障，激励人、发展人

推进企业发展与保障职工权益融合，在保障各项法定劳动权益的同时，不断提高职工薪酬待遇，加强学习培训，让职工工作有奔头，生活有尊严，成长有空间。

突出依法治理。认真落实《中华人民共和国劳动法》《中华人民共和国劳动合同法》等法律法规的规定，严格执行劳动合同、劳动工时、劳动标准、社保保险等各项制度，守住劳动法律底线。建立劳动合同公司网台账，劳动合同签订率、合同履约率、社保参保率实现三个100%。严格执行工时制度，依法休假、调休和支付加班工资。规范引进人才的管理，2018年来引进包括清华大学、西北工业大学及54研究所的各类人才15人，针对全职引进和柔性引进等不同情况，厘清劳动关系和劳务关系的边界，规范合同签订和履行。保持职工队伍的稳定，在2010年国企改制中，没有裁减1名职工，改制后薪酬福利待遇没有降低，经济补偿金全部足额支付到位，并鼓励职工以经济补偿金入股，两年后增长到入股时的5倍，让职工共享企业发展成果。

保障职工待遇。加大工资支付保障力度，2015—2016年，军品业务板块因军改暂停，在经营异常困难的情况下，坚持把保工资作为第一要务，确保了工资按时足额发放。突出薪酬激励导向作用，推进薪酬和绩效体系改革，注重向一线工人倾斜，2017年来职工工资每年增长10%~15%。建立职业健康体检制度，并对不适应岗位的职工进行调岗，将一名白细胞长期偏低的女职工从操作岗调至接待岗、一名肾炎三期职工从机修岗调至内勤岗、两名肢体伤残人员分别安排在调度岗和辅助岗。国家二胎政策实施后，出台了《女职工产假及哺乳期管理规定》，女职工在法定产假期满后，上班确有困难，可以休假至哺乳期满，公司为其保留工作岗位，并缴纳"五险一金"。

促进职工成长。加强职工职业生涯规划管理，将公司设立的岗位分为管理类、生产类、支柱类、服务类等5大类，每类设4个层级，明确发展路径，为每名职工提供施展才能、实现价值的平台。实施导师带徒管理办法，签订师徒协议，导师对新进人员实施3~12个月的贴身式传、帮、带，对导师给予辅导期常规津贴、特别奖励、一次性奖励等各项待遇。大力开展职业培训，123人取得了各类高级工和技师证书；组织举办"安康杯"劳动竞赛，2000余人次参加；选派80余名技术骨干到各大厂家进行跟产，有52人取得了职称证书；选送50多名骨干到浙江大学、清华大学、湖南大学等进行深造。

三、突出民主管理，尊重人、依靠人

发挥职工在构建和谐劳动关系中的作用，尊重职工主体地位，积极采纳职工建议，保障职工民主权利，推进和谐劳动关系共建共享。

健全民主组织。加强工会组织建设，在分公司设立分工会，职工入会率

达 100%。发挥工会在表达职工诉求、维护职工权益等方面的作用，提高了餐补、车补、传统年节费等补贴，提高了丧事补贴和大病慰问金额，新增了生日、结婚和退休等福利。工会每年夏天组织"送清凉"活动，为一线工人发放凉茶和解暑药品。工会设立劳动保护监督委员会，配备监督人员，监督公司执行劳动法律法规情况。建立劳动争议调解委员会，协调处理劳动争议，把劳动关系矛盾化解在公司，解决在萌芽状态。多年来，公司未出现1例集体罢工上访事件，也没有发生1起劳动争议仲裁和诉讼案件。

落实民主制度。落实职工代表大会制度，涉及职工切身利益的薪酬调整、奖金分配、住宅分配等重要事项均经职代会讨论通过。认真执行集体合同制度，工会与公司每年签订《集体合同》和《女职工特殊权益保护专项集体合同》。推进厂务公开，通过广播站、公司报、橱窗、微信公众号等渠道等让职工了解公司情况。制定并实施《职工积分管理制度》，年底根据积分进行奖惩，纠正职工不良陋习，倡导文明新风。

保障民主权利。积极拓展职工参与民主管理的渠道，在办公区设置意见箱，在职工信息群内搭建交流平台，每月公司战略运营分析会邀请职工代表参加，鼓励职工提出意见。积极吸纳合理建议，如2019年采纳了常驻北京的职工意见，增调了北京常驻人员异地补贴标准。创新公司领导选任，2018年所有中层以上领导全体"起立"，通过竞聘演讲、民主投票的方式产生，职工全程监督，10多名有责任、有能力的年轻职工走上了领导岗位。每年年底组织领导向管理对象述职，一线职工评议打分，排名张榜公示，并将其作为评优评先、任职晋升的重要依据。

四、加强人文关怀，关心人、善待人

坚持以人为本，着力解决职工的所思、所想、所盼，加大对困难职工的帮扶力度，不断满足职工对美好生活的需要，增强职工的获得感、幸福感。

大力改善职工生活条件。2017年，公司搬至岳阳临港新区，离市区较远，公司修建了公租房，解决了职工下班后休息问题。配套建设了棋牌室、运动场馆、阅览室等，丰富了文体生活。定期开展球类、徒步、游泳等体育比赛，发扬竞技体育精神。组织元宵猜灯谜、端午包粽子、9月金秋读书活动等，弘扬健康向上的企业文化。关爱单身青年，与东城小学、岳阳市一医院等单位开展了联谊活动。

努力解决职工实际困难。建立困难职工档案，成立困难职工互助基金，每年支出救助金 4 万元以上，金秋助学金 2 万元以上。2018 年，普通职工万伶虎的妻子复发乳腺癌多次住院，她本人没有工作也没参加医保，家庭困难，治疗一度中断。公司从互助基金中予以资助，党委和工会联合组织内部捐款，并在滴水筹平台发布了捐款信息，共筹款十余万元，解了燃眉之急。

积极参与社会帮困扶贫。2015 年起，累计向革命老区平江县等公益捐款 104 万元，帮助贫困地区改善通村公路、路灯等基础设施。结对联系贫困村，董事长向志明多次带头走访慰问贫困户，在一次走访中了解到，21 岁的贫困家庭青年苏震没有学历、没有技能，长期在家中待业，公司放宽招聘条件，将他安排在装备大修车间学习修车技能，目前在汽钳班上班，有了固定的收入。

在 6906 这个大家庭里，职工实现了文化素质和技能水平"双提升"、本职工作和家庭生活"双满意"。构建和谐劳动关系只有进行时，没有完成时，在新的起点上，公司将乘着构建和谐劳动关系东风，创造企业发展的美好未来。

建设有温度的和谐企业

中国石化集团资产经营管理有限公司广州分公司

中国石化集团资产经营管理有限公司广州分公司（以下简称广州石化或公司）始建于1973年，是华南地区重要的进口原油加工基地和国Ⅵ标准清洁燃料生产基地。现有职工4498人。我们始终坚持"以人民为中心"发展理念，全心全意依靠职工办企业，全心全意为职工谋幸福，努力实现人人都是有温度企业的建设者、人人都是有温度企业的共享者、人人都是有温度企业的传播者，构建企业与职工的利益、事业、命运共同体，全面建设有温度的和谐企业。公司获得"全国模范职工之家""全国先进集体""全国厂务公开先进单位""广东省文明单位""广东省企业文化建设先进单位""广东省'五一'劳动奖状"等荣誉。

一、人人都是有温度企业的建设者，共建和谐根基

党建引领把握和谐方向。全面提升党建质量是全面建设有温度的和谐企业的坚强保证，切实发挥公司党委在全面建设有温度的和谐企业的领导核心作用。将全面建设有温度的和谐企业建设融入党建工作，实施责任清单管理，每周召开党群部门工作协调会，以周促月，以月促季，以季保年，推动责任落实，促进有温度企业持续升温。坚持党建带好工建团建，发挥群团组织密切联系群众优势，教育引领职工听党话、跟党走，将对党和事业的忠诚，内化于心、外化于行，凝聚建设有温度和谐企业的磅礴力量。安全环保是企业的生命线和职工群众的幸福线，是全面建设有温度的和谐企业的关键，公司精心运用党建资源和优势破解安全环保重点难点，开展"抓安全、守纪律、

做表率""职业健康大行动"等党建工作,在深化上做文章,在做实上下功夫,坚持每季度开展督导并通报结果,促进各级党组织聚焦安全环保工作,引导党员当先进做表率,做到党员身边无违纪、无违章、无事故,确保装置安稳长满优运行。

企业发展增强和谐基础。一是致力向本质安全环保型企业转型。作为城市型炼化企业,秉承"向人民负责,让珠江放心"理念,我们持续不懈努力,迄今为止累计投入40多亿元,建成投用环保设施60余套,走出了一条技术含量高、资源消耗低、环境污染少的可持续发展道路,成为中国石化安全环保先进单位、职业健康先进集体,是中国石化安全环保排头兵,受到地方政府、周边民众的充分肯定。二是致力向质量效益型企业转型。坚持高质量发展,公司经济效益处于历史上最好水平阶段。公司利润突破40亿元,净资产回报率高达41.95%。近年来,公司竞争力、抗风险和盈利能力全面大幅提升。以上两个"转型",为公司全面建设有温度的和谐企业奠定了坚实的物质基础,为职工工作和社会提供良好的生态环境,大大提振了队伍士气。

建功立业争做和谐贡献。职工是全面建设有温度的和谐企业主体。公司积极为广大职工建功立业提供了实现人生价值的宽广舞台。大力实施人才强企工程,稳步推进管理、专业技术、技能操作三支人才队伍建设,确保每位职工拥有自己的发展通道、成长空间。管理人员实施公选竞聘和后备干部选拔机制,拓宽选拔视野,让优秀干部在竞争中脱颖而出;专业技术人员设置首席专家、高级专家、专家、主任师等高层次岗位的机制,激励形成专业技术带头人;操作工人设技能大师、首席技师、主任技师等高技能岗位竞争,使"工"字也能出头。广泛开展"当好主力军、奉献在岗位、建功创一流"等系列劳动竞赛,将竞赛与评先、年度考评奖励、晋级等工作结合起来,有效促进了企业"安稳长满优"生产,职工在立足岗位工作同时出彩成才。各级工会组织开展劳动竞赛的覆盖面和职工参与率达100%,先后有86个各类集体,342人次在各项竞赛中受到表彰,发放各类竞赛奖励105万元。公司获评"广东省安康杯竞赛优胜集体"。大力开展劳模工匠工作室创建工作。实行"领军人物+专家"强强联合的组团模式,搭建公司技术攻关、创新创效、培养人才的平台。如暴沛然工作室攻克了装置60多项仪表技术难题,发明制造32项专用工具。"金属密封球阀的三维研磨工具"项目在第十三届全国 TnPM 大会荣获"设备维护工具创意一等奖"。

二、人人都是有温度企业的共享者，共享和谐成果

职工的心，企业的金。我们始终视职工为建设有温度和谐企业的根本力量，坚持把为职工谋幸福作为根本政治担当，做到"企业得发展，职工得实惠"，让职工共享企业发展成果。

共享企业效益成果。我们始终坚持公司和职工的利益共同体构建，持续健全了涵盖薪酬及津补贴、培训晋升、休假休养、劳动保护、职工保险、职工保障六个方面 30 多项内容的制度体系。依法百分百为全体职工缴纳"五险一金"。完善企业年金、住房公积金、高温津贴、离退休人员企业补贴等各项薪酬福利措施。伴随着企业竞争力、抗风险和盈利能力全面大幅提升，职工薪酬收入"水涨船高"，近两年职工收入增长超过 17%，职工获得感、幸福感、安全感同步提高。建立联系职工群众长效工作机制，坚持每年开展"走基层，访万家"工作。各级工会组织深入基层一线班组、走进职工家中，联系群众、增进感情、改进作风，在真情沟通中推动有温度的和谐企业建设。三年来，实现对 394 个基层班组、2056 个职工家庭、226 个劳务工家庭的走访，解决职工实际问题 2177 件，成为具有石化行业特色的群众工作品牌。组织好职工休假疗养，按工龄年限计发休养费，实行自主安排休假。对工龄满 28 年男职工，工龄满 25 年女职工，享受一次性特惠职工休养。每两年组织一线职工短期离岗休养，每年组织劳模先进代表短期休养。近 3 年来，四项带薪休假疗养参与休养人数近 17000 人次，休假疗养费用超过 7000 万元。切实履行国企社会责任。2010 年至今向社会公益机构、特殊困难的在职劳务工等特殊群体捐款共计 655.8 万元。2010 年起按照广东省"双到"扶贫工作要求，开展精准扶贫工作，总投入扶贫资金 848 万元。

共享企业家庭温暖。我们始终坚持"真困难、真帮助"原则，坚决履行困难帮扶"三不让"承诺，为职工建立起"困难职工帮扶、困难职工慰问、供养亲属劳保待遇、广东省互助会保障计划、职工献爱心活动、职工互助会、重大疾病职工医疗期困难帮扶"等"七位一体"的帮扶保障制度体系。近 6 年，我们落实集团公司帮扶政策，帮扶协解困难人员 4454 人次，发放帮扶

金 2177.38 万元。为重病及住院职工 929 人次理赔 446 万元，帮扶在职职工 7789 人次，发放各类困难帮扶慰问金 1003 万元。一些困难职工手捧帮扶金感动地说："如果不是长期有企业的扶助，我不可能活到现在。"

三、人人都是有温度企业的传播者，共建和谐力量

在全面建设有温度企业的基础上，我们十分重视加强传播，通过讲好故事，树好典型，达到内聚人心，外树形象，汇聚全面建设有温度的和谐企业力量。

讲好故事，传播和谐力量。我们聚焦全面建设有温度的和谐企业，讲好广州石化故事。通过内宣外宣并举，线上线下联动，编发故事集，大力宣传全面建设有温度的和谐企业的好人好事。2017 年年底，我们开展了"解决小诉求，凝聚大力量"工作，通过横班（车间）工会、直属工会、公司工会三级管理，坚持全程督导、定期总结、竞赛评比，实现闭环管理，实现小诉求不出横班（车间），一般诉求不出直属单位，大诉求有公司跟踪落实解决的目标。如针对职工诉求较为集中的"工作餐"问题，开展职工满意食堂建设，食堂满意率持续稳定在 90% 以上。针对单身青年职工"公寓噪音大"诉求，按照建成"民心工程、质量工程、廉洁工程"目标全力推进单身公寓噪音整治。青年住户对整治工作、居住环境、工程质量和服务等各项工作满意度均 100%。针对职工反映强烈的厕所问题，全力推进"厕所革命"，512 间厕所实现全面提级。近三年职代会，职工代表对公司领导班子民主测评满意度持续提升，分别为 91.6%、99.5%、100%，截至 2019 年 5 月 10 日，收到职工"小诉求"2918 项，已解决 2800 项，正在办理 118 项，办结率达 95.96%。"解决小诉求"工作得到中华全国总工会副主席阎京华高度评价，广东省工业系统以广州石化开展的"解决小诉求"活动为示范案例，在广东省工业系统全面推广该项工作。

树好典型，弘扬和谐能量。榜样的力量是无穷的。我们持续完善评先激励机制，每年开展公司先进集体、劳动模范、模范党员、"最负责任员工"等评选活动。自建厂以来，有近 400 名职工被评为广州石化劳模、模范党员，有 40 多人次被评为市、省、集团公司劳模或全国劳模。评选表彰宣传的过程，

就是弘扬先进精神的过程。2018年以来，公司党政领导走访劳模创新创效工作室18个，百分百走访慰问在岗劳模、先进175人；开展劳模座谈会11场，劳模先进谈心28次。公司微信公众号先后推出"身边的工匠"系列、"机王"的精彩等文章，对工作室及其专家组成员进行多方宣传，让专家出彩，弘扬工匠精神，提升劳模先进的荣誉感、自豪感、责任感，激发劳模工匠立足岗位再立新功。

新时代、新担当、新作为。广州石化将始终不忘石油和化工战线"爱我中华 振兴石化""为美好生活加油"的初心使命，引领团结广大职工争当奋斗者，勇做追梦人，立足岗位为有温度的和谐企业建设作贡献，为美好生活加油，为和谐社会奋斗。

后 记

2019年，面对国内外风险挑战明显上升的复杂局面，在以习近平同志为核心的党中央坚强领导下，各地区、各部门以习近平新时代中国特色社会主义思想为指导，全面贯彻党的十九大和十九届二中、三中、四中全会精神，按照党中央、国务院决策部署，坚持稳中求进的工作总基调，坚持新发展理念和推动高质量发展，坚持以供给侧结构性改革为主线，着力深化改革扩大开放，持续打好三大攻坚战，统筹稳增长、促改革、调结构、惠民生、防风险、保稳定，扎实做好稳就业、稳金融、稳外贸、稳外资、稳投资、稳预期工作，经济运行总体平稳，发展水平迈上新台阶，发展质量稳步提升，人民生活福祉持续增进，各项社会事业繁荣发展，生态环境质量总体改善，"十三五"规划主要指标进度符合预期，全面建成小康社会取得新的重大进展。但是，2019年劳动关系领域也存在诸多不稳定因素，局部矛盾还很突出，新业态领域的用工问题逐步引起社会的关注，协调劳动关系工作依然任重道远。党的十九届四中全会做出《中共中央关于坚持和完善中国特色社会主义制度 推进国家治理体系和治理能力现代化若干重大问题的决定》，再次提出"健全劳动关系协调机制，构建和谐劳动关系，促进广大劳动者实现体面劳动、全面发展。"中国企业联合会、中国企业家协会作为国家协调劳动关系三方机制中雇主方代表，一直高度重视劳动关系问题，积极参与国内、外协调劳动关系领域的各项工作，在推进基层组织建设、参与劳动关系立法、做好劳动争议调处等方面做了大量工作，为引导企业可持续发展、促进劳动关系和谐，维护社会稳定做出了积极贡献。

中国企业联合会、中国企业家协会自2005年起每年编辑出版《中国企业劳动关系状况报告》，对过去一年中企业劳动关系状况进行全面的总结和

后 记

分析，研究企业劳动关系的现状、发展趋势和存在的问题，并就当年的劳动关系热点问题进行专门的研究分析。为政府制定劳动关系相关政策提供参考，推动企业劳动关系管理水平的不断提高，加深社会各界对企业劳动关系状况的了解，促进社会劳动关系和谐稳定。2017年开始，中国企业联合会、中国企业家协会运用大数据的方式开展劳动关系形势研判工作，并基于这项技术对年度中国企业劳动关系状况报告的内容进行了改版。

本报告各章作者分别为，第一章：王亦捷；第二章：赵国伟；第三章：王亦捷；第四章：王亦捷；第五章：马超；第六章：赵婷；第七章：赵婷；第八章：周欣；第九章：周欣。全书由刘鹏统稿，参加编辑工作的有张文涛、韩斌、王亦捷、周欣、赵婷、马超、赵国伟、王卫。

报告部分内容参考并引证了有关政府部门、单位和专家学者的最新数据及文献和研究成果，在此，一并致以衷心地感谢！由于时间仓促，本报告如出现疏漏和不尽人意之处，恳请各界人士提出宝贵意见和建议。此外，我们还要向负责本书出版的企业管理出版社表示感谢！

编 者

2020年12月